Armando Pavese

Heilen durch Handauflegen

Armando Pavese

Heilen durch Handauflegen

ins Deutsche übersetzt
von
Dr. Marcus Würmli

Pattloch Verlag

Die Gedanken, Methoden und Anregungen in diesem Buch entstanden aus der Erfahrung und den Rechercheergebnissen des Verfassers. Sie wurden vom Autor nach bestem Wissen erstellt und mit größtmöglicher Sorgfalt überprüft. Bei gesundheitlichen Beschwerden und ihrer Behandlung ist im Zweifelsfall der Arzt um Rat zu fragen.
Eine Haftung des Verfassers bzw. des Verlages und seiner Beauftragten für etwaige Personen-, Sach- oder Vermögensschäden ist ausgeschlossen.

Die Deutsche Bibliothek – CIP-Einheitsaufnahme

Pavese, Armando:
Heilen durch Handauflegen / Armando Pavese.
Ins Dt. übers. von Marcus Würmli. – Augsburg : Pattloch, 1997
Einheitssacht.: Guarire con la Pranoterapia < dt. >
ISBN: 3-629-00697-3

Titel der italienischen Originalausgabe:
„Guarire con la Pranoterapia"
Erstveröffentlichung 1990 durch
© Edizioni Piemme S.p.A, Casale Monferrato, Italien
Aus dem Italienischen von Dr. Marcus Würmli, Tutzing

Deutsche Lizenzausgabe:
Pattloch Verlag, Augsburg
© Weltbild Verlag GmbH, 1997

Titelgestaltung: Peter Engel, Grünwald, unter Verwendung
eines Fotos von Bernd Müller, Augsburg
Satz: 11/13 P. Garamond von Fotosatz Völkl, Puchheim
Gesamtherstellung: Wiener Verlag, Himberg
Printed in Austria

ISBN 3-629-00697-3

Inhalt

Zweiter Teil
Die heilende Kraft des Unbewußten

Dritter Teil
Das Handauflegen als Therapie

Vierter Teil
Die Technik des Handauflegens

Dem Therapeuten gewidmet, der am Leiden anderer Menschen teilnimmt, diese solidarisch begleitet und sie in einer Beziehung, die auf Zuhören, Verständnis, Hinweisen und Anregungen beruht, zur Heilung führt.

Man muß sich wirklich fragen, was sich im Inneren eines Menschen abspielt, wenn er zu einem Heiler geht, und welche Auswirkungen dieses im zwischenmenschlichen Bereich hat.

Emilio Servadio

Vorwort

Der Titel dieses Buches, „Heilen durch Handauflegen", wird ohne Zweifel viele Leser anziehen, die in der offiziellen Schulmedizin keine Heilung für ihre kleineren und größeren Krankheiten finden. Sie betrachten das Handauflegen vielleicht als Wundermittel. Das Mißverständnis, hier werde aufgrund eines magnetischen Fluidums, das den Händen des Therapeuten entströmt, geheilt, mag naheliegend sein.

Der Mythos von der magischen Macht dieses magnetischen Fluidums hat seine Wurzeln in tiefer Vergangenheit. Heute ist wieder viel die Rede davon, und manche behaupten, entsprechende Gaben zu besitzen. Die Schulwissenschaft und die Parapsychologie anerkennen deren Existenz jedoch nicht.

Und auch ich bewege mich nicht auf dem Gebiet der Magie; mir geht es um das Rätsel des Unbewußten und die Kraft der Selbstheilung, die im Menschen verborgen ist. Wie erklärt man aber die Heilungen, die durch Handauflegen erfolgen?

Dieses Buch will dem Leser mehr über das Handauflegen erzählen. Es will ihm verstehen helfen, warum diese Therapie in vielen Fällen wirksam ist, obwohl von einem solchen Fluidum keine Rede sein kann; eine Therapie, die aber *nur* mit Zustimmung des Arztes erfolgen sollte und in *keinem* Fall einen Arztbesuch oder eine ärztliche Diagnose ersetzt; eine Therapie, die vielmehr als eine Ergänzung und Bereicherung der Schulmedizin zu sehen ist.

Um dies alles erklären zu können, behandle ich in einem ersten Teil „Auf der Suche nach dem verlorenen Schatz" die theoretischen Voraussetzungen: Es ist dort die Rede von der Ursache der Krankheiten und der Stellung des Wunderheilers in Stammeskulturen. Ich habe mich dabei auf die Suche nach einem verlorenen Schatz gemacht, das heißt nach unseren unbewußten Wurzeln. In diesem Zusammenhang habe ich mich auch dem Problem der Zauberer gewidmet, weil diese zu Recht oder zu Unrecht in den meisten Fällen ebenfalls das Handauflegen praktizieren.

Im zweiten Teil mit dem Titel „Die heilende Kraft des Unbewußten" lege ich dar, was das Handauflegen in Wirklichkeit ist, für welche Patienten und Krankheiten es in Frage kommt und wo seine
Grenzen liegen. Dort gehe ich auch auf die angeblichen Beweise für
das sogenannte Fluidum ein.

Wer es eilig hat und gleich zu den praktischen Seiten des Handauflegens kommen will, beginnt am besten mit dem dritten Teil mit
dem Titel „Das Handauflegen als Therapie", und wer sofort wissen
will, wie die Therapie funktioniert, vertieft sich in den vierten Teil
„Die Technik des Handauflegens", der die entsprechenden Techniken beschreibt.

Erster Teil

Auf der Suche nach dem verlorenen Schatz

Das Verständnis von Krankheit im Wandel der Zeit

Magie und Krankheit bei Stammeskulturen

Denken wir uns einmal in einen Urmenschen hinein. Er verfügte schon über einen gewissen Verstand; er wurde sich langsam seiner Existenz bewußt und brachte dies durch Gedanken und Willensakte zum Ausdruck, die er in konkrete Handlungen ummünzte – zuvor hatte es ausschließlich Instinkte gegeben. In dieser Situation konnte derjenige, der über mehr Intelligenz verfügte, seinen Verstand mit seinem Willen in Einklang bringen. So entstand die Figur des Anführers. Er konnte im Guten wie im Schlechten über seine Gruppe bestimmen. Doch den Naturgewalten, der Krankheit und dem Tod gegenüber war er machtlos. Der Anführer konnte seinen Willen und seine Befehle gegen die Natur einsetzen, wie er dies auch gegenüber den Mitgliedern seiner Gruppe tat. Doch während diese ihm gehorchten, war von der Natur nur eine negative Antwort zu bekommen. Die Menschen wurden immer wieder krank und starben, und Hungersnöte traten immer wieder auf. Dieser frühe Mensch entwickelte somit Systeme, um die Natur zu besiegen und zu überlisten.

Dieser Mensch zeichnete beispielsweise die Umrisse eines Tieres auf Felswände: Da er der Schöpfer dieses Bildes war, wurde das Tier auch zu seinem Besitz. Damit ließ es sich leichter fangen. Das Bild entspricht in der Auffassung des frühen Menschen tatsächlich dem „wahren" Tier, ja es war – nach L. Lévy-Bruhl – mit dem Objekt identisch. Dieser Forscher behauptete, das *Symbol* des Objekts entspreche so weit der Realität des Tieres, daß eine Handlung am Symbol (der Zeichnung) einer Handlung am realen Tier gleichzusetzen sei.

So entstand die Magie, die wir als Glauben an die übernatürlichen unpersönlichen Kräfte (B. Malinowski) auffassen können. Die Magie ist, äußerlich gesehen, ein Willens- und Machtakt des Menschen, um die Natur zum Gehorsam zu zwingen. Von innen gesehen ist sie die Folge der Angst, der Macht des Blitzes, dem Wüten des Wassers und dem Toben der wilden Tiere ausgesetzt zu sein. Angst hat es immer gegeben; sie ist eine Gegebenheit der Evolution. Weil der frühe Mensch über einen Geist verfügte, versuchte er ein Heilmittel gegen seine Ängste mit Hilfe magischer Macht und den entsprechenden Riten (zum Beispiel Jagdtänzen und Jagdgesängen) zu finden. Mit diesen Riten ahmte er unbewußt die Schöpfung nach. Tatsächlich wollte der erste Mensch die Natur wie der Schöpfergott beherrschen und unternahm dazu nach der Interpretation von M. Eliade eine „kosmogonische Wiederholung", eine Wiederholung der Entstehung der Welt. Der Ritus ist die Wiederholung des ersten Mals, bei dem zum Beispiel das Beutetier geschaffen wurde.

Der Mensch ging dann noch weiter und begann mit seiner Phantasie, die Naturkräfte zu vergöttlichen. Er verehrte sie symbolisch in Tieren wie dem Krokodil oder der Schlange. So entstand auch eine magische Interpretation der Krankheit, die sich auf folgende Punkte stützte:
– das „fremde Etwas",
– die Gesundheit der Ernte,
– die von Geistern und Zauberern ausgelöste Krankheit.

Das fremde Etwas kann die Krankheit auslösen. Es ist gefährlich und muß aus dem Körper entfernt werden. „Der Medizinmann der Buschmänner in Südafrika zieht die Krankheit in Form von Stäbchen oder Steinchen ‚aus dem Körper' und wirft diese dann weg."[1] Mit dem Konzept des Fremdkörpers, dessen Natur unbekannt und auch unbegreiflich ist, stützen sich die therapeutischen Verfahren auf magische Mittel. Mit der Ausbreitung der Vorstellung von höheren Mächten verwandeln sich diese therapeutischen Verfahren von reinen Machtakten in Gnadenersuche und Forderungen an die lokale Gottheit.

Aus dieser Beziehung zur Gottheit entsteht die Vorstellung des Opfers als eines Verzichtes (zum Beispiel auf Nahrung), der den höheren Mächten geleistet wird – allerdings mit der Bitte, die Krankheit zu beeinflussen. Um dieses fremde Etwas auszutreiben, verwendete man im allgemeinen Stoffe aus dem Pflanzen-, Tier- und Mineralreich. Man bewahrte sie auf in einem Beutel, in einem Kürbis oder in einer Holzfigur, dem Fetisch.

Dieser Begriff des fremden Etwas ist wichtig, um gewisse Handaufleger unserer Zeit zu verstehen. Wie wir noch sehen werden, setzen die Heiler die phantasievollsten Systeme ein, um sich vom negativen Etwas der Krankheit zu befreien. Sie ziehen es aus dem Kranken heraus und fürchten dabei unbewußt, es könne in ihrem eigenen Körper gefangen bleiben.

Die Gesundheit der Ernte sollte gefördert werden durch die Anwendung magischer und besänftigender Riten für das gute Wachstum der Vegetation und den günstigen Ausgang der Ernte. „Die Azteken widmeten das Herbst- und Erntedankfest der Göttin Thazolteolt, um sicherzugehen, daß die Verjüngung der nahrungspendenden Vegetation gewährleistet blieb. Bei anderen Festen trat auch die von Tänzern personifizierte Krankheit auf. Das Fest von Atamalqualiztli wurde alle acht Jahre im Herbst begangen, um die Verjüngung der Nahrungsmittel zu erreichen."[2]

Diese Riten hatten das Ziel, mit Hilfe der Magie auch die Gesundheit der Natur und ihre Fruchtbarkeit zu gewährleisten. Der Mensch wußte damals noch nichts von den grundlegenden Gesetzen der Naturwissenschaft. So wandte er die Magie in allen Situationen an, in denen er mit seiner eigenen sich langsam entwickelnden Technologie nicht Herr der Situation wurde. Einige alte Glaubensvorstellungen haben sich zum Beispiel in ländlichen Gebieten des Piemont (eine Landschaft Italiens) in Form von Aberglauben erhalten. Noch vor relativ kurzer Zeit legte man beispielsweise die Plazenta einer Kuh nach der Geburt des Kälbchens „auf den Ast eines Baumes zum Trocknen hin. Damit wollte man Fruchtbarkeit und Reichtum herbeiflehen. Dieser Aberglaube geht sicher auf einen vorchristlichen Fruchtbarkeitskult und auf zauberische Praktiken zurück, die von der Angst vor dem Morgen genährt wurden."[3] Es war ein weitverbreiteter Glaube, Geister und Zauberer könnten Krankheiten auslösen, und in nicht wenigen Gebieten hat man heute noch Angst vor der Hexerei sowie dem bösen Blick.

Krankheit und Tod durch Hexerei oder durch Einwirkung von Geistern bei Stammeskulturen

Nach der Auffassung von Stammeskulturen wurden Krankheit und Tod überwiegend von der Schwarzen Magie eines Feindes oder von den Geistern Verstorbener ausgelöst. Es gibt noch heute Gesellschaften, bei denen als Gründe für Krankheiten oder „natürliche" Todesfälle ausschließlich böswillige Handlungen angegeben werden, durch die ein Lebensprozeß unterbrochen wird. Nach Carl Gustav Jung macht die Tatsache, daß Menschen durch ihr vorgerücktes Alter oder durch Krankheit sterben, für die Stammeskultur keinen Sinn. Für sie liege die wahre Erklärung stets in der Magie.

Der Mensch wurde von einem Geist oder einem Zauber getötet, und wenn einige den Tod als natürliche Gegebenheit hinnehmen, so behaupten doch andere, daß er von einem Zauberer mit einer Geheimwaffe bewirkt wurde. Nun versteht man auch, warum die Magier beharrlich versuchen, das fremde Etwas auszutreiben. Ihrem Glauben zufolge wurde es von anderen Zauberern oder von Geistern in den Körper eingeführt.

Die Tätigkeit von Zauberern

Carl Gustav Jung erzählt die bedeutsame Episode von der Tötung eines Krokodils. In seinem Magen fand man zwei Fußringe, die zwei verschwundenen Frauen gehört hatten. Die Einwohner vermuteten Magie dahinter und erklärten den Fall folgendermaßen: Ein Zauberer habe dem Tier geboten, die beiden Frauen zu entführen und sie zu ihm zu bringen. Das Krokodil habe gehorcht und als Belohnung dafür die Ringe vom Zauberer erhalten. Die logische Erklärung, daß das Krokodil die beiden Frauen gefressen habe, anerkannten die Einwohner nicht.

Die Menschen in Stammeskulturen denken und leben anders als wir. Wir führen den Brand eines Hauses auf den Blitzschlag zurück.

Der Eingeborene meint, ein Magier habe sich des Blitzes bedient, um das Haus in Schutt und Asche zu legen.

Die Bewohner von Kiriwina (Trobriand-Inseln, Papua-Neuguinea) lassen drei Gründe für einen Todesfall zu: „Schwarze Magie", Vergiftung und Tod im Krieg. Uns interessiert hier der erstgenannte Grund. „Die Eingeborenen glauben, es gebe zwar Krankheiten aus natürlichen Gründen, und sie unterscheiden sie von der Verhexung durch Schwarze Magie. Der überwiegenden Meinung zufolge kann sich aber *nur* die Schwarze Magie tödlich auswirken."[4]

Eine dieser schwarzen Praktiken besteht in Kiriwina darin, mit einem magischen Pfeil aus Knochen und einem zugespitzten Stab mit einem intensiven Ausdruck der Wut oder des Hasses in der Luft zuzustoßen und ihn immer wieder zu drehen, wie wenn er in eine Wunde eindringen müßte, und ihn dann plötzlich zurückzuziehen.

Die südamerikanischen Indios unterscheiden zwischen natürlichen Ursachen der Krankheiten und übernatürlichen sowie magischen Einflüssen, welche der vorherrschenden Ansicht zufolge von einem feindlichen Zauberer und Medizinmann oder einer geheimnisvollen Kraft stammen. Bei den Azteken praktizierten die „Eulenmenschen" die Schwarze Magie, und damals war der Glaube weit verbreitet, sie könnten Menschen krank machen.

In Äquatorialafrika besteht die erste Aufgabe des Heilers und Zauberers in der Diagnose, wobei er die okkulten Mächte befragt (Wahrsagung). Es gibt dafür verschiedene Verfahren, zum Beispiel die Untersuchung der Eingeweide von Hühnern. Bei einem präzisen Verdacht muß sich der Angeklagte einem Gottesurteil unterwerfen. Dabei muß er Gifte trinken. Wenn er überlebt, ist er unschuldig.

In diesem Zusammenhang möchte ich aus einem historischen Dokument zitieren, nämlich dem Bericht, den der Kapuzinerpater Raimondo da Dicomano über seinen Aufenthalt von 1793 bis 1795 im Königreich Kongo verfaßte: „Wenn einer krank wird oder stirbt, so klagen sie sofort jenen an, der viel gearbeitet hat (und dadurch reich geworden ist), er habe ihm einen Fetisch (Gift, ein fremdes Etwas) gegeben, und er selbst sei ein Hexer. Sie zitieren ihn vor den Herrn der Banza, und sie lassen ihn den ‚Schwur' der Encassa durchführen, das heißt, sie unterwerfen ihn einem Gottesurteil mit Hilfe von Gift."[5]

Der Missionar fügt hinzu, daß die Anklage der Hexerei ein Mittel war, um sich der Güter des Angeklagten zu bemächtigen. Tatsächlich wurden seine Güter nach dem Tod unter den Verwandten des vermeintlichen Opfers, dem Herrn des Ortes und dem Experten aufgeteilt, der das Gift gemischt hatte. Diese Interpretation tut der Realität der Glaubensauffassung keinen Abbruch.

Bei den Stammeskulturen führt die Zauberei tatsächlich dazu, daß das Opfer krank wird und stirbt, weil es daran glaubt. Durch Autosuggestion erfährt die Person, die verhext wurde, eine derartige Depression, daß sie oft den Willen zum Leben verliert. Diese negative Geisteshaltung öffnet der Krankheit Tür und Tor.

Heute wissen wir, daß gewisse Krankheiten auf Streß und auf Ängste zurückzuführen sind (psychosomatische Krankheiten). Wir können also verstehen, daß „Angst" vor der Zauberei krank macht. Doch die Zauberei hat in sich *keine* solchen Kräfte! In vielen Stammeskulturen spielt die Magie insofern eine wichtige soziale Rolle, als der Zauberer die historische Funktion hat, den Geist der Menschen vor der „psychischen Magie" oder der Suggestion zu schützen.

An der Schwelle zum Jahrtausendwechsel gibt es unter den Dogon in Mali Personen, die „geisteskrank werden, nachdem sie delikate und gefährliche Tabus verletzt haben oder weil sie überzeugt sind, ein Opfer einer schweren Verhexung durch einen Zauberer im Auftrag feindlich gesinnter Menschen zu sein. Diese Fälle wirken sich am schlimmsten aus, weil das Subjekt oft von der Unausweichlichkeit des eigenen Schicksals überzeugt ist, sich vollkommen aufgibt und buchstäblich nach und nach stirbt."[6]

An der Schwelle zum dritten Jahrtausend gibt es in ganz Europa, vor allem aber in den Mittelmeerländern, Zauberer und schwarze Praktiken, die uns zeigen, daß die primitiven Stammeskulturen heute noch in uns weiterleben – doch davon soll später die Rede sein.

Die Einwirkung von Geistern

Bei einigen Völkern herrscht der Glaube, Krankheiten entstünden durch schädliche Einwirkungen von Naturgeistern oder von Geistern verstorbener Menschen.

Die Jakun auf der Halbinsel Malakka und die Kubu auf Sumatra haben animistische Vorstellungen: Alles, was es auf der Welt gibt, ist Sitz von Naturgeistern oder Dämonen, den Hantu. „Der Kranke ist von einem Geist besessen und kann nur durch dessen Austreibung geheilt werden."[7]

Es ist die Aufgabe des Schamanen, im Zustand der Trance mit der Welt der Geister Kontakt aufzunehmen und den Eindringling zu vertreiben. Dieser exorzistische Ritus findet heute noch in unterschiedlichen Ausprägungen und in vielen Bereichen statt, auch bei den Weltreligionen. Es handelt sich um eine im wesentlichen psychische Therapie auf suggestiver Basis.[8]

Bei den Riten der Tonga im ehemaligen Portugiesisch-Ostafrika wird der schädliche Geist durch das Schlagen von Trommeln ausgetrieben. Dabei schluckt der Kranke Ziegenblut, erbricht es wieder und gibt den Namen des Geistes bekannt, von dem er besessen ist. Bei den Papua auf Neuguinea herrscht der Glaube, daß die Geister der Verstorbenen Schäden anrichten. In diesem Zusammenhang schreibt ein Kenner: „Alle Eingeborenen haben eine furchtbare Angst vor den Geistern der Verstorbenen, ganz unabhängig davon, was diese im Leben für Menschen waren. Die Papua glauben, daß die Geister die Seelen der Lebenden rauben, Krankheiten auslösen ..."[9]

Wenn man in Westafrika, im Gebiet von Gabun, der Ansicht ist, daß eine Krankheit auf den schädlichen Einfluß des Geistes eines Verstorbenen zurückgeht, so exhumiert man die Leiche und schneidet ihr den Kopf ab.

Krankheit und Medizin in der Kulturgeschichte

Die zwei Gesichter der Medizin

Durch Erfahrung eignet sich der frühe Mensch eine Technologie und eine Handfertigkeit an, so daß er sich Werkzeuge herstellen kann. Ein Kanu baut er zum Beispiel durch Versuch und Irrtum auf eine solche Weise, daß er damit umgehen kann. In der Schiffahrt treten jedoch unterschiedliche Gefahren auf, zum Beispiel Stromschnellen oder Untiefen. Gegen solche Eventualitäten kann die Technik nichts ausrichten. Hier kommt wieder die „Magie" ins Spiel, die mit besonderen Riten diese Gefahren überwinden will. Auch auf dem Gebiet der Gesundheit ereignet sich ähnliches. So entstehen die zwei Gesichter der Medizin:

- Die empirische Medizin untersucht, wie der Körper funktioniert, und studiert geeignete Therapien mit pflanzlichen, mineralischen oder tierischen Heilmitteln. Auch die ersten chirurgischen Eingriffe, wie das Einrichten von Brüchen, gehören zu diesem Zweig der Medizin, die sich gleichzeitig ein anatomisches Begriffssystem aufbaut.
- Die magische Medizin betrachtet den Kranken als Opfer von Geistern, Dämonen und Hexerei. „Die Launenhaftigkeit und die absolute Unvorhersehbarkeit der Angriffe dieser Kräfte machen die Ausarbeitung defensiver magischer Prozeduren notwendig."[10] Diese Medizin bekämpft vor allem die Auswirkungen von Angst und Streß.

Auch die heutige Medizin kennt noch – ganz grob betrachtet – eine Zweiteilung, die gewisse Ähnlichkeiten mit der obigen Gliederung aufweist:

- Die Schulmedizin interessiert besonders sich für die Krankheiten und weniger für den Menschen in seiner Ganzheit. Sie sucht Heilmittel gegen Krankheiten. In besonderem Maße gehören hierzu Infektionskrankheiten, die durch Bakterien, Viren oder andere Parasiten ausgelöst werden und die damit eine äußere Ursache haben.
- Die psychosomatische Medizin im weitesten Sinn interessiert sich für die Krankheiten, die ihre Ursache im Inneren des Menschen haben. Sie forscht nach einem inneren Ungleichgewicht, das durch Streß, Ängste und neurotische Brüche ausgelöst wird.

Die Schulmedizin heilt die „Krankheiten", die psychosomatische Medizin den „ganzen Menschen". Natürlich gibt es in der heutigen Medizin alle denkbaren Übergänge zwischen diesen beiden extremen Auffassungen.

Die Auffassung von der Krankheit

Im Judentum, das sich durch den Glauben an einen einzigen Gott auszeichnet, ist die Krankheit eine göttliche Strafe, die einzelne oder ganze Völker wegen ihrer Sünden trifft. Die Assyrer und die Babylonier hielten die Krankheit für ausschließlich dämonischen Ursprungs. Es gab sogar spezifische Dämonen für die erkrankten Organe, zum Beispiel schadete Ashakku dem Kopf, Alu der Brust und so weiter. In der babylonischen Kultur wird die Zweiteilung der Medizin in einen empirischen und einen magischen Ast deutlich.

Bei den Ägyptern beruht die Auffassung von der Krankheit auf animistischen Vorstellungen: Bösartige Geister bevölkern die Luft, das Wasser und das Land und bedrohen den Menschen. Wie man dem Papyrus Ebers (1580 v. Chr.) entnehmen kann, erwuchs aus dieser Vorstellung allerdings eine empirische Medizin.

Im antiken Iran hängt die Auffassung von der Krankheit mit dem Begriff der Unreinheit zusammen. Das Prinzip des dunklen und bösen Ariman samt dessen Dämonen verbreitete Unreinheit und Krankheit. Die oberste Gottheit Ahuramazda vertrat hingegen das Licht und das Gute und ließ mindestens eine Pflanze für jede Krankheit wachsen.

Die heiligen Bücher des Hinduismus, die Veden, enthalten umfangreiche medizinische Traktate. Die Medizin ist dort göttlichen Ursprungs, und die Krankheit wird als Reinigung des Körpers aufgefaßt, so daß der Mensch am Ende sich seines Schicksals stärker bewußt ist.

Die chinesische Medizin faßt die Krankheit als Disharmonie, als Ungleichgewicht der beiden grundlegenden Prinzipien oder Kräfte Yin und Yang auf; wir können sie als die Gegensätze zwischen männlich und weiblich, zwischen rechts und links, zwischen oben und unten auffassen. Gesundheit besteht also aus Harmonie. Eine Therapieform ist zum Beispiel die Akupunktur, bei der Nadeln mehr oder minder tief in die Haut gestochen werden. Der Arzt richtet sich dabei nach zwölf Kanälen, in denen die Energie zirkuliert. Auf diese Weise wird das Gleichgewicht zwischen Yin und Yang wiederhergestellt.

In der altgriechischen Welt überwog der sakrale Charakter der

Krankheit, wie dies zahlreiche Heiligtümer beweisen, die als wundertätig galten. Schon in der Ilias wird die Doppelnatur der Medizin deutlich: Verletzungen werden mit chirurgischen, empirischen Verfahren geheilt, während die Heilung innerer Infektionskrankheiten, die von einer beleidigten Gottheit geschickt wurden, Sache eines reinigenden Priesters ist (magisch-religiöse Medizin). Hippokrates (um 460 v. Chr.) vertritt die Meinung, daß die Krankheit in einem Ungleichgewicht ihren Grund hat. Gesundheit entspricht bei ihm somit einem Gleichgewicht.

Der Grieche Galen (zweite Hälfte des 2. Jahrhunderts) ist einer der Begründer der systematischen Medizin. Er unterscheidet die Krankheiten nach dem betroffenen Organ. Diese Auffassung bildet bis heute eine der Grundlagen der Schulmedizin.

Für die beginnende Neuzeit ist das Konzept von Paracelsus bemerkenswert. Für ihn entsteht eine Krankheit, wenn der Organismus, der wie ein chemisches Labor funktioniert, die Abfallstoffe oder Schlacken nicht ausscheiden kann.

Samuel Hahnemann (1755–1843), der Begründer der Homöopathie, wertet das Symptom als Signal und will zu den „wahren Ursachen" der Krankheit zurückfinden. Für Franz Mesmer (1734–1815) geht die Krankheit auf eine magnetische Disharmonie zurück. Von dieser außergewöhnlichen Persönlichkeit wird später die Rede noch sein.

Unsere unbewußten Wurzeln

Die Beweggründe für unser Verhalten haben ihre Wurzel in unserer Psyche. „Psyche" bedeutet „Seele", doch dürfen wir in diesem Zusammenhang nicht die Seele mit dem Geist verwechseln. Vorerst möchte ich hier nicht auf die spirituelle Seele eingehen, die den persönlichen Glauben betrifft und auf die wir in einem anderen Zusammenhang zurückkommen werden.

Hier wollen wir uns mit der psychologischen Seele befassen, welche das Untersuchungsobjekt der Psychologie darstellt und die drei

Schichten umfaßt: das bewußte Ich mit dem erkennenden Bewußtsein, das persönliche oder individuelle Unbewußte und das kollektive Unbewußte.

Das bewußte Ich oder das erkennende Bewußtsein – nicht zu verwechseln mit dem moralischen Bewußtsein, das menschliche Handlungen positiv oder negativ beurteilt und das sich aus mehreren Komponenten zusammensetzt – ist das Zentrum des Seins. In ihm liegt das Bewußtsein der eigenen Identität begründet; es hält den Kontakt mit dem Realen und ist dennoch in dauernder Umwandlung begriffen. Es stellt den am besten organisierten Teil der Psyche dar.

Das Unbewußte nach der archaischen Psychologie der Stammesvölker

Carl Gustav Jung, der Begründer der analytischen Psychologie, traf folgende Unterscheidungen:
– Das persönliche Unbewußte enthält nach seiner Ansicht die verlorengegangenen Erinnerungen, verdrängte peinliche Dinge, Sinneswahrnehmungen, die nicht intensiv genug waren, um ins Bewußtsein einzudringen, und Inhalte, die für das Bewußtsein noch nicht reif waren.

Das Unbewußte läßt sich nicht allein mit den persönlichen Erfahrungen erklären. Bei der Analyse seines eigenen Unbewußten und des seiner Patienten erkannte Jung Urbilder, die er Archetypen nannte. Sie sind die psychologischen Erfahrungen der ganzen Menschheit und bilden das kollektive Unbewußte. Dieses beeinflußt mit der Projektion seiner Urbilder auch das persönliche Unbewußte.
– Das kollektive Unbewußte wäre somit das gemeinsame Erbe der Menschheit. Es entstand als seelische Projektion der Glaubensauffassungen und der ständig wiederholten Erlebnisse des Menschen. Die Figuren des Vaters, der Mutter und des Kindes sind in diesem Sinne die mächtigsten Urbilder, welche der ganzen Menschheit gemeinsam sind. „Tatsächlich sind sie eine instinktive Neigung, wie

etwa der Impuls bei Vögeln, Nester zu bauen, oder bei Ameisen, organisierte Kolonien zu bilden."[11] Wenn sich das Unbewußte eines Individuums auf ganz bestimmte Arten äußert, muß Jung zufolge irgend etwas im kollektiven Unbewußten (Religion, Märchen, Mythen, Alchimie) verwurzelt sein, das eine Verbindung herstellt zur individuellen Manifestation.

Die Glaubensauffassung der primitiven Stammeskulturen, ihre phantastischen und symbolischen Interpretationen der Natur, die Legenden um Fakten und Persönlichkeiten, die Helden- oder Schöpfungsmythen haben im kollektiven unpersönlichen Unbewußten ihre Spuren wie auf Löschpapier hinterlassen.

So meint Jung, daß bestimmte Figuren, die immer wieder auftreten würden, etwa die des Vaters, der Mutter, des Sohnes, des Schamanen, des Priesters oder Heilkundigen, sowie das Bild der liebkosenden Hand der Mutter in unserem unbewußten kollektiven Gepäck in Form von erblichen Kategorien oder Archetypen enthalten seien. Deswegen vertrat er auch die Hypothese, daß das Unbewußte in seinen tiefsten Schichten kollektive Inhalte besäße.

Ein *Speicher* menschlicher Erfahrungen sei – nach der Ansicht Jungs – das kollektive Unbewußte, das als ein lebendiges System auf unsichtbare, aber sehr wirksame Weise das Leben regle. Das kollektive Unbewußte stelle „die Quelle der Instinkte" dar, weil die Archetypen jene Formen seien, unter denen sich die Instinkte manifestierten.

Jung interpretiert die Dreifaltigkeit der christlichen Dogmatik als einen Archetypen oder als Projektion eines Symbols des kollektiven Unbewußten in die christliche Lehre. Wenn Jung damit die Wahrheit getroffen haben sollte, bleibt uns nur, die Schöpfung zu bewundern, die diesen Mechanismus vorgesehen hat: So würde sich in einer tiefen Schicht das Geheimnis der Dreifaltigkeit spiegeln.

Das Unbewußte nach der Hypothese von Freud

Das Unbewußte besteht nach Auffassung von Sigmund Freud, dem Begründer der Psychoanalyse, aus dem Es und dem Über-Ich.

Im Es liegen die primitiven und egoistischen Instinkte des Menschen. Es handelt nach dem Lustprinzip und berücksichtigt keine moralischen Prinzipien und keine Anforderungen der Realität. Es ist chaotisch, unorganisiert und stellt die Quelle der Triebe dar. Darunter verstehen wir instinktive Neigungen, welche das Individuum zur unmittelbaren Befriedigung primitiver Bedürfnisse drängen. Das Es entspricht dem Maß an Vitalität, das man bei der Geburt mitbekommt. Wenn es erschöpft ist, geht man dem Tod oder dem Selbstmord entgegen.

Das Über-Ich ist das Ergebnis der Erziehung durch die Familie und die Umwelt. Es spornt das Ich an, die Aggressivität und die instinkthaften Triebe zu unterdrücken und die sexuellen Forderungen des Es zu regulieren. Das Über-Ich handelt unbewußt und nicht aufgrund moralischer Vorstellungen. Es stellt eine Art „Programm" dar, und als solches ist es steril, erbarmungslos und grausam. Wenn das Über-Ich eine Niederlage erleidet und die Triebe des Es die Oberhand gewinnen, treten normalerweise Schuldgefühle auf. Es kommt zu einer Selbstbestrafung, die für das Individuum viel Leid mit sich bringen kann.

Nach der Freudschen Auffassung hat auch das Ich einen unbewußten Teil und schützt die Persönlichkeit mit Hilfe geeigneter „Abwehrmechanismen". Diese bilden ein Gegengewicht zu den Trieben des Es und dem Druck des Über-Ich. Zwischen diesen beiden Instanzen vermittelt das Ich. Freud erläuterte seine Vorstellung mit dem Bild von den drei Tyrannen, denen das Ich unterworfen ist, nämlich dem Über-Ich, der Außenwelt und dem Es. Drei Herren kann man nicht gehorchen, und noch schwieriger wird es, ein Gleichgewicht zwischen diesen dreien zu finden. Aus dem Kampf zwischen dem Es und dem Über-Ich, den wir zunächst meist nicht merken, gehen unsere Entscheidungen hervor, also die Entscheidungen des Ichs.

Freud hat dieses Bild von der menschlichen Seele von einem rein wissenschaftlichen Standpunkt entworfen. Die Religion fand dabei keine Berücksichtigung, denn für ihn bedeutete sie nur eine okkulte Form. Jung war in seiner Gedankenwelt stärker religiös ausgerichtet. Jungs Vorstellungen vom kollektiven Unbewußten lassen sich mit dem christlichen Glauben sowie der erleuchteten und vorausschauenden Schöpfung in Einklang bringen, weil sie Gott nicht einfach übergehen.

Wir wollen hier die Auffassungen von Freud kurz im Lichte des
Glaubens betrachten.

Spirituelle und psychologische Seele

Der traditionelle Materialismus (der heute allerdings durch einen Sä-
kularismus ersetzt wurde, der dazu neigt, jeden Gedanken zu leug-
nen, sofern es sich nicht um einen hedonistischen Gedanken handelt)
besaß nur *eine* Vorstellung von der „Seele" – die einer Psyche als
Produkt chemischer und biologischer Reaktionen des Gehirns. Ich
habe bereits das Konzept der psychologischen Seele aufgestellt, für
welche die psychologischen Wissenschaften und die Psychoanalyse
zuständig sind. Ich unterscheide die psychologische Seele von der
spirituellen Seele als dem von Gott geschenkten Lebensprinzip, die
somit zum Bereich des Religiösen gehört.

Die Psyche oder psychologische Seele hat ganz andere Merkmale,
als sie ein klassischer Materialist erwarten würde, der zwischen dem
Verhalten eines Meerschweinchens und dem eines Menschen keinen
grundlegenden Unterschied erkennt. Das kollektive Unbewußte
reicht über eine materialistische Auffassung des Lebens hinaus, und
die „sogenannten außersinnlichen Wahrnehmungen, die sogenannten psychokinetischen Effekte, passen nur wenig in die Koordinaten
einer materialistischen Sicht dieser Dinge. Sie zeigen aber, daß es
möglich ist, Gedanken auch über Entfernungen hin ohne ein physi-
kalisches Zwischenglied oder einen stofflichen Vermittler, also ohne
zwischengeschaltete Gehirnstrukturen, zu übertragen."[12]

Die psychologische Seele ist der Schmelztiegel, in dem sich die
menschliche Erfahrung konkretisiert. Hier entstehen die bewußten
oder unbewußten Motivationen für die Entscheidungen, die wir im
Leben treffen. Sie ist das Gepäck, das jeder mit sich trägt als Ergebnis der Wechselfälle des Lebens und der Erfahrung dieser Wechselfälle im Lichte der eigenen Erziehung.

Die psychologische Seele, das heißt die psychische Komponente
der Existenz, ist die konkrete Folgerung des materiellen Lebens und
der spirituellen Erfahrungen. Mag man nun essen (materielle, stoff-
liche Erfahrung) oder beten (spirituelle Erfahrung), die Psyche regi-

striert diese Vorgänge als Erfahrung. Die psychische Komponente der Existenz ist die Synthese aller menschlichen Erfahrungen, die wir mit uns tragen und die zur Ordnung des „Natürlichen" gehören. Der göttlichen Ordnung hingegen ist die spirituelle Seele zugehörig.

Die Unterscheidung zwischen psychologischer und spiritueller Seele verhindert unnütze Auseinandersetzungen. Der Nichtgläubige bleibt bei der psychologischen Seele stehen. Der Gläubige hingegen mag an eine Verbindung beider Konzepte glauben. Die Unterscheidung ist in sich unnatürlich, und es gibt keine zwei verschiedenen Seelen. Es gibt eine spirituelle Seele oder einen Geist, der sich mit den im Laufe des Lebens gemachten Erfahrungen – ob gut oder böse – anfüllt. Was unsere Seele erlebt hat, ist das spirituelle Vehikel, das den göttlichen Wesenskern für das Jüngste Gericht beinhaltet.

Die „Psyche" als psychologische Seele ist für mich eine offene Tür, die zum Geist führt. Sie ist die Grundlage für den Aufbau des spirituellen Lebens, das den „göttlichen Funken" in sich trägt und das jenes spirituelle Ich darstellt, das schließlich vor das Angesicht Gottes tritt.

In diesem Zusammenhang ist das moralische Gewissen ein grundlegendes Element für die psychologische Seele. Es kann mit dem Ich zusammenfallen, das zwischen dem Es und dem Über-Ich steht. Dieses Ich handelt mit Unterstützung der göttlichen Gnade. Ein Neurotiker, der einem Konflikt völlig ausgeliefert ist, kann deswegen seine Krankheit nicht mit dem Glauben allein heilen. Für seine Störung braucht er psychotherapeutische Hilfe. Die göttliche Gnade gibt ihm jedoch Kraft, wenn er sich der Vorsehung anheimstellt, um das Leiden zu ertragen und um seine eigene spirituelle Dimension zu finden.

Das Unbewußte als einheitliche „Realität" mit vielen Zugangswegen

Aus den Ideen von Sigmund Freud und Carl Gustav Jung und den Gegensätzen zwischen ihnen sind viele Schulen der Analyse hervorgegangen. Alle Schulen gelangten zu wertvollen Ergebnissen, obwohl sie von unterschiedlichen und oft diametral entgegengesetzten

Voraussetzungen und Auffassungen ausgehen. Warum das? Die
Antwort liegt wohl darin, daß das Unbewußte eine einheitliche
Realität mit verschiedenen Zugangspforten ist, das heißt, es ist ein
Unbewußtes mit noch unbekannten Merkmalen, das bei der Analyse
sozusagen eine Dimension für sich bildet, eine psychische Einheit,
die einen bestimmten Grad der Formbarkeit aufweist und den Ana-
lysanden, den Analytiker sowie die wissenschaftliche Methode umfaßt. Diese Formbarkeit zeigte sich schon bei parapsychologischen
Studien und findet in der Vielfalt analytischer Systeme und psychotherapeutischer Methoden mit ganz verschiedenen theoretischen
Voraussetzungen ihre Bestätigung.

Es liegt auf der Hand, daß jeder Forscher die eigene Theorie an
ganz bestimmten Punkten festgemacht hat, die „relativen" Wahrhei-
ten oder Teilwahrheiten entsprechen.

Wilhelm Reich beispielsweise stützt sich auf die Idee vom physischen Ursprung der Neurose. Ihm zufolge entsteht die Neurose
durch sozial begründete sexuelle Unterdrückung, welche den freien
Fluß der Lebensenergie blockiert. Diese Blockade äußert sich schließlich in einigen charakterlichen und muskulären Komponenten. Auf
der Grundlage dieser Auffassung von Reich sind mehrere Therapien
entstanden. Baker macht vom Weg der Emotionen durch den Körper
Gebrauch und kommt mit geringer Verbalisierung aus. Das sogenannte *Grounding* nutzt die befreiende Kraft des Körpers, der sich
mit heftigen nach unten gerichteten motorischen Übungen entlädt.

Schließlich gibt es auch psychotherapeutische Ansätze wie die Ge-
stalttherapie von Fritz Perls. Für ihn ist die Neurose die Folge davon, daß die „Einheitlichkeit" des menschlichen Wesens zerbrochen
ist. Die Kristallisierung der psychologischen Schwierigkeiten stört
das Gleichgewicht zwischen den Teilen und dem Ganzen. Dieser
Ansatz führt zu ganz praktischen Anweisungen: „Lebe im Hier und
im Jetzt", „Höre auf, dir Dinge auszudenken, sondern halte dich an
das Reale, das heißt, lebe die Situationen, um sie zu begreifen", „Laß
dich selbst darauf ein, ohne die Verantwortlichkeit anderer mitein-
zubeziehen", „Suche nicht das Warum, sondern achte darauf, wie die
Dinge geschehen", „Akzeptiere deine Pflicht als Erbe des autoritären Über-Ichs, versuche so zu sein, wie du dich fühlst, und nicht
so wie die anderen sich das von dir erwarten".

Diese Therapie beruht auf Konzepten, die auf der Hand liegen, und entspricht praktischen und nützlichen Kriterien, wie sie eine neurotische und unter Dauerstreß stehende Zivilisation braucht, welche den Kontakt mit der eigenen Seele verloren hat.

Bei der Gruppentherapie folgt der leitende Therapeut nicht irgendeinem vorher festgelegten Programm, sondern läßt sich von der augenblicklichen Intuition leiten, um motorische, affektive oder sensorische Übungen vorzuschlagen.

Zu nennen wäre vielleicht noch die Auffassung von Georg Groddeck, für den der Therapeut ein „Katalysator für die Heilung" darstellt. Eine große Rolle spielt dabei ein Symbolismus, wobei sich jede Störung symbolisch in einem Körperteil zeigt.

Mit dieser kleinen Auswahl aus der Vielfalt wollte ich nur die Relativität der „Wahrheit" und der Methoden oder Systeme darlegen, die sich mit der „verborgenen" Seele beschäftigen.

Die einzige große Wahrheit ist die Anhöhe des Unbewußten, die jeder Autor bezwungen hat und dabei glaubte, er habe den Gipfel erreicht. Seine Anhöhe war, subjektiv gesehen, der höchste Punkt. Objektiv gesehen handelte es sich nur um jenen Ausschnitt, den der jeweilige Forscher wahrgenommen hatte. Mehr konnte er nicht wahrnehmen, weil sein Gesichtsfeld beschränkt war, denn das Bewußtsein kann nicht das gesamte Unbewußte erfassen. Tatsächlich ist das Unbewußte eine mehrdeutige, dynamische Realität. Man kann kein fotografisches Bild des Unbewußten anfertigen. Wenn jeder Autor von seiner eigenen Anhöhe aus dieses mythische Bild aufnehmen könnte, erhielte er ein ganz anderes Foto als seine übrigen Kollegen.

Man stelle sich eine Umzäumung um den obersten Gipfel des Unbewußten mit zahllosen Eingangstoren vor, je ein Tor für jeden Forscher. Im Inneren der Umzäumung stehen viele Spiegel, wiederum einer für jeden Forscher. Wen erkennt der Bergsteiger am Ende des mühseligen Aufstiegs im Spiegel? Doch wohl sich selbst, das heißt einen Teil der Realität, jener Realität, die für ihn persönlich das „Gesamte" ist.

Die heutige Angst vor Krankheit und Tod

Der Leidenszustand des Menschen

Spirituell gesehen ist der heutige Mensch einem Haus vergleichbar, dessen Fundamente zusammenbrechen. Die grundlegenden religiösen Werte werden aufgrund der Art und Weise, wie man mit ihnen umgeht, angefochten; von materialistischer Seite wird ihre Echtheit bestritten. Die Familie steckt in einer tiefen Krise und ist in Umwandlung begriffen. Die Moral ist nur eine Maske, die je nach der ideologischen Blickrichtung dauernd ihr Gesicht verändert.

Die älteren Menschen sind befremdet, verwirrt, traumatisiert. Oft hängen sie an ihren persönlichen Werten und wagen es fast nicht mehr, mit den jungen Menschen darüber zu reden. Diese sind das Ziel vieler Pseudowerte und falscher Mythen und suchen ihre eigene Wahrheit. Die Jungen schwanken dabei zwischen der Sexualität als Ausdruck der Freiheit, dem Erfolg mit seinen Symbolen, extremistischen Vorstellungen von der Gerechtigkeit und der Droge als Zuflucht und den damit verbundenen unvermeidlichen Enttäuschungen hin und her. Das Ergebnis: tiefes Unbefriedigtsein, Angst, Neurose, psychosomatische Störungen.

Warum geschieht das alles? Der Grund liegt im Verlust der Identität. Diese besteht aus mehreren Elementen:
- dem Glauben an Gott,
- dem Innehaben einer präzisen Rolle,
- der Übereinstimmung mit den Traditionen.

Der Glaube an Gott gibt dem Menschen ein transzendentes Gefühl seiner eigenen Existenz. Der Gläubige sieht im Leben und im Sterben einen bestimmten Zweck. Der gläubige Mensch identifiziert sich mit dem Schöpfer, weil er weiß, daß er einen göttlichen Funken in sich trägt. Es ist seine Aufgabe, diesen Funken zu hüten, zu motivieren und ihn auf ein Ziel hinzulenken.

Das Innehaben einer präzisen Rolle bedeutet zum Beispiel, Mann zu sein oder Frau, Vater oder Mutter, Sohn oder Lehrer. Der heutige Mensch fühlt sich von zwei Seiten in die Zange genommen:

– „Von dem, was er ist, aber nicht sein möchte, und
– von dem, was er nicht ist, was er aber immer sein wollte."[13]

In Übereinstimmung mit den Traditionen zu leben ist einem Baum mit tiefen Wurzeln vergleichbar. Der Baum erhält durch sein Wurzelwerk genügend Nährstoffe und lebt. Die urbane Zivilisation, die Massenmedien, die heutigen Technologien, die neuen Formen familiären Zusammenlebens ohne alte Menschen stellen vielleicht neue Traditionen dar. Untergegangen ist jedoch die Verbindung mit einer lebenswichtigen Vergangenheit. Die Archetypen, Urbilder, dieser drei Gesichtspunkte stehen nicht mehr in Übereinstimmung mit der Realität des persönlichen Lebens. Daraus entsteht viel Leiden.

So kommt es zur Vorherrschaft des Habens über das Sein, der Dinge über die Personen.

Der Sündenbock

Gegen jeden Schmerz gibt es eine Pille. Wir brauchen allerdings nur zum Beginn unseres Jahrhunderts zurückzugehen und stoßen dort auf eine kulturelle Dimension, in welcher der Mensch „bereit war zum Leiden", weil dies naturgegeben war. Dann kam der Fortschritt mit seinen wissenschaftlichen Entdeckungen, und der Mensch verlor nach und nach die Vorstellung, daß das Leiden etwas Natürliches ist. Er verlor allmählich das Bewußtsein der eigenen Zerbrechlichkeit. Er akzeptiert nicht mehr die Gleichgültigkeit gegenüber dem Leiden, die in der Vergangenheit ein notwendiges Heilmittel dagegen war. Der Mensch wird immer weniger fähig, Leiden zu ertragen, auch weil die Angst erheblich zugenommen hat. Krankheit hat für den nichtgläubigen Menschen keinerlei Sinn und Nutzen. Sie stellt für ihn nicht mehr die Gelegenheit für eine innere Umkehr dar.

Auch der gläubige Mensch rebelliert gegen das Leiden und fragt sich: „Was habe ich getan, daß ich auf diese Weise bestraft werde?"

Irgend jemand muß die Verantwortung für die Krankheit tragen. Es geht darum, einen Sündenbock zu finden. Die alten Hebräer be-

luden beim Fest Jom Kippur einen weißen Ziegenbock symbolisch
mit den Sünden des Volkes und jagten ihn anschließend in die Wüste. Wir finden den Verantwortlichen unseres Leidens in Gott.

Diese Auffassung von Gott ist magischer Natur. Es ist ein Gott,
der uns Wohlbefinden verschaffen und jedes Leiden fernhalten soll.
Es ist ein Gott, den wir nur anerkennen, wenn er uns die Krankheiten fernhält.

Dieser magische Gott existiert *nicht*. Es gibt hingegen einen Gott,
der wegen unseres spirituellen Heils gekommen ist. Wir haben aber
Mühe, ihn anzuerkennen.

Wenn ein Mensch sagt, er akzeptiere das Leiden, weil er dadurch
ein tieferes Verständnis erreichen könne, geistige Fortschritte machen würde, sich selbst finden könne und dadurch lerne, den anderen nahe zu sein, so gilt er meist als Außenseiter der heutigen Gesellschaft. Nicht selten fällt der Begriff „Masochist".

Er übernimmt eine mystische Rolle, durch welche er das Leiden
verwandelt. Er stellt alle übrigen Aspekte des Lebens zurück, um
sich ganz auf die Beziehung mit Gott zu konzentrieren. Seinem Leiden gibt er dabei einen spirituellen Sinn. Er hat eine Wahl getroffen
und sich für eine bestimmte Lebensweise entschlossen. Auf diese
Weise ist ein solcher Mensch eher ein praktisch und nüchtern Den-
ker als ein Schwärmer.

Er versteht es, sein Leiden auf produktive Weise zu interpretieren.
Wer nicht glaubt, leidet gleichermaßen und gelangt sehr oft dazu,
daß er das Leben verflucht. Viele Gläubige hadern mit Gott, der ihre Schmerzensschreie nicht hört. Sie werden zornig auf die anderen
und neiden ihnen ihr Glück.

Der Mensch hingegen, welcher das Leiden „akzeptiert", hat wohl
auch mit Gott gestritten. Er wird ihm gesagt haben: „Du hast mich
verlassen." Vielleicht hat er auch die Verse des Psalms 22 gebetet,
geschrien: „Mein Gott, mein Gott, *warum* hast du mich verlassen,
bist fern meinem Schreien, den Worten meiner Klage? Mein Gott, ich
rufe bei Tag, doch du gibst keine Antwort; ich rufe bei Nacht und
finde keine Ruhe." Er wird sich von ihm auch abgewendet haben.
Doch dann hat er die formende Kraft des Leidens begriffen und den
Sinn des Lebens gefunden. Seine „Identität" als Glaubender hat ihn
gerettet, hat ihn stärker und lebensbejahender gemacht.

Die Leugnung des Todes

Bei der Begegnung mit dem Tod haben sich die unterschiedlichsten Gebräuche herausgebildet. Ein Extrem sind die traditionellen Begräbnisriten der Stammeskulturen, wie sie Frazer und Malinowski beschrieben haben. Die Gemeinschaft führt dabei Riten, Beschwörungen und Opfer durch, damit die Seelen der Toten die Gesundheit der Lebenden, der Ernte, der Jagd nicht schaden können. Das andere Extrem stellen die Drive-Ins amerikanischer Begräbnisinstitute dar.

Die Diedri Zentralaustraliens[14] schnürten die großen Zehen der Leichen aneinander, damit sie nicht mehr gehen konnten, und die Herbert Südostaustraliens brachen den Leichen die Knochen, um zu verhindern, daß sie sich im Dorf herumtrieben.

Die modernen Menschen des Jahres 2000 statten der Leiche einen Besuch ab, ohne vom Auto auszusteigen. Sie fahren in einen dunklen Tunnel, stoppen an einer Art Schaufensterscheibe, wo der Tote ausgestellt wird, und dann nichts wie weg zum Licht und zum Leben!

Das ist der moderne Ritus, um den Tod zu beschwören. Zeit für einen gemeinsamen Ritus gibt es nicht mehr! Zeitmangel und der Mangel an Raum für den Tod ist die heutige Art und Weise, dem Unvermeidlichen zu entfliehen.

Die Massenmedien meiden das Thema des Todes – sofern es sich nicht um Nachrichten handelt, bei denen der Tod zum Spektakel wird. Das Sterben ist aus der Mode gekommen. Man spricht nicht darüber; als ob man es dadurch vermeiden und auslöschen könnte!

Den Eingeborenen von Kiriwina (Neuguinea) zufolge wird der „Baloma", der Geist des Verstorbenen, wütend, wenn die Dorfbewohner während des „Milamals", eines Festes, das großen Arbeiten vorausgeht, nicht tanzen und keine freien geschlechtlichen Beziehungen haben.[15]

Mit der unbewußten Motivation, die irrealen Geister zu besänftigen, beschwor man den Tod mit Hilfe der Lust. Heute ist es vielerorts Sitte, den Tod mit spiritistischen Sitzungen zu beschwören. Die verängstigten heutigen „Primitiven", denen ein wahrer Glaube fehlt, hängen dabei der Illusion nach, sie könnten mit Verstorbenen in Kontakt treten und Botschaften oder Ratschläge von ihnen empfangen.

Die Hexen in uns

Im früheren zentralafrikanischen Reich der Azante war der Glaube verbreitet, eine Person könne eine Hexe sein und somit den anderen Böses antun, ohne dieses zu wollen und es zu wissen. Bei den Aschanti Westafrikas schädigt Hexerei in den meisten Fällen Personen, gegen die kein Grund zu Haß besteht. Der Arzt Dr. Fattori, der bei den Aschanti lebte, schreibt über die Vorstellungen dieses Volkes: „Wer sich von einer Verhexung betroffen fühlt, wendet sich im allgemeinen nicht gegen jenen, von dem man am ehesten Schlechtes erwarten würde, sondern gegen andere, denen man eigentlich nur Gutes wünschen würde. Dieser Widerspruch erscheint unverständlich und verhängnisvoll."[16]

Dies geschieht auch bei uns: Solche schädlichen Einflüsse stammen zum Beispiel von Personen, die durch ihre psychische Struktur zunächst einmal ihr familiäres Umfeld zerstören. Der Leser möge sich hier aber nicht täuschen. Es handelt sich nicht um Schwarze Magie, sondern um das wahrhaft Okkulte, das heißt das Unbewußte. Die Glaubensvorstellungen vieler Völker, die Hexen einen schädlichen Einfluß zuschreiben, zeigen uns nur, daß sich gewisse Muster in allen geographischen Breiten und in allen Kulturen wiederholen.

Eltern, die ihren Sohn oder ihre Tochter lieben, werden ihm oder ihr nie bewußt Böses antun. Und dennoch geschieht dies oft. Die Familientherapeutin Mara Selvini Palazzoli, die vor allem für die Behandlung der sogenannten „mentalen Anorexie", der seelisch bedingten Appetitlosigkeit, bekanntgeworden ist, hat mit ihrem Team eine neue Form der Psychotherapie für Familien entwickelt und bei 149 Familien angewandt, bei denen die Kinder unter schweren psychotischen Störungen leiden. Das Modell geht davon aus, daß die Störung beim Ehepaar und *nicht* bei den Kindern liegt oder, besser gesagt, daß die Störungen der Kinder das Ergebnis eines stummen Konflikts zwischen den Eltern sind.

„Um bei einem Kind eine Psychose zu erzeugen, reichen die üblichen Eheprobleme nicht aus, etwa ein explosiver, gewalttätiger Konflikt, eine Reihe wiederholter Ehebrüche und Versöhnungen, auch nicht eine strenge Rollenverteilung, bei der schließlich beide Partner seelisch verarmen ... Unsere Forschungen haben gezeigt, daß als Störung immer nur ein Spiel in Frage kommt, das man als eine psychische Falle bezeichnen kann."[17]

Ein Ehepaar in einer ausweglosen psychischen Falle

Diese Situation erinnert an das Patt im Schach, bei dem keiner der beiden Gegner gewinnen kann. Die beiden Ehepartner sind zwei Kämpfern vergleichbar, die ohne laute Szene, ohne Geschrei und ohne brüske Bewegungen versuchen, sich gegenseitig aus dem Ring zu stoßen. Einer der beiden ist der „aktive Provokateur". Er dominiert dem Anschein nach, kritisiert immer, ist niemals zufrieden. Der andere Partner ist der „passive Provokateur". Er schweigt und tut doch das, was von ihm verlangt wird, allerdings auf eine Weise, die den anderen zur Verzweiflung treibt. Der erste Partner geht in diesem Spiel somit zum Angriff über und zeigt anhand von Tatsachen, daß er recht hat. Nun ist er überzeugt, daß er die Dinge ein für alle Male klargelegt hat. Doch kurze Zeit danach wiederholt der zweite Partner dieselben Verhaltensweisen, welche der andere für längst überholt gehalten hat.

Schließlich wird auch der Sohn oder die Tochter miteinbezogen, ohne daß sich bei diesem irrwitzigen Spiel jemand richtig im klaren ist, was eigentlich vor sich geht.

In dieser Kampfarena des häuslichen Lebens werden die Kinder unbewußt dazu aufgefordert, Solidarität mit jenem Elternteil zu üben, der in diesem Spiel als „Verlierer" erscheint. Doch auch der „Sieger" in diesem Kampf kann die Kinder unbewußt miteinbeziehen. Schließlich zeigen die Kinder Verhaltensweisen, welche die Eltern beunruhigen, weil sie die Gründe dafür nicht kennen. Der Sohn oder die Tochter beschimpft zum Beispiel den überlegenen Elternteil oder antwortet ihm nicht mehr, schließt sich ins Zimmer ein und verläßt es nicht mehr, oder das Kind beginnt, viel Geld auszugeben, spät in der Nacht nach Hause zu kommen, geht nicht mehr zur Schule oder gibt das Studium auf.[18]

Die Hexen sind in uns. Gemeint sind hier nicht jene Hexen, die magischen Zauber oder den bösen Blick praktizieren, sondern jene, die wirklich die Macht haben, Böses zu tun, auch wenn diese Hexen selbst unbewußt Opfer eines viel umfassenderen Spiels sind, des Spiels des Unbewußten.

Die Entstehung der Hexen

Dem Spiel des Unbewußten begegnen wir auch in den Glaubensvorstellungen und Überlieferungen von Stammeskulturen. Die Aschanti beispielsweise schreiben Krankheiten einer Verhexung zu und glauben, die Hexen würden den Kranken mit einem bösen Geist, dem Obagy, anstecken. „Der Obagy muß einen Namen und eine Identität haben. Wer solchermaßen besessen ist, kann sich erst davon lösen, wenn er den entsprechenden Namen kennt."[19]

Ähnliche Vorstellungen gibt es auch bei uns: Von einem tiefgreifenden Unwohlsein können auch wir uns erst befreien, wenn es uns durch eine Analyse bewußt geworden ist. Erst dann kennen wir die tieferen Ursachen und somit den Namen der Störung.

„Überträgt die Mutter den Obagy bei der Geburt auf ihr Kind, gibt es kaum eine Behandlung, um sich davon zu befreien."[20]

Machen wir einen großen Sprung und gehen von dieser Kultur zur heutigen Wissenschaft über. „Die Übertragung von der Mutter auf das Kind bei der Geburt" ist ein Konzept, das man mit einer Infektion vergleichen kann. Diesen Gesichtspunkt finden wir auch im folgenden Zitat: „Wir müssen natürlich auch die Väter und die Mütter zu verstehen versuchen, die Opfer einer autoritären, unausgeglichenen Erziehung auf der Grundlage der Angst und der ungelösten Probleme ihrer eigenen Eltern geworden sind. Sie projizieren ihre negativen Erlebnisse auf ihre eigenen Kinder ... Diese Eltern bilden die kommende Generation von Erziehern, die in ihrer Unsicherheit noch neurotischere Kinder in die Welt setzen werden."[21] Auf symbolhafte Weise lehren dies auch die Aschanti: Hexen bringen Hexen hervor. Die wissenschaftliche Psychologie kommt zu denselben Schlußfolgerungen, formuliert sie allerdings mit wissenschaftlicher Terminologie.

Die kurze Reise, die wir durch das Unbewußte unternommen haben, war keineswegs rein zufällig. Diesen Weg muß derjenige zurücklegen, welcher die tiefliegenden Mechanismen verstehen will, durch die das Handauflegen wirksam wird.

Krankheit und Gesundheit heutzutage

Die Gesundheit als Fehlen von Krankheit?

Definitionen der Gesundheit gibt es zu Dutzenden. Wir wollen hier zwei herausgreifen. Die eine Definition bezeichnet einen objektiv nicht erreichbaren physischen und psychischen Idealzustand. Die andere Definition macht von einer „statistischen Normalität" Gebrauch, einem abstrakten Konzept, das zum Beispiel einen Athleten ausschließen würde.

Wenn die Gesundheit die Abwesenheit von Krankheit wäre, so würde dieses Konzept stark von der kulturell beeinflußten Auffassung von der Krankheit abhängen. Hier treffen wir jedoch auf große Unterschiede, zum Beispiel zwischen Industrienationen und Ländern der Dritten Welt. Gewisse „Zustände" gelten in einem Industrieland als Krankheit, in der Dritten Welt hingegen als „normal". Bei gewissen südamerikanischen Stämmen gelten die Hautflecken der Pinta, einer von Spirochäten, spiralig gewundenen Bakterien, hervorgerufenen Erkrankung, als normal, und ihr Fehlen wird als Anomalie betrachtet.[22]

Die Weltgesundheitsorganisation definiert die Gesundheit als einen Zustand des physischen, psychischen und sozialen Wohlergehens. Die Wichtigkeit der sozialen Komponente liegt dabei auf der Hand. Zufriedenstellende soziale Bedingungen und auch eine annehmbare wirtschaftliche Situation sind wichtig für die Harmonie der Persönlichkeit, bei der natürlich auch die spirituelle Seite eine Rolle spielt. Auf jeden Fall ist der Begriff „Krankheit" schwierig zu definieren. Einige Aspekte dieses Problems möchte ich im folgenden herausgreifen.

Die Beziehung zwischen Krankheit und Mensch

- Die Krankheit ist das *Besitztum* des Kranken.
  Deswegen sagt er: „Meine" Dickdarmentzündung, „meine" Arthrose usw. Diese Zugehörigkeit steht mit einem Prozeß der Identifizierung in Zusammenhang: Der Patient zeigt damit, daß er eine Kontrolle über die Krankheit ausübt. Tatsächlich will der Patient den Namen „seiner Krankheit" vom Arzt wissen. Diesen Namen zu kennen bedeutet schon eine gewisse Kontrolle über dieses Übel. Nun kennt der Patient seinen Feind. Wenn eine Gefahr identifiziert ist, kann sie auch unter Kontrolle gebracht werden, und sei es auch nur in der Hoffnung.
- Die Krankheit umfaßt den *ganzen* Menschen.
  Der Mensch kann „krank sein" oder „eine Krankheit haben". „Die Krankheit zu *haben*" drückt ein bestimmtes Konzept aus: Man stellt sich als Krankheitsursachen dabei äußere Faktoren wie Viren, Mikroorganismen und andere Parasiten vor, die man bekämpfen und zum Verschwinden bringen will. „Dieses fremde Etwas gilt es zu vernichten."
  „Krank zu *sein*" bedeutet, daß der Mensch stärker davon betroffen ist. Dieser Ausdruck steht auch der Wirklichkeit näher, denn die Krankheit beeinflußt die Physis gleichermaßen wie die Psyche.
- Krankheit ist eine *Form des Ungleichgewichts* im Menschen.
  Tatsächlich übernimmt jeder Mensch in der Gesellschaft mehrere verschiedene Rollen. Auch wenn die Krankheit nur ein einziges Organ betrifft, so hat sie doch eine destabilisierende Wirkung auf verschiedene dieser Rollen. Der Patient muß zeitweilig seinen Beruf aufgeben; er muß sich damit anfreunden, daß er während seiner Krankheit nicht der geschätzte Kollege oder Chef im Beruf ist. In sozialer Hinsicht fällt er aus der Rolle, die er in verschiedenen Gruppen spielt, etwa in der Familie, in der Nachbarschaft, im Sportverein oder in der politischen Partei. Zuvor stand er auf beiden Beinen mitten im Leben, und nun muß er sich hinlegen, vielleicht in ein Krankenhaus, wo er in eine beängstigende Anonymität eintaucht und wo der „ideale Kranke" im allgemeinen jener ist, der alles akzeptiert, ohne etwas zu fordern. Die damit verbundenen Ängste verstärken die Krankheit.

Die psychosomatische Krankheit

„Die sogenannte Krankheit ist das Ergebnis verschiedener Faktoren, die sich unter anderem auf bewußte und unbewußte seelische Vorgänge beziehen."[23] Diese Definition legt Wert darauf, daß psychische Faktoren wie Angst, neurotische Zustände und Konflikte Krankheitsfaktoren darstellen können. Diese psychosomatischen Faktoren können auf dreierlei Weise wirksam werden: Sie bilden zum Beispiel die Wurzel für das Auftreten bestimmter Krankheiten, zum Beispiel das Zwölffingerdarmgeschwür, das durch Streß entsteht. Sie kommen auch als Auslöser für Autoimmun- und sogar Infektionskrankheiten in Frage, indem sie die Immunabwehr des Körpers schwächen. Psychosomatische Faktoren verschärfen auch ganz allgemein bereits bestehende Krankheitszustände.

„Man erkennt immer deutlicher, welche Bedeutung emotionaler Streß und unbewußte Konflikte bei der Auslösung aller möglichen Krankheiten haben: Dies gilt für Herz- und Kreislauferkrankungen, für Asthma, für akute oder chronische Magen- und Darmstörungen wie das Zwölffingerdarmgeschwür oder die Colitis ulcerosa (eine schwerwiegende Entzündung des Dickdarms mit Eiterung und Geschwürbildung), für Migräneformen, die jeder Therapie widerstehen, und für gynäkologische Probleme. Ohne Zweifel nehmen die Krankheiten psychosomatischen Ursprungs in unserer Gesellschaft zu. Direkte Auslöser sind Erziehungssysteme und Lebensgewohnheiten, die zu seelischen Spannungen führen und die deren freien Abbau verhindern."[24]

Die psychosomatische Krankheit entsteht im Innern des Menschen. Sie hat ihren Grund in einem inneren Ungleichgewicht, das von emotionalen Faktoren bestimmt wird.

Bereits Hippokrates beschreibt das Konzept der psychosomatischen Erkankung: Störungen der Seele können organische Erkrankungen bewirken ... Leid, Zorn, Ehrgeiz, Scham, Freude oder tiefe Wut können schwere körperliche Störungen verursachen. Die therapeutischen Kulte der Antike enthielten stets Komponenten, die auf die Heilung psychosomatischer Störungen abzielten.

Nach den Vorstellungen der Aschanti bewirkt der Obagy, der böse Geist, den eine Hexe in die Seele des Opfers verpflanzt, „einen inneren Kampf, der den Patienten in einen Zustand der Depression und der tiefen Angst stürzt".[25] Es kann aber auch sein, daß der Patient „einen bösen Geist akzeptiert, ... um einem anderen zu schaden".[26] In diesem Fall bestraft ihn der höhere Geist.

Das Konzept der psychosomatischen Krankheit mit inneren Konflikten und Schuldgefühlen wird im Glauben dieses Volkes deutlich. In solchen Fällen kennen die Medizinmänner und Heiler ihre Grenzen bei der Behandlung organischer Krankheiten sehr gut und empfehlen die Einweisung in ein Krankenhaus, allerdings erst nachdem die „übernatürliche" Ursache mit rituellen Handlungen ausgeschaltet wurde. Auf diese Weise wird ein psychisches Gleichgewicht wiederhergestellt. Erst dann kann der so „beladene" Patient zur Behandlung ins Krankenhaus.

Eine freiwillige psychosomatische Hilfe

In unserer Kultur hingegen geht der Patient nur mit Ängsten ins Krankenhaus. Sie können zu schlimmer Beklemmung und Panik werden, weil das Krankenhaus und unsere Medizin allgemein sich mit dem Organ, der Krankheit, aber nicht mit dem *Kranken* selbst beschäftigen. Dieser bleibt auf sich allein gestellt und ist allen Ängsten ausgesetzt.

Diese negativen Auswirkungen der Begegnung mit dem Leiden könnten gemildert werden durch Hilfskräfte, die vielleicht auf freiwilliger Basis als eine Art Vermittler zwischen den anonymen Strukturen zwischen der Klinik und den Patienten, den „Leidenden" dienen. Diese Helfer nähmen sich der Kranken in ihrer Gesamtheit und all ihrer Schwierigkeiten an und würden damit zur Heilung beitragen. Eine solche psychosomatische Unterstützung wird in unserer Gesellschaft immer wichtiger, weil die Angst wächst und die erzieherische Bedeutung geleugnet wird. Solche Hilfskräfte müßten den Menschen in seiner gesamten psychophysischen Dimension sehen, wie dies schon im philosophischen Gedankengut der Inder des 6. Jahrhunderts v. Chr. einen Niederschlag fand: „Das erkrankte Organ darf nicht abgetrennt von der Einheit behandelt werden, zu der es gehört. Man muß es vielmehr in einem gesamten Zusammenhang sehen, in der Wechselwirkung mit dem Gesamtorganismus." (Susruta)

Der Medizinmann

Der Schamane als Priester und Heiler

Die Menschen, die sich im Rahmen ihrer Stammeskulturen mit dem Okkulten und den Krankheiten in ihrer Gemeinschaft beschäftigen, haben bei uns viele verschiedene Namen. Sie heißen Schamanen, Zauberer, Magier, Hexer, Medizinmänner usw. Der Schamane ist eine typische Figur Nordasiens, Grönlands und Nordamerikas. Die Bezeichnung leitet sich vom tungusischen Wort Saman ab; es bezeichnet einen Menschen, der sich wie rasend bewegt. Der Schamane ist ein Medizinmann, der seine eigene Persönlichkeit verläßt und eine andere annimmt. Dabei erfüllt er die Aufgabe des Priesters und Heilers.

Priesterlich ist seine Aufgabe insofern, als er eine religiöse Tätigkeit ausübt. Von der Gemeinschaft erhält er die „Macht", mit der Welt der Geister in Beziehung zu treten. Eine Besonderheit des Schamanismus sind „kollektive" Rituale: Mit Hilfe von Musik, von Gesängen und rhythmischem Trommelschlag findet im Dorf eine Sitzung statt, bei der es zu einer Beziehung mit der Geisterwelt und zum Phänomen der psychischen Kommunikation kommt. Der Glaube an die Geister und die Überzeugung von der diesem Ritus innewohnenden „Macht" führen auch zu paranormalen Erscheinungen, von denen auf den folgenden Seiten noch ausführlich die Rede sein soll. Hier sei nur festgestellt, daß diese „Geister" eine reine Schöpfung des unbewußten Ichs des Schamanen sind, das zur zeitweiligen Schöpfung eines kollektiven oder gemeinschaftlichen Ichs der Gruppe führt.

In der Anthropologie gibt es einige Tendenzen, die den Schamanismus als älteste mystische Erscheinung in der Geschichte des Menschen betrachten. Er stammt aus einer Zeit, als Magie und Religion noch nicht voneinander getrennt waren. Man kann somit die Anhänger des heutigen Spiritismus als die letzten Vertreter dieses uralten Glaubens betrachten, der allerdings von einem spirituellen Standpunkt aus schon längst überholt ist.

Die heilende Funktion des Schamanen ergibt sich aufgrund folgender Situation: Der Kranke ist von einem Geist besessen und kann nur durch dessen Austreibung geheilt werden. Die Austreibung des Dämons geschieht mit Gewalt oder durch List. Dieses ist die Aufgabe des Schamanen, der in der Trance, einer durch Suggestion ausgelösten Selbsthypnose, mit der Welt der Geister in Verbindung tritt.

Die Figur des Zauberers und Heilers bei den Stammeskulturen

Zauberer, Heiler und Medizinmänner gibt es in allen Stammeskulturen. Insgesamt gesehen unterscheiden sie sich von den Schamanen dadurch, daß ihr Trancezustand leichter ist; gleichzeitig führen sie ihre „Magie" im privaten Bereich und nicht öffentlich in der Gruppe durch. Der Medizinmann oder Heiler hat im Gegensatz zum Schamanen primär *keine* priesterliche Funktion. Er beschäftigt sich mit der Gesundheit der Menschen in seiner Gruppe und nimmt dazu „Magie" zu Hilfe. Er übt die empirische Medizin gleichermaßen aus wie die magische.

Der Medizinmann der südamerikanischen Indianerstämme ist ein Experte auf dem Gebiet der Heilmittel. Allerdings wissen auch die übrigen Mitglieder seines Stammes durchaus Bescheid über die heilende Wirkung von Pflanzen und Tieren. Bei den Azteken übten bestimmte Frauen die *empirische Medizin* aus. Sie kannten sich aus bei den Pflanzen und den Mineralien und heilten Wunden, Verrenkungen, Knochenbrüche und Gicht. Sie waren auch Expertinnen für Massage. Die Azteken besaßen Krankenhäuser, und im Troß der Streitkräfte befanden sich stets auch Chirurgen. Bei den Dogon in Westafrika finden wir heute noch ähnliche Verhältnisse wie bei den südamerikanischen Indianern vor. Die Stammesangehörigen kennen sich bei den Heilpflanzen ziemlich gut aus, so daß sie nur dann zum Medizinmann gehen, wenn sie die Krankheit auf die Einwirkung böser Geister zurückführen.

Die *magische Medizin* ist das Hauptgebiet des Zauberers und Heilers. Bei den südamerikanischen Indianern machte er von okkulten Kräften Gebrauch, die den gewöhnlichen Sterblichen unzugänglich und unbekannt waren. Trance, Suggestion und Glaube an die eigene Macht sind die existentiellen Auslöser gelegentlicher paranormaler Erscheinungen. Wenn sich diese einstellen, steigt natürlich der Ruf des Medizinmanns.

Der Medizinmann ist „auf der Suche nach jenem Komplex von Erscheinung, die man nur übernatürlichen oder magischen Einflüssen zuschreiben kann und von denen der Medizinmann glaubt, daß sie nur von einem anderen feindlichen Medizinmann, einem bösen Geist oder einer geheimnisvollen Kraft ausgelöst werden können".[1]

Der Medizinmann präpariert in seiner Hütte, verborgen vor den Blicken anderer, magische Heilmittel. Mehr als die organische Erkrankung bekämpft er die Angst und damit das psychische Leid. Man ruft den Medizinmann zu Hilfe, wenn geistige Störungen, schlechte Vorahnungen, Angstzustände und drohende Naturphänomene zu behandeln sind. Von seiner ganzen seelischen Verfassung her neigt er zu halluzinatorischen Verhaltensweisen, zur Interpretation von Träumen und Naturphänomenen und besitzt eine sehr starke suggestive Kraft.

Im allgemeinen hat er eine Ausbildung und eine Initiation durch einen Meister durchgemacht. Diese Schulung ist mit Schlaf- und Nahrungsentzug verbunden. Der Schüler muß sich lange Zeit in die Einsamkeit zurückziehen. Aus dieser geistigen und seelischen Reifung soll ein neues Individuum hervorgehen. Professor Martin Gusinde berichtet, wie er als einziger Weißer zur Schulung als Medizinmann bei den Yamana Feuerlands zugelassen wurde. Er schildert uns die Figur dieses Medizinmanns: Er beschäftigt sich nicht mit physischen Krankheiten, sondern nur mit übernatürlichen (wir würden sagen: psychischen) Therapien. „Seine Tätigkeit ist stets von einem Geheimnis umgeben und wird somit von den übrigen Angehörigen des Stammes nicht verstanden. Sie ist im wesentlichen psychologischer Art: Der Medizinmann muß den Geist seiner Patienten beeinflussen, deren Ängste, Befürchtungen und Sorgen und deren traurige Gefühle und Alpträume bekämpfen. Die Menschen seiner Umgebung glauben fest daran, daß er mit guten und bösen Geistern in Beziehung steht und daß er diese zugunsten seiner Freunde und zuungunsten seiner Feinde beeinflussen kann. Kurz: Der Medizinmann ist ein Mittler zwischen Menschen und der Welt der Geister und der Kräfte, die gewöhnlichen Sterblichen unzugänglich bleiben."[2]

Die Yamana sind heute untergegangen, und ihre Kultur existiert nicht mehr. Doch die Vorstellungen dieser Stammeskulturen haben sich in die zivilisierte Welt hinübergerettet, wo heute zahlreiche Magier tätig sind. Unsere Magier oder Zauberer oder wie sie sich auch nennen mögen, haben allerdings nicht die intensive Schulung ihrer Vorbilder durchmachen müssen. Die Magier der Yamana lebten allein in einer kegelförmigen Hütte, waren mit Schlamm bedeckt, durften sich nicht mit dem Rücken an die Wand lehnen, und als Stütze diente ihnen nur ein kurzer Stock, den sie mit ihrem Nacken gegen die Wand drücken mußten. Der jeweilige Schüler mußte seine Augen unbeweglich auf einen Punkt auf dem Boden richten und in völliger Ruhe verharren. Er durfte nicht sprechen und pro Nacht nur vier Stunden schlafen, wobei es ihm nur gestattet war, den Rücken an die Wand zu lehnen. Das Hinlegen war nicht gestattet. Sein Essen bestand aus wenigen Schnecken und Muscheln aus dem Meer. Diese Prüfung dauerte viele Tage lang, bis der angehende Medizinmann in einen natürlichen halluzinatorischen Zustand geriet und mit den „Geistern", das heißt den eigenen Halluzinationen und damit den Schöpfungen seines Unbewußten, zu sprechen begann.

Der europäische Zauberer muß nur ein Studio eröffnen und eine Anzeige aufgeben.

Die Entstehung der Religion und des Heilens

Die französischen Soziologen Marcel Mauss und Henri Hubert zeigten auf, daß die Begriffe „Religion", „Magie", „Gebet" und „Zauber" unterschiedslos gebraucht wurden und das gleiche bedeuteten.[3] Tatsächlich ist es ein schwieriges Unterfangen, bei den Stammeskulturen religiöse und magische Elemente voneinander zu trennen, denn sie bilden dort eine Einheit.

In der Religion wendet sich der Mensch an ein höheres Wesen und betet einen Schöpfer an. In der Magie wendet sich der Mensch an die Kräfte der Natur und an die Geister der Verstorbenen. Dabei will er sich diese Kräfte zunutze machen.

Bei den „primitiven und magischen" Religionen bilden Zauberei, Religion, wissenschaftliche und handwerkliche Kenntnisse eine Einheit. Dies alles ist Wissen des Menschen, das mit initiatorischen Riten und Techniken dazu genutzt wird, sich auch die Götter gefügig zu machen. Nach dem Glauben vieler Stammesreligionen können sich die Götter nicht immer diesen magischen Riten und dem bittenden Opfer entziehen.

Die vermeintliche magische Kraft des Menschen über die Mächte und die Zyklen der Natur verschwindet mit zunehmender Abstraktheit des Denkens und mit der wachsenden Fähigkeit, transzendente Begriffe zu verstehen. Gott hat die Evolution vorgesehen, damit der Mensch langsam die magische Ebene der Natur und die okkulte Ebene des Unbewußten verlassen kann, um sich immer stärker seiner selbst und seiner Größe bewußt zu werden. Es geht dabei nicht um „Macht", sondern um „Sein" in einer ewigen Dimension.

So entstehen die großen Religionen, darunter auch das Christentum als Offenbarungsreligion. Langsam trennt sich die Figur des Heilers, Zauberers und Priesters auf in die beiden Gestalten des Priesters einer Religion und des laizistischen, weltlichen Zauberers. Der Priester dient als Vermittler zur Gottheit, während der Zauberer die eigentlich obsolet gewordene Fähigkeit innehat, über die „animistischen" Kräfte der Natur zu befehlen.

In der Geschichte gab es oft blutige Zusammenstöße zwischen diesen beiden Bereichen. Im 13. und 14. Jahrhundert setzte sich im Christentum der Glaube an die Hexerei und die Besessenheit vom Teufel durch, und zwei Jahrhunderte später begannen die großangelegten Verfolgungen, Prozesse und Hinrichtungen der traditionellen Heiler.

Diese Verfolgungen wurden auch von der aufsteigenden neuen Klasse der Ärzte aus ideologischen und finanziellen Gründen angestachelt. Die Ärzte waren gegenüber der nichtakademischen Tradition der Heiler feindlich eingestellt. Ich erinnere in diesem Zusammenhang an den heftigen Angriff, den die englische Ärzteschaft 1423 gegen all jene unternahm, die sie „Scharlatane, Empiriker und schlechte Frauen und Männer" nannte. Im Jahr 1518 schrieb diese Ärzteschaft in ihrem „Act of Incorporation" über die Heiler: „Teilweise verwenden sie Zaubereien und Hexereien, teilweise behandeln sie Krankheiten mit schädlichen und ungeeigneten Mitteln, die im Angesicht Gottes tadelnswert sind."

Es ist dem Autor daran gelegen, zu zeigen, daß durch die Aufspaltung des ursprünglichen Wissens auch die „Macht" zur Heilung zweigeteilt wurde. Von jenem Zeitpunkt an kümmerten sich zwei verschiedene Heiler um die Gesundung, ein religiöser, geistlicher Heiler und ein laizistischer, magischer Heiler.

Im religiösen Bereich gibt es zwei Verfahren zur Heilung:
- Den Exorzismus zur Vertreibung böser Geister aus den Kranken.
- Die Verwendung von heiligen Reliquien als Hilfsmittel, um eine Heilung zu erflehen.

Im laizistischen Bereich unterscheiden wir wiederum zwei Gruppen von Verfahren:
- Eine magische Kräuterheilkunde, die ursprünglich in der Verabreichung heilkräftiger Pflanzen zusammen mit dem Aufsagen „magischer Formeln" bestand; diese zuletzt genannte Praxis ist bei den Magiern der heutigen konsumorientierten Zeit wieder sehr verbreitet.
- Die Nekromantie, ein Verfahren, das aus der Anrufung Verstorbener und in der Erfindung magischer Rezepte bestand. Dabei heilte man zum Beispiel Zahnschmerzen durch die Massage des Zahnfleisches mit Hilfe eines Zahnes, der von einem Toten gewonnen wurde. Zerstoßene Schädelknochen waren ein beliebtes Heilmittel gegen Epilepsie.

In der Praxis gab es natürlich Verbindungen zwischen den beiden Bereichen. Noch heute existieren Magier, die den Exorzismus praktizieren und dabei Reliquien einsetzen.

Auch die Medizin hat sich diesem Dualismus unterworfen und neue „Magier" geschaffen, zum Beispiel den Psychiater, den Psychoanalytiker und den Psychologen. Die psychosomatische Medizin hat uns klargemacht, daß es nicht so sehr Krankheiten als vielmehr kranke Menschen mit einer ganz bestimmten Lebensgeschichte gibt.

Die Beziehung zwischen der Magie und dem Paranormalen

Magie: Das Zeitalter der Stammeskulturen und des Kindes

Der animistischen Auffassung der Stammeskulturen zufolge war die belebte wie die unbelebte Natur beseelt und von unsichtbaren und intelligenten Kräften bevölkert. Durch eine Zwiesprache gelang es dem Magier, diese Kräfte seinem Willen zu unterstellen. Sie mußten ihm nun helfen, seine Ziele zu erreichen, seien es nun gute oder böse.

Die Magie besteht aus Ritualen und Verhaltensweisen, die von der Angst des Menschen diktiert werden, das Opfer nichtkontrollierbarer Ereignisse zu werden, etwa von Krankheiten, Feinden, wilden Tieren und Naturkatastrophen. Die magischen Rituale sind somit unbewußte Phantasien, welche die Ängste unserer Vorfahren und die der heutigen Menschen mindern. Der magische Kreis beispielsweise ist nichts anderes als die geistige Projektion der Vollkommenheit auf die Ebene des Konkreten: Er soll uns vor allen Wechselfällen des Lebens schützen.

Die Magie ist somit eine Form des unbewußten Selbstschutzes. Das unbewußte Ich arbeitet auf der Grundlage exakter Sinneswahrnehmungen im Zusammenhang mit den existentiellen Bedürfnissen und Erfahrungen magische Verteidigungsmechanismen aus. Ein Beispiel für diese rituelle Magie sind die prähistorischen Wandmalereien; Jäger und der Zauberer malten Tierfiguren und damit künftige Beutetiere auf die Höhlenwände. Indem sie diese Tiere mit Farbe und durch die

Darstellung einfingen, glaubten sie, diese seien nun besser zu fangen. Diese Art der Malerei ist somit eine primitive Form der Magie.

Dieses Ritual findet sich auch bei den Verhexungen der heutigen Zeit, wie sie zum Beispiel noch in Italien weit verbreitet sind. Eine Puppe aus Wachs oder einfach eine Kartoffel stellt den „Feind" des Zauberers oder seines Klienten dar. Der Zauberer greift dabei auf eine Tradition aus ferner Vergangenheit zurück. Diese war aus der Angst und der Notwendigkeit entstanden, um das eigene Überleben kämpfen zu müssen. Diese Voraussetzung ist heute entfallen. An ihre Stelle tritt die weitverbreitete Konsumhaltung, besonders auch gegenüber dem Okkulten.

Aus der Seltenheit, dem Gewicht, der Farbe und anderen Eigenschaften von Metallen und Edelsteinen leitete man eine magische Interpretation ab. So entstanden die Amulette und Talismane, die heute noch von vielen Menschen getragen werden, weil sie die alten Ängste unserer Vorfahren in moderner Form erneut erleben.

Das Zeitalter der Magie entspricht dem Zeitalter der primitiven Stammeskulturen, aber auch dem Weg des Kindes. Das Kind, das sich zum Erwachsenen entwickelt, und der Mensch in seiner Frühgeschichte mußten denselben Weg gehen: Sie gaben den magischen Glauben auf und tauschten ihn gegen ein menschliches Bewußtsein ein, welches ihrer geistigen Reife entspricht.

Die Komponenten der Magie

Man sagt, daß die Magie eine Fähigkeit und eine Macht darstellt. Das ist aber falsch. Die Magie ist ein komplexes soziales Phänomen, das sich aus zahlreichen Komponenten zusammensetzt: dem Auftrag, der Suggestion, veränderten Bewußtseinszuständen, paranormalen Phänomenen.

Der Auftrag erfolgt durch die soziale Gruppe. Er entspricht einer Anerkennung, denn die Gemeinschaft betraut stillschweigend oder ausdrücklich eine bestimmte Person mit der Macht, Ängste zu vertreiben. Die „Macht" wird somit übertragen und ist eine persönliche Eigenschaft des Zauberers, die untrennbar mit ihm verbunden ist.

Die Suggestion ist das wichtigste Arbeitsinstrument des Magiers. Zunächst und vor allem verwendet er die Suggestion für sich selbst, um sich davon zu überzeugen, daß er über besondere Fähigkeiten und Kräfte verfügt. Bei dieser Einstellung helfen ihm auch zufällige Phänomene, die Fähigkeit zur Hyperästhesie (einer Sinneswahrnehmung auch der winzigsten Signale) oder auch spontane paranormale Erscheinungen, die in Unkenntnis ihrer wahren Gründe als Signale einer wirklich existenten Macht dieser Person gewertet werden.

Die Autosuggestion ist der Weg, um mit Hilfe einfacher Techniken der Konzentration, der Entspannung und gewisser Automatismen (rhythmische Geräusche) in andere Bewußtseinszustände zu gelangen. Diese begünstigen paranormale Erscheinungen und die unbewußte Kreativität (Kontakt mit den Geistern). Die Suggestion ist das Werkzeug, das der Magier bewußt und unbewußt bei den Beziehungen zu den Ratsuchenden einsetzt.

Bisher haben wir das Unbewußte und die Magie als Produkt des Unbewußten untersucht. Beide sind wichtige Elemente für das Verständnis des Handauflegens.

Das Paranormale

Das Paranormale ist eine Art der Kommunikation des Menschen mit sich selbst oder mit anderen Menschen. Was wird dabei mitgeteilt? Es sind Informationen, die in jenem Augenblick nicht bekannt sind und die durch unbewußte Prozesse auf die Ebene des Bewußtseins gehoben werden.

Woraus bestehen diese Informationen? Sie bestehen in der Wahrnehmung eines Ereignisses oder eines Zustands, der im Geist eines anderen Menschen entsteht (Telepathie). Zu diesen Informationen gehören auch künftige Ereignisse, die aber bereits im Kern angelegt und im Entstehen begriffen sind. Die Informationen darüber liegen noch im Unbewußten des Menschen oder im allgemeinen Unbewußten[4] verborgen. Diese Informationen kann man nicht durch Nachdenken oder Logik gewinnen (weil sie ihren Sitz im Unbewußten haben). Sie führen aber im Unbewußten zu einer Art Wahrscheinlichkeitsabwägung, so daß schließlich das Bewußtsein das betreffende Ereignis als wahrscheinlichste Möglichkeit erkennt. Diese Erscheinung nennen wir Hellsehen oder Präkognition.[5]

Die Informationen betreffen auch Leidenszustände, die auf unbewußter Ebene erfahren werden, oft mit neurotischen Komponenten, die dem Bewußtsein mit einer symbolhaften Sprache mitgeteilt werden, etwa über Poltergeister, spiritistische Psychophonie oder pseudodiabolische Besessenheit[6]

Die paranormalen Phänomene sind echte, reale Erscheinungen – dies im Unterschied zur Magie und zum Spiritismus, die suggestive Schöpfungen der menschlichen Seele darstellen. Paranormale Erscheinungen treten meistens spontan unter teilweise unbekannten Umständen auf. Bei manchen Probanden kann man experimentell positive Ergebnisse erhalten – nicht etwa weil sie über besondere Fähigkeiten verfügen, sondern weil sie Träger bestimmter psychologischer oder existentieller Merkmale sind, welche diese Phänomene begünstigen.

Paranormale Erscheinungen treten unter ganz unterschiedlichen Bedingungen auf: angefangen von mystisch-religiösen Zuständen über spiritistische Sitzungen und psychoanalytische Behandlungen bis hin zum ganz normalen Alltagsleben. Paranormalität ist also nicht gleichbedeutend mit Magie, sondern mit kulturellen Bedingungen, bei denen der Schwerpunkt auf besondere emotionale oder geistige Zustände gelegt wird. Die Paranormalität ist keine Macht, sondern wahrscheinlich das Zeichen eines inneren Unbehagens, das bisweilen krankhafte Züge annimmt. Wenn aber schon die Paranormalität keine Macht ist, gilt dies erst recht für die magischen Handlungen.

Die Magie ist wie der Spiritismus ein „kulturelles" Phänomen. In ihrem Wesen handelt es sich nur um psychische Rituale. Sie sollen den Menschen trösten, der Angst hat vor den Problemen des Lebens und vor dem Tod. Mit paranormalen Erscheinungen haben sie nichts zu tun – sie stellen höchstens einen der zahlreichen Auslöser für paranormale Phänomene dar. Interessanterweise haben die Ethnologen, die Stammeskulturen untersuchten, das Hauptgewicht auf den sozialen und kulturellen und *nicht* auf den paranormalen Aspekt gelegt, obwohl dieser in ihren Beschreibungen deutlich zu erkennen ist.

Die paranormale Kommunikation

Ich will in diesem Kapitel eine Übersicht über die Wirkungsweise der paranormalen Kommunikation geben. Dieser Begriff setzt das Unbewußte voraus, weil paranormale Phänomene ihre Wirkung in diesem Unbewußten entfalten. Das Unbewußte ist der Filter, durch den die paranormale Kommunikation in das bewußte Ich übertritt.

Jede paranormale Erscheinung hat einen Grund und ist tief in unserem Leben verwurzelt. Gemäß der Ökonomie der Natur setzt jedes Ding ein anderes voraus. Die Gründe für die paranormalen Erscheinungen sind die existentiellen Auslöser. Diese bedeutsamen Fakten setzen die unbewußte Kommunikation in Gang.

Tatsächlich sind unsere Lebenserfahrungen nicht nur biologisch über chemische Reaktionen im Gehirn festgelegt, sondern spiegeln sich auch im individuellen Unbewußten wider. Eine Hypothese zur Erklärung des Paranormalen (Psi) geht davon aus, daß das individuelle Unbewußte jedes einzelnen mit dem jedes anderen Menschen durch einen allgemeinen unbewußten Psychismus verbunden ist. Damit hat unter bestimmten Bedingungen jedermann Zugang zu den Informationen in diesem gemeinsamen Pool.

Die Informationen überschreiten die Schwelle des individuellen Unbewußten, wenn dieses sozusagen eine Bresche schlägt. Dieses geschieht für kurze Augenblicke bei bedeutsamen Ereignissen, die als Auslöser für diese Kommunikation dienen:
- Emotionalität der betreffenden Person, Situationen mit emotionalen Komponenten, Gefahr und Tod, Unfälle, Angstzustände, Naturkatastrophen, seltener bei Gefühlen der Dankbarkeit und sehr selten bei einem Gefühl der Sicherheit.
- Persönliches Interesse, vielleicht auch im Zusammenhang mit einer eingegangenen Wette.
- Die Überzeugung, paranormale Qualitäten zu besitzen. Gerade diese Hoffnung kann ein solches Ereignis auslösen.
- Gefühlsbetonte Bindungen aufgrund von Verwandtschaft, Freundschaft oder Bekanntschaft. Die affektive Komponente stellt einen

„bevorzugten" Kanal dar, weil damit auch stets eine Angst um das Wohl der betreffenden Person verbunden ist.

– Die eigene Lebenserfahrung, die dazu führt, daß man ein intensiveres Gefühl für Gefahrensituationen entwickelt, denen man selbst schon ausgesetzt war.
– Spiritistische und magische Überzeugungen.
– Mystische Zustände. Innerhalb dieser Kategorie gibt es in allen Religionen eine Vielzahl an Beispielen (Heilige, Yogi, Schamanen).

Der existentielle Auslöser ergibt sich durch das konkrete Leben. Er löst einen originären unbewußten Impuls aus, den Kommunikationsfaktor. Dieser gelangt unter günstigen Bedingungen zur Informationsquelle, deren Sitz im allgemeinen Psychismus liegt. Darunter verstehen wir die Gesamtheit des Unbewußten aller Menschen.

Die zentrale Figur bei paranormalen Phänomenen ist der Psychomiletiker. Er kommuniziert mit Hilfe seiner Psyche. Aufgrund eines existentiellen Auslösers erzeugt er den Kommunikationsfaktor.

Der originäre unbewußte Impuls gelangt zu den Quellen der unbewußten Information und kehrt mit den gewonnenen Daten zurück. Die Wirklichkeit ist noch etwas komplizierter, doch ist hier nicht die Gelegenheit, um ausführlicher darauf einzugehen. Die vereinfachte Darstellung mag hier genügen, weil sich beim Handauflegen gelegentlich paranormale Erscheinungen zeigen und weil man die Erfolge beim Handauflegen mit einer Form der interpersonalen Kommunikation erklären kann, die sich auf bewußter wie unbewußter Ebene abspielt. Auf unbewußter Ebene sind auch „archetypische" Faktoren beteiligt, die wir später noch sehen werden.

Ein Beispiel für die paranormale Kommunikation

Als Erläuterung zum bisher Dargelegten soll uns eine paranormale Erscheinung dienen, bei welcher der existentielle Auslöser und der Vorgang der Kommunikation besonders deutlich zutage treten. Dieses Phänomen erlebte – in Zusammenhang mit der Analyse eines Pa-

tienten – Professor E. Servadio, einer der Begründer der Parapsychologie in Italien und Universitätsdozent für Psychologie. Er berichtete darüber in der Januar-/Februarnummer des *International Journal
of Psychoanalysis* 1955.[7] Der Patient war ungefähr 30 Jahre alt, litt unter einer „obsessiven Neurose" und wurde „von den späten Auswirkungen einer emotional verkümmerten Kindheit geplagt".
Es geschah folgendes:

1. In der Nacht des 27. August 1953 träumte der Patient davon, daß
   er sich in der Nähe der Wohnung von Professor Servadio befand,
   das heißt in einem Cottage in den Außenbezirken einer kaliforni-
   schen Stadt (Professor Servadio wohnte in Wirklichkeit in Rom).
   Das Hausmädchen des Analytikers hatte einen Teller voller Tagliatelle (Bandnudeln) beim Eingang zum Garten deponiert, und
   der Patient holte sich das Essen, weil er sich hungrig, verloren und
   traurig fühlte. Während er sich dem Teller zuwandte, fuhr ein
   Auto heran. Der Patient präzisierte: „Ich wußte, daß Sie mit Ihrer
   Frau darin saßen, doch erfaßte mich Angst, und ich lief weg."
   Dann änderte sich der Traum. Der Patient befand sich im Haus
   mit Frau Servadio und drei Mädchen. Er wußte, daß eines der drei
   Mädchen, eine 14jährige, die Tochter des Analytikers war; die anderen blonden Mädchen waren acht beziehungsweise drei oder
   vier Jahre alt. Der Patient erzählt: „Ich fühlte mich trostlos und
   verloren, obwohl ich wußte, daß sich die Familie mir gegenüber
   freundlich verhielt und auch nichts gegen mich hatte."
2. Am Abend des 27. August hatte Professor Servadio einen amerikanischen Kollegen, Dr. Ludwig Eidelberg, mit dessen Frau ein-
   geladen. Er wollte mit seinen Gästen spezielle Tagliatelle in einem
   berühmten römischen Restaurant essen gehen. Zwei Mitglieder
   der italienischen Gesellschaft für Psychoanalyse sollten im Restaurant zur Gesellschaft stoßen.
3. Um mit dem amerikanischen Kollegen ins Restaurant gehen zu können, mußte Servadio den Termin mit dem Patienten auf den 28. August 20.00 Uhr verschieben. Er konnte ihn allerdings telefonisch
   nicht erreichen und schickte mit dieser Nachricht das Hausmädchen.
   Es war das einzige Mal, daß Professor Servadio die Dienste einer
   Hausangestellten in einer solchen Angelegenheit zu Hilfe nahm.

Als objektive Tatsache können wir festhalten:

a) Der Analytiker war mit seiner Frau vor kurzem von einer Auslandsreise zurückgekehrt.

b) Frau Servadio hatte Rom erneut verlassen und befand sich im Augenblick des Traumes in einem kleinen Haus mit Garten am Meer. Sie war in Begleitung ihrer Tochter und zweier blonder Nichten, von denen die eine acht und die andere dreieinhalb Jahre alt war. Der Patient wußte davon nichts.

c) Professor Servadio wies darauf hin, daß er sich in jenen Tagen einsam und verdrossen fühlte, weil seine Mahlzeiten nicht von seiner Frau, sondern von dem Hausmädchen zubereitet wurden.

d) Das Hausmädchen existierte, und ebenfalls der Teller voll Nudeln, der eines der Motive war, um die Sitzung zu verschieben. Der Patient hatte von seinem Analytiker also die folgenden Tatsachen auf telepathischem Wege erfahren:

– die Rückkehr von der Reise;

– die Existenz der Tochter und der beiden jüngeren Mädchen sowie deren Haarfarbe und Altersangabe, ferner die Tatsache, daß sie sich bei Frau Servadio befanden;

– den seelischen Zustand des Analytikers, der „einsam und verdrossen" war. Der Patient gab dies jedoch als *eigenes* Erleben aus. Er erfuhr dieses Gefühl der Verlassenheit und der Verdrossenheit als außergewöhnliche Form einer Symbiose: Schließlich fühlte er sich *selbst* durch die Verschiebung der psychoanalytischen Sitzung „einsam und verlassen". Patient und Analytiker hatten aus unterschiedlichen Gründen dieselbe Empfindung.

Die unbewußte Kommunikation geht aus der Dynamik der Tatsachen hervor. Der existentielle Auslöser hat seine Wurzel in der Beziehung zwischen Analytiker und Patient. Auslöser dieser Kommunikation auf unbewußter Ebene ist sehr wahrscheinlich das Gefühl der Einsamkeit des Analytikers. Es erreicht den Patienten, als dieser durch Präkognition davon erfuhr, daß sein Therapeut ihn „verlassen" würde. Der tieferliegende Auslöser für diese Kommunikation ist wahrscheinlich die Identität der emotionalen Zustände zu unterschiedlichen Zeiten. Dies ist das scheinbar Absurde der Präkognition.[8] Erst dadurch fand die Information über den Traum den Weg ins Bewußtsein.

Im Hinblick auf die Präkognition meint Professor Servadio: „Natürlich ist es möglich, daß ich am Abend des 27. August vage daran gedacht habe, die Sitzung zu verschieben. Es steht jedoch mit absoluter Sicherheit fest, daß ich niemals daran gedacht habe, das Hausmädchen zu schicken. Das habe ich erst getan, als ich den Patienten telefonisch nicht erreichen konnte."

Die Dynamik dieses Geschehens beweist uns, daß paranormale Erscheinungen ihren Sitz im Unbewußten haben.

Magie und die Heilige Schrift

Das Neue und das Alte Testament verurteilen die Magie. In der Apostelgeschichte lesen wir: „... Viele, die gläubig geworden waren, kamen und bekannten offen, was sie (früher) getan hatten (Beschwörungen). Und nicht wenige, die Zauberei getrieben hatten, brachten ihre Zauberbücher herbei und verbrannten sie vor aller Augen." (19, 13–20) Das Alte Testament ist sehr streng: „Eine Hexe sollst du nicht am Leben lassen." (Exodus 22, 17) „Denn jeder, der so etwas tut (Beschwörungen), ist dem Herrn ein Greuel." (Deuteronomium 18, 12) „Denn Trotz ist ebenso eine Sünde wie die Zauberei." (1 Samuel 15, 23)

In zeitgemäßer Form verurteilt die Konstitution *Gaudium et Spes* des II. Vatikanischen Konzils die „magische Auffassung von der Welt".

Die Verurteilung der Magie durch die Heilige Schrift gilt einer Gesamtheit von Glaubensauffassungen, die
– sich einerseits auf die animistische Auffassung stützen, nach der die gesamte Natur von intelligenten Kräften durchzogen ist, die sich beherrschen lassen,
– andererseits auf dem Glauben an die Macht des Magiers über diese Naturkräfte beruhen.

Im Hinblick auf den Animismus ist die Verurteilung durch die Heilige Schrift prophetisch und entspricht der Realität der Fakten. Wir

wissen, daß es weder Elfen noch Gnome noch den Gott Pan gibt –
höchstens als psychische Projektionen, geschaffen vom Unbewußten des Menschen auf einer subjektiven, phantastischen Ebene.

Im Hinblick auf die Elfen und Gnome gibt es einige falsche Zeug-
nisse in der Weihnachtsnummer der Zeitschrift *Strand Magazine* des
Jahres 1920. Dort veröffentlichte Sir Arthur Conan Doyle, der auch
die Figur des Detektivs Sherlock Holmes geschaffen hat, einen Beitrag mit dem Titel „Ein epochemachendes Ereignis: fotografische
Bilder von Elfen". Ein Jahr darauf schrieb Doyle ein Buch mit dem
Titel *The Coming of the Fairies* („Die Elfen kommen"). In diesem
Buch wurden einige Fotos zweier heranwachsender Mädchen mit
„Erscheinungen" veröffentlicht. Die Bilder wurden in Gegenwart
von Conan Doyle sowie eines anderen Zeugen aufgenommen und
von Spezialisten der Firma Kodak für authentisch erklärt.

Erst 1980 konnte man durch Vergrößerung nachweisen, daß es
sich um Fälschungen handelte. Die Figuren der Elfen waren aus
einem Buch des 19. Jahrhunderts aufgenommen worden. Sogar die
Stützen, die sie aufrechthielten, ließen sich durch fotografische Verfahren nachweisen. Die Wahrheit ist, daß Conan Doyle, der als überzeugter Spiritist solchen Erscheinungen von sich aus keineswegs ab-
geneigt war, vom Fotografen durch Vertauschen der entsprechenden
Platten hinters Licht geführt wurde.

Die Tiefenpsychologie hat zur Genüge festgestellt, daß die Geister
der Toten, mit denen die Magier und Medien der biblischen wie der
modernen Zeit Umgang zu haben behaupten, nicht existieren und
nur die Frucht der unbewußten Kreativität des Menschen sind. Als
Christ glaube ich an das Überleben der spirituellen Seele. Doch diese darf man nicht mit den Phantasien des kreativen und pathologischen unbewußten Ichs, der psychologischen Seele verwechseln.

Dem animistischen Glauben zufolge kann man die Kontrolle über
die „Seele" der Jagdbeute erlangen: Die frühen Vorfahren des Menschen zeichneten diese Bilder auf Höhlenwände, um sie auf diese
Weise festzuhalten und um sie leichter erlegen zu können. Stellen wir
uns einmal einen modernen Jäger vor, der auf die Wände seines Eß-
zimmers einen Hasen zeichnet, bevor er ihn auf dem Feld zu
schießen versucht! Doch dieselbe Person zögert möglicherweise keinen Augenblick, sich von einem Magier eine Wachspuppe herstellen

zu lassen, damit ihr Chef Schwierigkeiten bekommt. Die Wurzel dieser beiden Erscheinungen ist dieselbe.

Wir könnten weiter fortfahren mit den Dämonen, die von Magiern angerufen werden. Auch diese Geister sind Schöpfungen des pathologischen unbewußten Ichs dieser Zauberer.

Ich will mich hier nicht im Labyrinth der dämonischen und diabolischen Welt verlieren. Ich erinnere daran, daß das Böse eine Realität ist. Wahr ist auch, daß das Böse in alle menschlichen Bereiche hineinwirkt. Es zeigt sich bei magischen und spiritistischen Praktiken ebenso wie beim Handel mit Drogen, Waffen und Pornographie – bevorzugt in jenen Bereichen, in denen von sich aus schon die Gelegenheit vorhanden ist, die Verwirrung und das Leid der Menschen zu vergrößern.

Über die Existenz der Macht der Magie sagt die Heilige Schrift nichts aus. Man darf die Bibel nicht als wissenschaftlichen Text lesen. Sie will uns keine Erklärungen, sondern nur moralische und spirituelle Hinweise geben. Als Spezialist auf diesem Gebiet schätze ich die abweisende Haltung der Heiligen Schrift gegenüber der Magie im weitesten Sinne, insbesondere gegenüber ihren negativen Auswirkungen (siehe dazu den Ehrgeiz Simons des Zauberers, Apostelgeschichte 8, 9). Wir haben gesehen, daß die Macht des Zauberers nur auf Übertragung, Autosuggestion, veränderten Bewußtseinszuständen und spontanen paranormalen Erscheinungen beruht und somit nicht als Qualität einer Person innewohnt.

Okkultismus und Religion

Die Magie ist der Religion vorausgegangen, weil der jüdische Monotheismus, der Glaube an einen Gott, und das Evangelium erst auf den Animismus und den Polytheismus folgten. Zu einem bestimmten Zeitpunkt der Geschichte wurde den Menschen die Kenntnis vom jüdischen Gott und von der Erlösung durch Christus zuteil.

Die Magie war in frühester Zeit bei den polytheistischen Religionen das Privileg der Priester, besonders in Ägypten. Durch das

Aufkommen der großen Weltreligionen wurde sie schließlich abgedrängt, auch wenn viele magisch-primitive Riten mit völlig neuer spiritueller Bedeutung in die jüdische und die christliche Religion aufgenommen wurden.

Der Okkultismus mit seinen verschiedenen Ausprägungen der Magie, des Spiritismus und des Paranormalen ist heute mehr als nur eine Mode. Er versucht uns Sicherheit zu geben; er füllt auf diese Weise die Leere, die durch die Krise der religiösen Werte entstanden ist. Der Mensch erkennt heute, daß Konsum und Technologie sein Bedürfnis nach Transzendenz nicht befriedigen können. Der Spiritismus, die Magie und das Okkulte ganz allgemein haben als wichtigste Triebfeder wirtschaftliche Interessen. Dahinter stehen Menschen, die aus dem Nichts einen großen Markt geschaffen haben. Besonders deutlich tritt dies in den Ländern des Mittelmeerraums zutage.

In Italien ist die Verwirrung bereits so groß, daß christdemokratische Parlamentarier Gesetze zur juristischen Anerkennung magischer Berufe vorgeschlagen haben, ohne jedoch über ein Minimum an wissenschaftlichen und moralischen Kenntnisssen dieses Problems zu verfügen. Eine Gewerkschaft, die CISL, nimmt in ihre Reihen Magier auf, die Beschwörungen, Verhexungen und animistische Magie durchführen und die mit Geistern sprechen. In unserer pragmatischen Welt ist alles erlaubt, außer einer ideologischen Beziehung, die als Todsünde betracht wird.

Aus all diesen Gründen wäre es angebracht, wenn künftige Seelsorger und Priester Bescheid wüßten über die sozialen Strukturen auf diesem Gebiet, die Motivation der Menschen, die wissenschaftlichen Erklärungen paranormaler Erscheinungen und die tiefenpsychologische Beurteilung spiritistischer und magischer Erscheinungen. Mit einem klaren Wort an die Gläubigen könnte Ruhe auf diesem verworrenen Gebiet einkehren, und vielleicht würde sich die Zahl der Magier, Hellseher und Medien nicht noch weiter vergrößern. Die Priester verfügen über das ewige, unveränderliche Wort Gottes, doch müssen sie es den Menschen je nach ihrer Zeit neu interpretieren.

Das Beispiel Italien

Von den Alpen bis nach Sizilien hinunter begegnen wir heute überall der modernen Figur des Magiers und des Okkultisten. Ihm ist keine Fähigkeit fremd. In der Werbung preist er sich sozusagen als Allmächtiger an. Im Fernsehen zelebriert er Riten in einer geeigneten Umgebung mit solch einer Feierlichkeit und Überzeugung, daß man sich fragen muß, ob man einer öffentlichen Manifestation der Paranoia oder einer Parodie des Mephistos mit grotesken Wendungen beiwohnt.

Eine zufällige Auswahl aus der einschlägigen Werbung: „Handaufleger, Medium, hypnotisch arbeitender Astrologe, Hellseher, Handleser, Okkultist, Experte in magischer Pflanzenheilkunde, Radiästhesist, eben von einer Reise nach Indien zum Erlernen verborgener Riten zurückgekehrt. Stelle persönliche Talismane und Amulette her und löse alle persönlichen Probleme."

Ein anderes Beispiel: „Hellseher, Handaufleger, Experte in der Schwarzen Magie, löst alle Ihre Probleme bezüglich Liebe, Gesundheit und Beruf. Meine wirksamen Talismane und Amulette helfen Ihnen auf Ihrem Weg."

Oder: „Der Magier X, Medium, Parapsychologe, Exorzist, Großmeister der Weißen und Schwarzen Magie, wirkungsmächtiger Heiler, vertreibt den bösen Blick, Verwünschungen, Unglück. Hilft in allen Lebenslagen, fertigt wirksame Talismane an."

Ein anderer Magier behauptet, er habe seinen Wohnsitz in Italien genommen, um der Menschheit zu helfen, weil er übernatürliche Fähigkeiten besitze, die jegliches schlechte Fluidum zerstören. Die Selbstsicherheit dieser Magier erscheint allumfassend. Tatsächlich arbeiten einige nur mit Erfolgshonorar. Dieses Angebot verschafft Kunden und hilft den Magiern mit absoluter Sicherheit. Tatsächlich löst sich eine Reihe von Problemen (Gesundheit, Liebe, Geschäfte) regelmäßig von selbst, weil dies in der Natur der Dinge liegt. Der zufriedene Kunde zahlt, und der noch zufriedenere Magier kassiert ab.

Das Festival der Ehrungen, Preise, Pokale und Diplome

Seit vielen Jahren gibt es in Italien Organisationen, die Berufsverzeichnisse der magischen Zunft veröffentlichen. Gegen Bezahlung einer bestimmten Summe kann sich jeder Magier dem Publikum mit Fotografie, Lebenslauf und seinen Fähigkeiten vorstellen. Ein Geschäftsmann kam schon früh auf die Idee, alle diese Magier, Zauberer, Medien, Hellseher und Heiler anzuschreiben, Kongresse zu organisieren und gegen saftiges Honorar auch Diplome, Pokale und Trophäen anzubieten. Dann gründete er eine Gesellschaft mit insgesamt 87 verschiedenen Berufszweigen, darunter dem gesunden Menschenverstand spottende Fächer wie „fotografische Biographie" oder „Margaritomantie". Diesem umtriebigen Geschäftsmann gelang es auch, Politiker für sich zu gewinnen und mit deren Hilfe einen Gesetzesvorschlag im Parlament einzubringen, der den okkulten Berufen öffentliche Anerkennung bringen soll.

Auch ich bin Mitglied geworden in dieser Gesellschaft, um zu verstehen, wie sie funktioniert. Ich trug eine Dokumentation über die Entwicklung gewisser sozialer Strukturen des Okkultismus zusammen und trat dann wieder aus.

Nach kurzer Zeit richtete diese Gesellschaft der Phantasie entsprungene Ritter- und Komturwürden mit entsprechenden Diplomen ein – ein Monument der menschlichen Eitelkeit, für die Magier und Medien mit klingender Münze zahlen. So gibt es heute eine italienische Okkultistin, die in aller Ernsthaftigkeit und ohne das geringste Gefühl für die Lächerlichkeit der Situation folgendermaßen für sich wirbt: „Adlige Dame ... Komtur des interalliierten Ordens, Ritter des souveränen militärischen Ordens der Sankt-Jakobs-Ritter von Malta, Goldmedaille 1987 für berufliche Verdienste, Oscar der Oscars 1989, wünscht schöne Weihnachten."

Dieser Versuch, einfache Magier ohne jegliche Ausbildung und Verdienste mit Diplomen und Orden auszustatten, war außerordentlich erfolgreich. Übrigens ist diese Anzeige auch im offiziellen Ärzteblatt des Piemont erschienen – ein deutliches Zeichen für die Verwirrung der Geister.

Ein außergewöhnlicher Kongreß in der Abgeordnetenkammer

„Die Gesellschaft hieß einst UAODI: Unione Astrologi Occultisti d'Italia (Vereinigung der Astrologen und Okkultisten Italiens). Jetzt ist die Bedeutung (oder der Ehrgeiz) größer geworden, und die Gruppe heißt USAODE: Unione Sindacale Astrologica-Occultista d'Europa (Astrologisch-okkultistische gewerkschaftliche Vereinigung Europas). Es handelt sich um ein Mitglied der CISL, des italienischen Gewerkschaftsbundes. Die Astrologengewerkschaft zählt 7000 Mitglieder, die gewiß alle der Democrazia Cristiana (der ehemaligen Partei der Christdemokraten) dankbar sind und ganz besonders Mino Martinazzoli, der den beeindruckenden Saal in Montecitorio für den Kongreß der Astrologen und Okkultisten zur Verfügung stellte. Doch was forderte das Management des Okkulten vom Parlament? ‚Auch die Versicherten fangen an, Zauberei zu betreiben – so sagt der neugewählte Präsident des Gewerkschaftsbundes CISL –, und sie zahlen gewiß keine Steuern. Verehrte Abgeordnete, wir hingegen sind eine bemerkenswerte Einkommensquelle für den Staat und eine interessante politische Kraft ...'"

Das Institut für politische, wirtschaftliche und soziale Studien ISPES unter der Leitung von Cecilia Gatto Trocchi, Dozentin für Kulturanthropologie in Perugia, hat herausgefunden, daß die Italiener jedes Jahr auf dem Markt des Okkultismus rund 1,5 Milliarden Mark ausgeben.

Diese interessante Untersuchung zeigt auch, daß die positivistischen Illusionen über den Fortschritt der Wissenschaft verflogen sind und daß die Ideologie der Wissenschaftsfeindlichkeit blüht: Die Welt wurde von der Wissenschaft verraten, die Natur vergewaltigt. Der Mensch fühlt sich immer mehr allein in einem geheimnisvollen Universum; er hat keine Hoffnung auf Erlösung und Sicherheit, wird von einer immer ungewisseren Zukunft bedrängt und kehrt somit zum alten magischen Glauben zurück. Dieser Glaube bietet dem Menschen nur eine trügerische Sicherheit. Dennoch interessieren sich viele für die Fähigkeiten der Heiler, Magier und Okkultisten. Die Handwerker des Okkulten bilden in Italien ein wahres Heer, und 1,5 Milliarden Mark sind eine schöne Stange Geld.[9]

Verwünschung, böser Blick, Verhexung

Unter der Bezeichnung „Sortilegium" verstanden die alten Römer das Lósziehen. Sie warfen dazu Steine oder Stäbchen (sortes), um Voraussagen für die Zukunft zu erhalten. Im heutigen Italienisch bedeutet „sortilegio" eine Zauberei oder eine Verwünschung. Es geht darum, das Schicksal anderer Menschen negativ zu beeinflussen. Dies geschieht oft durch den sogenannten bösen Blick. Man will damit die Freiheit eines Menschen begrenzen, was in sich moralisch verwerflich ist.

Den Ursprung des Sortilegiums finden wir im animistischen Glauben, dem wir bereits begegnet sind. Dieser Auffassung zufolge wird die gesamte Natur von intelligenten unsichtbaren Kräften gesteuert. Der Mensch tritt mit ihnen in eine magische Beziehung, um sie sich dienstbar zu machen. Dies wollten auch die ersten steinzeitlichen Magier mit ihren Wandmalereien erreichen. Ihr Ziel war es, mit magischen Handlungen die Jagdtiere „festzuhalten", um sie schließlich leicht und ohne Risiko fangen und erlegen zu können.

Die animistische Auffassung von der Natur und der Wunsch nach Beherrschung sind die historischen und psychologischen Grundlagen des Sortilegiums, der Verhexung und des bösen Blicks. Ausgehend von dieser animistischen Auffassung entwickelten sich die Natur- und Stammesreligionen. Später entstanden die Offenbarungsreligionen.

Aus diesem Wunsch nach Beherrschung entwickelten sich auch Technik und Wissenschaft. Das Sortilegium und die Zauberei blieben als nur schwer auszulöschende Relikte einer fernen Vergangenheit unserer Zivilisation übrig. Sie existieren nur durch einen magischen Ritus, der aus drei Elementen besteht: dem Objekt, der Formel und der Überzeugung.

1. Das Objekt hat materiell oder von der Idee her mit dem Opfer zu tun. Hier gibt es vier Möglichkeiten:
   - Es handelt sich um Teile der Person, die beeinflußt werden sollen (Haare, Nägel, Blut und so weiter).

- Es handelt sich um Symbole, welche die Person darstellen (Wachspuppe, Tonfiguren und so weiter).
- Es handelt sich um Dinge, welche die betreffende Person direkt berührte, vor allem Kleider.
- Es handelt sich um andere Dinge, mit denen die Person später in Berührung kommen soll.

2. Die Formel besteht aus einem Wort oder mehreren Wörtern, von denen man glaubt, daß sie unerläßlich sind für die Funktion der Verwünschung.

3. Die Überzeugung von der magischen Fähigkeit des Wortes. Diese Überzeugung ist ein echter Glaube, ein absolutes Vertrauen in die Wirksamkeit der magischen Formel, die oft die Form eines Gebets annimmt.

Die Parapsychologie als Wissenschaft kann uns auf diesem Gebiet nicht mit Statistiken helfen. Es gibt jedoch sichere Beweise für die Existenz spontaner paranormaler Phänomene, etwa der Telepathie oder der Psychokinese, die als Grundlage für solche Verwünschungen in Frage kommen. Möglicherweise funktionieren die Überzeugung von der eigenen „persönlichen Macht" und die Suggestion der magischen Formel als existentielle Auslöser. Sie erzeugen über den originären unbewußten Impuls eine lästige paranormale Erscheinung. Von einer echten „persönlichen Macht" oder einer Wirksamkeit dieser „magischen Formel" kann natürlich keine Rede sein. Allerdings gestehe ich zu, daß beide als Auslöser paranormaler Erscheinungen auf suggestiver Basis auftreten können. In der Welt der Magie wird diese Erscheinung, über deren normalen Grund keine Klarheit herrscht, jedoch als Beweis für die „magische Kraft" angesehen, und ohne Zweifel kann man den größten Teil der Verwünschungen auf Suggestionen oder glückliche Zufälle zurückführen. Ein großer Teil dieser Verhexungen hat dadurch Auswirkungen, daß das Opfer von der Verwünschung zu seinem Schaden erfährt.

Suggestion und Angst bewirken den Rest. Das Opfer kann von der Verwünschung informiert werden durch eine Wachspuppe, die man so hinlegt, daß das Opfer sie finden muß. Wer über eine solche Kinderei lacht, dem kann sie nichts anhaben. Wer sie aber ernst nimmt, dem kann das persönliche Unbewußte einen Streich spielen: Von Schuldgefühlen und Konflikten überwältigt, kann man sich selbst in eine Lage versetzen, in der man die böse Verwünschung geradezu akzeptiert. In jedem Fall kann durch diese Verwünschung nichts Böses geschehen, wenn das Opfer frei ist von schwerwiegenden persönlichen Fehlern wie Egoismus, Neid oder Stolz. Wer eine Verwünschung ausspricht, stützt sich ausschließlich auf die bösen Elemente des Opfers, sei es auf bewußter oder unbewußter Ebene.

Das ist der einzige Weg, durch den das Böse wirksam werden kann: Gebrauch zu machen von den Fehlern eines anderen Menschen ist auch in theoretischer Hinsicht der einzige Weg, um eine Verbindung mit Geschehnissen herzustellen, die mit jenen Fehlern in Übereinstimmung stehen.

Wer sich aber dauernd um geistliche Erneuerung bemüht, ist vor dieser Art des Bösen gefeit.

Ein Beispiel

Im Jahr 1989 sah ich mit eigenen Augen die ordnungsgemäße Rechnung einer Magierin über rund 4000 Mark. Auf der Rechnung stand nicht, worin ihre Leistung bestand. Ich erhielt die Rechnung vom „Opfer", welches über eine Reihe kurioser Umstände in den Besitz dieses Dokuments gelangte. Diesem „Opfer" geht es blendend, obwohl eine Arbeitskollegin seit vier Jahren Zauberer und Magier bemühte, um Verwünschungen aussprechen zu lassen. Diese Kollegin ging sogar so weit, daß sie Haare des Opfers im Büro einsammelte und die Fußpflegerin um abgeschnittene Nägel bat, denn bekanntlich braucht man für diese Rituale Körperteile des Opfers. Dieses fand in einem Bein des eigenen Bürostuhls drei Haarknäuel und auch die klassische Puppe, die von Nadeln durchbohrt war. Die Frau ließ sich nicht beeindrucken, lachte darüber und zeigte somit keinerlei Wirkung. Eher schlecht ging es der Bürokollegin, denn sie hatte die gesalzene Rechnung bezahlt, und gut geht es deswegen auch der vermeintlichen Magierin.

Ein einfaches Geheimnis

Der Mensch sucht Lebenshilfe in drei Bereichen: in der Wissenschaft, in der Religion und in der Magie. Die Wissenschaft ist begrenzt, und die Religion ergibt sich durch die Reifung des eigenen Glaubens. Viele Menschen fassen die Beziehung zu Gott in einer abergläubischen Weise auf nach dem Muster: Ich zünde drei Kerzen an, und du hilfst mir. Solche Menschen bekommen sehr schnell Probleme und verlassen ihren Gott, weil er auf diesem Ohr taub ist. Das Geheimnis des christlichen Lebens besteht darin, sich den Plänen der Vorsehung unterzuordnen. Das ist leicht gesagt und sehr schwer zu erfüllen, weil man dazu eine hohe spirituelle Reife braucht, die meistens durch Leiden erworben wird.

So bleibt vielen nur die Magie. Da es dem Menschen nicht gelingt, alle gewünschten Erfolge zu bekommen, begehrt er sie um jeden Preis und greift auf die Magie zurück, die dazu einen scheinbar praktischen Weg bietet. Tatsächlich kann man zu einem Magier gehen und ihn bitten, er möge einem helfen, einen Arbeitsplatz zu bekommen oder geheilt zu werden. Diese Anfrage hat nichts Negatives in sich. Die meisten Wünsche an die Magier stammen jedoch von Menschen mit psychologischen Problemen. An ihnen nagen Neid, Rachsucht oder Haß, und der Inhalt ihrer Forderungen an die Magier ist eindeutig aggressiven Charakters. Sie glauben, sie könnten ihre Schwierigkeiten im Umgang mit anderen dadurch überwinden, daß sie einen Magier beauftragen, ihnen Genugtuung zu verschaffen. Damit schaffen sie sich ein Ventil für ihre Aggressivität.

Das Ganze kompliziert sich erheblich, wenn das „Opfer" zufällig oder aus Gründen, die mit der Verwünschung in *keinem* Zusammenhang stehen, plötzlich krank wird oder einen Unfall erleidet. Dann steigt das Ansehen des Magiers, und der Auftraggeber der Verwünschung triumphiert. Wenn man diese Situation objektiv und unvoreingenommen betrachtet, so muß man zugeben, daß jedem von uns im Laufe von sechs Monaten irgend etwas Unangenehmes geschieht – und diese lange Zeitspanne bedingen sich die Magier auf jeden Fall aus. Man denke einmal an die letzten Monate zurück: Mit der Gesundheit haperte es öfter, auch in der Familie gab es Schwierigkeiten, von den Finanzen nicht zu reden. In den letzten sechs Monaten ist bei jedem ziemlich viel schiefgelaufen. Dazu braucht man nicht Opfer von Verwünschungen zu sein. Die Magier verdienen ihr Geld tatsächlich damit, daß sie Nutzen ziehen aus Dingen, die ohnehin geschehen. Als Geschäftsgrundlage ist das ausgesprochen clever zu nennen.

Zweiter Teil

Die heilende Kraft des Unbewussten

Der Weg zur Selbstheilung

Streß und Neurose als kulturelle Erscheinungen

Der Streß bei den Stammeskulturen

Nehmen wir an, ein Mensch lebt in Kontakt mit der Natur, in einer nicht verschmutzten Umwelt, ungestört von Lärm, unbelastet von schweren Sorgen. Er ernährt sich gesund und ist zu körperlicher Tätigkeit gezwungen; er hat befriedigende affektive und sexuelle Beziehungen und auch Gelegenheit zur gesunden Entspannung: Dies könnte man als ideale Bedingungen für ein körperlich-seelisches Gleichgewicht bezeichnen.

Vielleicht lebten unsere Vorfahren einmal so, obwohl es kaum zu vermuten ist. Auch sie waren dauernd Gefahren ausgesetzt: durch wilde oder giftige Tiere und auch durch Naturgewalten. In solchen Fällen gab es für den Menschen nur zwei Möglichkeiten: kämpfen oder fliehen.

Im diesem Augenblick, in dem er die Gefahr erkannte, setzte in seinem Körper eine physiologische Reaktion ein, die der Situation angepaßt war. Durch diese Notfall- oder Streßreaktion versetzte der Organismus alle lebenswichtigen Systeme in Alarmbereitschaft. Die Physiologie des Körpers veränderte sich so, daß die höchste Leistung während des Kampfes oder der Flucht möglich war. *Streß* ist somit eine Verteidigungsreaktion, die in der Mobilisierung physischer und psychischer Kräfte besteht.

Durch die Gefahrensituation wird der Hypothalamus stimuliert, ein komplexer Bereich des Gehirns, der vegetative Funktionen steuert, zum Beispiel Durst, Hunger, Stoffwechsel, Wärmeproduktion, Schlaf, Hormonausschüttung und Blutdruck. Bei Gefahr regt der Hypothalamus die Nebennieren an, die wie Kappen auf den eigentlichen Nieren sitzen. Diese Nebennieren scheiden Adrenalin und Kortikosteroide aus. Die Wirkungen dieser Hormone sind vielfältig: Sie machen wach und erhöhen die Aufmerksamkeit. Die Gerinnungsfähigkeit des Blutes erhöht sich, damit Verletzungen leichter geschlossen werden können. Die Herzfrequenz wird gesteigert, und auch der Blutdruck geht in die Höhe. Gehirn und Muskeln werden besser mit Blut versorgt, was eine schnellere Reaktion und ein klareres Denken ermöglicht. Die Pupille öffnet sich, so daß das Gesichtsfeld weiter wird und man die Lage besser überblicken kann. Zucker, der in der Leber in Form von Glykogen gespeichert liegt, wird ins Blut entlassen und steht für die Muskelarbeit zur Verfügung. Die Schmerzempfindlichkeit wird herabgesetzt. Das Verdauungssystem stellt seine Arbeit weitgehend ein, um Energie zu sparen. Ein Teil des Blutes wird abgezogen und zu den Muskeln geleitet. Entsprechendes gilt auch für die Geschlechtsorgane, denn sexuelle Betätigung ist unvereinbar mit Gefahrensituationen. Diese komplexe physiologische Reaktion auf Gefahrensituationen hat sich während der viele Jahrmillionen dauernden Evolution der Wirbeltiere entwickelt. Beim Menschen bezeichnen wir sie insgesamt als Streß. Ärzte behaupten, Streß würde rund 1400 physiologische Veränderungen hervorrufen.

Der Streß in der heutigen Zeit

Die physiologischen Streßreaktionen sind beim heutigen Menschen unverändert erhalten geblieben. In unserer Zeit hat allerdings die Zahl der streßauslösenden Faktoren enorm zugenommen. Damit im Zusammenhang stehen veränderte technische und soziale Faktoren, und auch die Massenmedien spielen hier eine große Rolle.
– Der technische Fortschritt erzeugt immer mehr Streßsituationen. Soziologen nehmen an, daß der Mensch ungefähr 20 Jahre braucht, um einen umwälzenden technischen Fortschritt ohne Schaden verarbeiten zu können. In den letzten 80 Jahren hat jedoch eine zuvor unvorstellbare technische Entwicklung stattgefunden: Flugzeuge, Rundfunk und Fernsehen, Verkehr, atomare Bedrohung und Umweltverschmutzung sind nur einige Beispiele

dafür. So wie Familien Probleme bekommen, wenn sich die Emotionen, auch positiver Art, und Veränderungen häufen, so ist es auch für das gesamte soziale Geflecht sehr schwierig, mit technischen Fortschritten zurechtzukommen und sie sinnvoll zu nutzen.
– Das soziale und besonders das familiäre Umfeld bieten unzählige Möglichkeiten für Streß.
Die Pensionierung beispielsweise wird von vielen nicht als freudiges, sondern als streßauslösendes Ereignis wahrgenommen – ähnlich wie das Ende des Lebens. Jedenfalls besteht es in einer Unterbrechung zwischenmenschlicher Beziehungen, die stark zur Selbstverwirklichung beitrugen. Auch der Tod eines Ehepartners erzeugt heute viel mehr Streß als einst, weil der Überlebende nicht mehr in eine Großfamilie eingebettet lebt, sondern einer viel stärkeren Einsamkeit ausgesetzt ist. Selbst die Beziehungen zu den eigenen Kindern sind heute viel lockerer als früher.
„94 Prozent aller Familienstreitigkeiten finden spätabends statt, wenn alle Familienmitglieder von der Arbeit zurückgekehrt sind. Die zwischenmenschlichen Beziehungen in vielen Familien sind sehr schlecht. Die Ehepartner leben oft getrennt, selbst wenn sie noch unter einem Dach wohnen, und dadurch entstehen die schlimmsten Probleme unserer Zeit."[1]

In gestörten Familien treffen wir mehrere typische Syndrome an:
– Das Xanthippe-Syndrom: Die Frau setzt die Ehe aufs Spiel durch eine besondere Form der Aggressivität, die sich in einem Reinigungsfimmel äußert. Das Sauberhalten des Hauses wird zum Lebenszweck, weil es soziale Anerkennung findet. Diese Haltung bedeutet für alle Familienmitglieder das Ende jeder Bequemlichkeit und Behaglichkeit und führt zu dauerndem Streß: Es ist zum Beispiel verboten, mit Straßenschuhen auf dem Parkett zu gehen; das Wohn- oder Eßzimmer bleibt tabu; die Frau ist dauernd müde, weil sie ganz in ihrer Tätigkeit aufgeht, und ein soziales und affektives Leben ist folglich nicht mehr möglich.
– Das Syndrom des Mannes, der keine Zeit hat für seine Familie: Er geht ganz in seiner Karriere und im sozialen Wettbewerb auf. Dies bedeutet Streß für alle Familienmitglieder.

– Das Schwiegermutter-Syndrom: Hier spielen zahlreiche Komponenten eine Rolle, doch bedeuten sie für ein Paar oft eine nur schwer erträgliche Belastung.
– Das Hausfrauen-Syndrom: Die Hausfrau leidet unter der Isolation und der Enge der Wohnung. Die Auswirkungen dieser Art Streß zeigen sich oft bei den Kindern, etwa durch Bettnässen, Stottern, Mißerfolge in der Schule und so weiter.

Die Massenmedien im weitesten Sinn werden als Streßauslöser oft unterschätzt: Optische und akustische Signale, die oft mißbräuchlich eingesetzt werden, reizen den Hypothalamus. Alle Streßauslöser lassen sich heute gar nicht mehr aufzählen: Sie beginnen bei den Prüfungen in der Schule und reichen über das Warten auf eine medizinische Diagnose bis zu Sorgen über den richtigen Reifendruck im Auto oder über einen ungedeckten Scheck. Die angeführten Beispiele entsprechen Lebenssituationen, die keine physische Bedrohung für uns darstellen. Tatsächlich gibt es zahlreiche Gefahren nicht mehr, die einst ein großes Risiko für die Menschen darstellten. Doch unser Organismus reagiert auf die modernen Streßsituationen genauso, wie wenn noch Lebensgefahr bestünde. Er reagiert auf physiologischer und besonders biochemischer Ebene immer noch auf die alte, einst bewährte Weise. Der Mensch reagiert bei sozialen und interpersonalen Schwierigkeiten immer noch mit einer Flucht- oder einer Kampfreaktion.

Der Streß als kulturelles Phänomen

Wie läßt sich diese Reaktion des Menschen erklären? Warum antwortet der Mensch auf diese Weise, obwohl es nur um soziale Konflikte *ohne* reale Gefahr für Leib und Leben geht?

Der Grund liegt in persönlichen Erfahrungen. Wir nehmen ein bestimmtes Ereignis als Quelle für den Streß wahr. Wir interpretieren einen bestimmten Ton der Stimme, eine Körperhaltung oder ein anderes Verhalten als Auslöser: Wir werden erschreckt und verletzt. Wir selbst geben aufgrund unserer Erfahrung und Emotionalität einem Ereignis einen bestimmten Sinn und erzeugen dadurch unseren eigenen Streß.

Streßreaktionen sind folglich in unserer Persönlichkeit verankert. Streß ist nichts Objektives, sondern etwas Subjektives, Individuelles. Je nach der psychophysischen Struktur des einzelnen ist die Spannbreite sehr groß.

Der bekannteste Streßforscher, Professor Hans Selye, definiert den Streß als „Antwort eines Individuums auf die Anforderungen der Umwelt". Ich möchte diese Definition dahingehend verändern, daß Streß die Reaktion auf die Reize der betreffenden Kultur ist.

Die Umwelt ist in diesem Zusammenhang ein zu eng gefaßtes Konzept. Sie umfaßt die äußeren, materiellen Bedingungen sowie alle davon ausgehenden Reize. Dabei sind aber alle Reize ausgeschlossen, die aus dem Inneren der eigenen Person stammen und die im Zusammenhang damit stehen, wie diese Person die äußeren Reize erfährt und interpretiert. Eine ängstliche Person zum Beispiel verleiht durch ihr Empfinden äußeren Ereignissen eine ganz besondere Färbung und macht sie zu einem Streßfaktor; sie erfährt diese Reize mit negativer Färbung, ja als Katastrophe. Die ängstliche Erwartungshaltung führt dazu, daß die Person den Ereignissen eine stark destabilisierende Bedeutung zumißt. Die Angst ist jedoch ein Produkt unserer „Kultur". Teils geht sie aus dem Streß hervor, teils handelt es sich um eine neurotische Angst des Es oder um eine strafende Angst des Über-Ichs.

Die wahren Gründe dafür liegen in einer Gesellschaft, welche der Lust, dem Vergnügen und dem Haben mehr Gewicht beimißt als dem Sein. Jeder einzelne versucht sich auf Kosten der anderen sowie der eigenen menschlichen Dimension zu verwirklichen.

Der Streß und seine Folgen

Der Mechanismus der physiologischen Streßreaktion wird ursprünglich nur gelegentlich in Gang gesetzt – und früher erfolgte er nur bei Gefahren. Die „Zivilisation" allerdings hat die Gelegenheiten zu Konflikten, Konfrontationen, zu Wettbewerb und Konkurrenz vervielfacht: Wir erleben diese Ereignisse wie eine Gefahr für unser Leben, was aber ihrer ursprünglichen Bedeutung zuwiderläuft. Doch jeder Mechanismus geht kaputt, wenn er zu oft beansprucht wird.

Das erste Streßsymptom ist die Müdigkeit. Die kleinen täglichen Aggressionen bringen durch ihre Vielzahl den Hypothalamus in Schwierigkeiten. Wenn die Streßreaktionen überhandnehmen und lange Zeit anhalten, erzeugen sie eine Reihe von Störungen, die man als Folge der Erschöpfung der chemisch-physiologischen Reaktionen deuten kann.

Die Reaktion auf den Streß dient nicht mehr der Verteidigung des Lebens, sondern erhält eine krankhafte Dimension: Sie wird zu einer Krankheit. Der erhöhte Blutdruck, der einst ausschließlich der Verteidigungsbereitschaft diente, wird chronisch. Die Ärzte sprechen in diesem Zusammenhang von einem essentiellen Bluthochdruck ohne erkennbare organische Gründe. Die verringerte Blutzufuhr zum Magen und eine erhöhte Säureproduktion erzeugen Magengeschwüre. Die verstärkte Blutgerinnung war im Gefahrenfall sinnvoll, denn sie verringerte bei einer Verletzung den Blutverlust. Heute allerdings besteht dadurch die Gefahr eines Hirnschlags und eines Infarkts.

Besonders für die Erkrankungen der Herzkranzgefäße bestehen drei Risikofaktoren, die auch konstant bleiben, wenn sich die Rolle der betreffenden Person in der Gesellschaft ändert: die Schwierigkeit, Entscheidungen zu treffen; die Bevölkerungsdichte und der Streß, der mit allen Veränderungen verbunden ist. „Diese drei Bedingungen stellen für den Menschen einen gemeinsamen Nenner dar. Er ist aber nicht objektiver, sondern rein subjektiver, psychologischer Natur und stammt somit aus dem Inneren des Menschen selbst."[2]

Die Schwierigkeit, Entscheidungen zu treffen, gilt für den Manager genauso wie für die Hausfrau, die unter 20 verschiedenen Waschmitteln ihre Wahl treffen muß und dazu Preise, Gewicht, Qualität, ökologische Auswirkungen, Handhabung und Gebrauchsanweisungen vergleicht.

Die Auswirkungen der erhöhten Bevölkerungsdichte liegen auf der Hand: Sie bedeutet mehr Umweltverschmutzung, mehr Lärm und weniger Lebensraum für jeden einzelnen.

Der Streß, der mit Veränderungen verbunden ist, zeigt sich bei sozialen Erfolgen und Niederlagen, bei Ortswechseln und Veränderungen der Arbeitssituation am deutlichsten.

Lang anhaltender Streß hat neben den bereits genannten noch andere Folgen, zum Beispiel Dickdarmentzündung (Colitis), Asthma, Kopfschmerzen, Schlaflosigkeit, nächtliches Zähneknirschen (Bruxismus). Auch ein Rückgang des Immunstatus und damit der Fähigkeit zur Krankheitsabwehr ist zu beobachten. Menschen, die wiederholt kleinen Streßereignissen ausgesetzt sind, verringern die Zahl ihrer Killerzellen. Diese haben die Aufgabe, eindringende Krankheitskeime zu bekämpfen. Durch die Schwächung der Immunabwehr wird auch das Wachstum von Tumoren begünstigt.

Alle organischen Beeinträchtigungen und Krankheiten werden durch den Streß noch verschärft. Auch hier kommt es darauf an, wie der einzelne die Störung erlebt und interpretiert. Dies geschieht aufgrund seiner direkten und indirekten Erfahrungen und nach der Kultur, in der er lebt. Die eigene Krankheit erfährt er unter seinem persönlichen Blickwinkel und damit ebenfalls als mehr oder minder großen Streß. Auch alle psychischen Störungen werden von Streß natürlich negativ beeinflußt – oder sind gar die direkte Folge davon. Im allgemeinen hält unser Nervensystem auch den schlimmsten Streß aus, zum Beispiel den Tod eines Partners bei einem Verkehrsunfall. Ist das psychische Gleichgewicht aber schon gestört und ist auch der Körper geschwächt, so kann zusätzlicher Streß zur völligen Destabilisierung und Zerrüttung führen.

W. Pasini berichtet in seinem Werk *Il corpo in psichiatria* vom Fall der sechseinhalbjährigen Maria, die mit einem durch Geschwüre bewirkten Magendurchbruch in die Kinderklinik eingeliefert wurde. Das Kind lebte in einer Umgebung, die nach dem Verschwinden des alkoholkranken Vaters immer schlimmer wurde. Der älteste, zwölfjährige Bruder war verschlossen und verhielt sich der Schwester gegenüber aggressiv. Ein weiterer, elfjähriger Bruder war bereits im Jahr zuvor wegen eines Zwölffingerdarmgeschwürs operiert worden. Ein weiterer, fünfjähriger Bruder litt an wahrscheinlich psychogenem Asthma. Der Auslöser für den akuten Ausbruch der Krankheit bei der kleinen Maria war die Eröffnung eines Kindergrabes, an welcher das kleine Mädchen teilnehmen mußte. Tags darauf begann es Blut zu erbrechen und wurde eingeliefert.

Der Kandidat für den Herzinfarkt

Der Streßspezialist Hans Selye, der das Buch *Streß beherrscht unser Leben* geschrieben hat, führte zahlreiche Laborexperimente mit Mäusen durch. Er setzte die Tiere verschiedenen Streßfaktoren aus und konnte feststellen, daß sich dabei durch Überfunktion stets die Nebennierenrinde verdickte. Gleichzeitig vergrößerten sich die Thymusdrüse, die Milz, die Lymphknoten und andere Organe des Lymphsystems, die bei der Krankheitsabwehr eine entscheidende Rolle spielen. Es verschwanden dafür fast vollständig die weißen Blutkörperchen, die für die Immunabwehr wichtig sind. Schließlich bildeten sich blutende Geschwüre in der Magenwand.

Selye stellte ein Streßmodell auf und nannte es allgemeines Anpassungssyndrom. Er unterschied dabei drei Phasen:

1. Die erste Phase entspricht der Alarmreaktion. Die betreffende Person reagiert dabei auf die wirklich vorhandene oder vermeintliche Gefahr durch physiologische Reaktionen. Dabei entscheidet sie sich auch für den Kampf oder für die Flucht. Ist die Gefahr vorüber, so gewinnt der Körper sein Gleichgewicht wieder zurück.
2. In unseren Tagen sind die streßauslösenden Ereignisse viel häufiger als früher. Den ganzen Tag lang folgt eine Reihe von Reizen aufeinander. Unser Organismus hat nicht mehr genügend Zeit, sein normales physiologisches Gleichgewicht zu erlangen. Dies führt zur zweiten Phase, dem Widerstandsstadium, bei dem der Körper nachzugeben beginnt. Erkältungen, Grippeerkrankung und bakterielle Infektionen treten mit größerer Häufigkeit auf, weil das Immunsystem nicht mehr so gut funktioniert. Weitere Symptome sind Schwäche, Kopfschmerzen, Magenkrämpfe, saures Aufstoßen, Herzklopfen und so weiter. In dieser Phase werden die Grundlagen für künftige chronische Krankheiten gelegt.
3. In der dritten Phase kommt es zur Erschöpfung. Der Körper kann sein Gleichgewicht nicht mehr finden, und es entstehen die eigentlichen psychosomatischen Funktionsstörungen: Dickdarmentzündung, Geschwüre im Magen und im Zwölffingerdarm, hartnäckige Kopfschmerzen, essentieller Bluthochdruck, Erkrankungen der Herzkranzgefäße, Asthma, Schlaflosigkeit. Die psy-

chosomatischen Störungen treten zuerst dort auf, wo der Patient am empfindlichsten ist.

Zwei Herzspezialisten aus San Francisco, Friedman and Rosenman, haben untersucht, wie sich die Menschen verhalten, die am stärksten dem Risiko von Herzerkrankungen ausgesetzt sind. Sie arbeiteten daraufhin eine Typologie aus. Einige Züge des besonders gefährdeten Typs A wird wohl jeder bei sich selbst entdecken.

Der Typ A wird schnell krank und ist sehr ungeduldig. Er leidet förmlich, wenn er vor einer roten Ampel warten muß und am Telefon des Besetztzeichen ertönt. Er vollendet oft den Satz seines Gesprächspartners. Auch in der Freizeit ist er stets sehr beschäftigt. Er setzt sich Ziele, die er nicht erreichen kann. Bei der Arbeit und auch in der Freizeit liebt der Typ A den Wettbewerb. Aus reinem Vergnügen kann er keinen Sport betreiben. Seine Aggressivität lebt er in ehrgeizigen Projekten aus, doch kann er durchaus auch zu Zornesausbrüchen neigen. Der Typ A muß immer etwas zustande bringen. Er ist von Zahlen besessen und kann seine Ausgaben und seine Einnahmen ganz genau beziffern. Er versucht immer, mehrere Dinge gleichzeitig zu tun, zum Beispiel telefonieren und schreiben, essen und lesen.

Wer dem Typ A angehört, liebt seinen eigenen Lebensstil, weil er damit seine Persönlichkeit auf sehr befriedigende Weise verwirklichen kann, selbst wenn dabei viel Streß für das Herz entsteht.

Die Neurose als kulturelle Erscheinung

Neurosen sind existentielle Brüche zwischen der Person und der äußeren Realität. Sie entstehen nicht nur durch frühkindliche Erfahrungen, „sondern auch durch die spezifischen Bedingungen der Kultur, in der wir leben".[3]

Eines der Kriterien, mit denen wir die Anfälligkeit einer Person für Neurosen definieren, besteht darin, daß wir abschätzen, ob ihr Lebensstil mit den Verhaltensmustern übereinstimmt, die wir als für unsere Zeit normal empfinden.

Die Figur des Säulenheiligen beispielsweise, also jenes Mystikers, der im ersten Jahrtausend in der Kirche des Orients öffentlich Buße übte, indem er sein Leben auf einer Säule verbrachte, würde in unserer Kultur mindestens als Neurotiker angesehen werden. In der hinduistischen Kultur hingegen gälte er als durchaus normal, denn dort gibt es heiligmäßige Männer, die noch größere Entbehrungen auf sich nehmen.

Der Begriff der Neurose kann nicht ohne seine kulturellen Implikationen verwendet werden. Der Angehörige eines isoliert lebenden Waldvolkes von Jägern und Sammlern, der in Übereinstimmung mit seinem Glauben mit den Geistern in Verbindung tritt, ist kein Neurotiker – ebensowenig, wenigstens zunächst, wie der heutige Spiritist, der am Rand der christlichen und laizistischen Kultur lebt. Er manifestiert einen echten Glauben an eine Realität, die objektiv nicht existiert.

Dies gilt mindestens so lange, wie der Spiritist durch Unwissenheit an diese Dinge glaubt. In dem Augenblick aber, in dem er sich selbst als Medium begreift und paranormale, vor allem psychokinetische Phänomene produziert, zeigt er einen neurotischen Bruch mit dem eigenen Menschsein und dem eigenen nervösen Gleichgewicht. Dies gilt auch für jeden Schamanen, der dieselben Erscheinungen hervorruft. Das Auftreten psychokinetischer Erscheinungen ist in jeder Kultur Symptom einer Persönlichkeitsstörung. Der Schamane, der keine solchen Phänomene erzeugt, ist nur ein „normales" Produkt seiner Kultur und zeigt somit keinerlei Anzeichen einer Neurose, weil er in Übereinstimmung mit seiner Kultur lebt.

„Man kann einen Beinbruch diagnostizieren, ohne das kulturelle Umfeld des Patienten zu kennen. Es ist jedoch ein gefährliches Unterfangen, einen Indianer als psychotisch zu bezeichnen, weil er von Visionen erzählt, die er gehabt hat und an die er glaubt."[4]

Das Konzept der „Normalität" ändert sich innerhalb einer Kultur auch im Laufe der Zeit – zusammen mit den Verhaltensmustern und den Gefühlen, welche die Gruppe von ihren Mitgliedern erwartet. Dieser soziale Zwang ist in vielen Fällen ein Teil der Neurose intelligenter Menschen, weil sie sich diesem Standard nicht anpassen wollen. Ihre Weigerung und Rebellion erscheint den meisten Mitgliedern der Gemeinschaft äußerst merkwürdig.

In manchen Massengesellschaften, die völlig im Konsum und in der Diesseitigkeit aufgehen, gilt der Versuch, als echter Christ zu leben, mindestens als sehr verdächtig. In einer vom Christentum zutiefst geprägten Gemeinschaft ist diese Haltung hingegen ein echtes Zeichen des Zeugnisses.

Die Krankheit als Disharmonie des Lebens

„Krankheit ist oft das Ergebnis einer Konfliktsituation"[5]: Das seelische Mißbehagen erzeugt das Unwohlsein.

„Bisweilen sind diese Krankheiten die somatische Botschaft eines tiefen existentiellen Unbefriedigtseins, das nicht in Worte gefaßt werden kann oder will."[6] Diese Unfähigkeit, anderen Menschen mit Worten den eigenen Gefühlszustand mitzuteilen, geht im allgemeinen damit einher, daß der Dialog in der Familie unterbrochen ist oder daß die Dinge unausgesprochen bleiben. In solchen Fällen spricht man von funktionellen Störungen. Sie betreffen die Funktion des Organs und greifen nicht das Organ selbst an. Das funktionelle Herzklopfen bedeutet nicht, daß das Herz auch wirklich organisch krank ist, sondern es zeigt nur, daß das Herz den empfindlichsten Teil des Körpers darstellt. Durch die Erhöhung der Herzschlagfrequenz erfolgt eine Somatisierung. Das psychische und existentielle Mißbehagen erhält dadurch körperlichen Ausdruck.

In solchen Fällen „wäre es besser, von beziehungsmäßigen als von funktionellen Störungen zu sprechen (Luban-Plozza u. Magni)". Der Patient kann sich im familiären und sozialen Umfeld nicht verwirklichen und findet keinen Kompromiß zwischen den eigenen Wünschen und Bedürfnissen und denen der Familienmitglieder und anderer Menschen. Da der Patient dem Konflikt nicht offen gegenübertreten kann, „kehrt er alles unter den Teppich" und erzeugt damit eine psychosomatische Krankheit. Diese Krankheit ist ein Alarmsignal, ein Hinweis der Natur auf ein inneres Ungleichgewicht.

Als Beispiel dafür möchte ich den Fall Che Guevaras anführen. In den sechziger Jahren war er ein Symbol der Studentenbewegung. Im Oktober 1967 wurde er als Anführer einer Guerillabewegung in Bolivien getötet. Che kam 1928 in Argentinien auf die Welt und begann bereits im Alter von zwei Jahren unter Asthma zu leiden. Er war der Lieblingssohn einer aristokratischen, sehr energischen Mutter, mit der ihn zeitlebens ein enges Verhältnis verband. Nach dem Medizinstudium schloß sich Che im Alter von 25 Jahren der kubanischen Guerillabewegung um Fidel Castro an, dem schließlich der Sieg über die Regierungstruppen von Batista gelang. Che zog im Triumph in Havanna ein und wurde zum „kubanischen Ehrenbürger durch Geburt" ernannt. Als Industrieminister traf er mit den bekanntesten kommunistischen Machthabern jener Zeit zusammen, darunter mit Chruschtschow und Mao Tse-tung. Sieben Jahre nach dem Sieg der Revolution brach Che mit Fidel Castro und verzichtete auf alle Ehrenämter und auf die kubanische Staatsbürgerschaft. Er zog sich zurück. Zwei Monate später starb seine Mutter. Damals wurde berichtet, Che befinde sich wegen psychophysischer Erschöpfung in einer Klinik. Ein Jahr darauf – im Jahr 1966 – versuchte er eine Guerillabewegung in Bolivien auf die Beine zu stellen.

Wenn man die Anmerkungen in seinem Tagebuch liest, so fällt auf, daß sich das Asthma und die Situation der Guerillabewegung parallel stets verschlechterten (Juni 1967). „Schwerer Asthmaanfall", „Mein Asthma wird immer schlimmer", „Ich mache mir ernsthafte Sorgen", „Es macht mir das Leben schwer", „Es ist unerträglich" – mit diesen Worten unterstreicht Che die existentielle Krise, die er durchmachen mußte. Er hatte den Ministerposten, die Freundschaft Fidel Castros und seine Mutter verloren, der er sich sehr verbunden fühlte. Überdies lief auch der Guerillakrieg schlecht, mit dessen Hilfe er seine Vergangenheit als Siegerfigur wiederbeleben wollte. Der heftige Wiederausbruch seines Asthmas war ein Zeichen seines existentiellen Unbehagens.

Die Krankheit als Schöpfung

Krankheit kann man als „eine der wenigen letzten Freiheiten der Person interpretieren. Krankheit ist eine Schöpfung des Kranken" (Groddeck). Diese Interpretation kann man mit psychoanalytischen

Instrumenten untermauern. Ohne nun näher auf diese Wissenschaft eingehen zu wollen, wird uns doch unmittelbar verständlich, daß die Regression bei bestimmten schwierigen Situationen eine Lösung darstellt. Und um einen Rückfall in frühere Verhaltensmuster oder Regression handelt es sich, denn man begibt sich in die Hände und Pflege anderer; man kehrt sozusagen in die Situation als Kind zurück. Bei dieser freien Wahl wird die Krankheit zu einer Eigenschöpfung im Dienste der Person. Durch die Krankheit erlangt das Individuum neue Dimensionen und findet einen neuen Zugang zum Leben. In gewissen Situationen ist die Krankheit ein Weg zu einer Wiederauferstehung zu einem Leben unter neuen Bedingungen. Als zweite Lösung gibt es noch den Tod. „Im ersten Fall gibt der Mensch die Krankheit auf, um zur Gesundheit zurückzukehren, im zweiten Fall verläßt er sie, um sich die letzte, nur ihm eigene Sphäre zu schaffen, den Tod" (Groddeck).

An dieser Stelle denkt man als vernünftiger Mensch: „Krankheit bedeutet Leiden, ich bin ja nicht verrückt, mir eine Krankheit zu schaffen! Meine Freiheit besteht darin, *nicht* krank zu sein!" Die Antwort auf solche Einwände ist positiv gestimmt: Die Krankheit des Körpers ist oft der Versuch einer psychischen Selbstheilung, durch die man einen Ausweg sucht aus einem unbewußten Konflikt. Dieser Versuch gelingt oft nicht. Es kann aber durchaus vorkommen, daß das kreative kranke Unbewußte mit Hilfe dieser Prüfung den Konflikt eliminieren kann.

Als erster definierte Freud 1911 im Fall Schreber die Halluzination des Paranoikers als Heilungsversuch, und seither haben sich viele Forscher mit diesem Problem der Selbstheilung beschäftigt.

Die Krankheit als Versuch der Selbstheilung

Den Versuchen zur Heilung unbewußter Konflikte begegnet man in den Lebensläufen vieler berühmter Persönlichkeiten, etwa auch dem von Franz Kafka. 1912 begegnete er Felice Bauer. Sie regte seine Kreativität an, und er war mit ihr zweimal verlobt. Als die Auflösung dieser Beziehung nahe war, focht Kafka einen heftigen Kampf mit sich selbst aus. Zwei Tage vor dem Bruch hatte er einen Blutsturz.

Danach fühlte er sich besser, fast befreit, und konnte seine Entscheidung treffen. In einem Brief an Max Brod schreibt Franz Kafka Mitte September 1917: „Manchmal scheint es mir, Gehirn und Lunge hätten sich ohne mein Wissen verständigt. ‚So geht es nicht weiter' hat das Gehirn gesagt, und nach fünf Jahren hat sich die Lunge bereit erklärt, zu helfen."

Der Versuch einer psychischen Selbstheilung kann auch dadurch geschehen, daß der Patient ein zufälliges, vorübergehendes körperliches Unwohlsein in seiner unbewußten Phantasie so interpretiert, daß es für seine Selbstheilung Nutzen bringt und ihn psychisch reifen läßt.

Dieter Beck berichtet von einer 35jährigen Patientin, die geschieden war und viele Jahre unter Magenschmerzen und Durchfällen litt. Nach der Scheidung hatte sie in eine psychiatrische Klinik eingewiesen und fünf Jahre ambulant psychotherapeutisch behandelt werden müssen. Die Störung war unverändert, als die Patientin sich an Beck wandte. Ihre Situation hatte sich verschlimmert, weil sich die Patientin über eine Unsicherheit beklagte, „wie wenn sie keinen Kopf hätte", und von der Aufspaltung ihrer Persönlichkeit berichtete. Sie fühlte sich in einen vorderen und einen hinteren Teil gespalten.

Eine Grippe und ein steifer Hals bedeuteten das Ende des Konflikts für die Patientin. Während dieser Erkrankung konnte sich in ihr der Wille, „sie selbst zu sein", durchsetzen. Sie wußte aber nicht, was mit ihr geschah. Am Ende bedeutete die Grippe ihre Wiedergeburt, „wie wenn sie den Kopf aus einem Sandhaufen herausgezogen hätte". Daraufhin entwickelte sie ein stärkeres Gefühl für die eigene Identität und begriff, daß „sie nicht den Kopf verlieren konnte", denn durch den steifen Hals erfuhr sie, daß er fest mit dem Körper verbunden ist. Die interpretatorische Phantasie, mit der sie diesen steifen Hals deutete, übte einen großen Einfluß auf ihre psychische Reifung aus.

In diesem Zusammenhang geht es mir darum, die Wege zu ermitteln, durch die das Handauflegen wirksam wird. Abgesehen vom Konzept des „Okkulten", gehört auch die Fähigkeit des Unbewußten dazu, somatische Ereignisse in bestimmten Fällen zur Selbstheilung einzusetzen.

Physische Erkrankung als Sühneleistung

Die psychosomatische Krankheit „wird auch von unbewußten psychischen Faktoren bewirkt, etwa von Schuldgefühlen, dem Bedürfnis nach Bestrafung und ganz allgemein von einer tiefgreifenden inneren Disharmonie."[7]

Die Krankheit als Strafe im Sinne einer Sühneleistung hat den Zweck, eine Störung zwischen Ich und Es oder Über-Ich zu beseitigen. Im ersten Teil (Seite 29) haben wir das Ich, das Es und das Über-Ich kurz beschrieben. Das Es stellt die Triebe dar, das Über-Ich die moralischen Normen, die wir in der Kindheit gelernt haben. Das Ich entspricht dem Bewußtsein; es fungiert als Mittler zwischen dem Es und dem Über-Ich.

Das Über-Ich funktioniert nach dem erbarmungslosen Gesetz der Vergeltung, „Auge um Auge, Zahn um Zahn". Im Falle unbewußter Wünsche, deren Erfüllung das Über-Ich verweigert, betrifft die Sühneleistung oft den physischen Teil des Menschen.

Eine Patientin litt unter Muskelkrämpfen, die es ihr unmöglich machten, eine Unterschrift zu leisten. Das war die Strafe dafür, daß sie in einem Hotel, in dem sie eine außereheliche Begegnung hatte, mit falschem Namen unterschrieben hatte. Jeder kennt auch den Fall von Kindern, die so lange lästig sind, bis sie einen Klaps erhalten. Danach beruhigen sie sich – eine Sühneleistung für irgendeinen Streich, von dem die Eltern gar nichts wissen.

Beck berichtet von einer 29jährigen Patientin, die mit dem Hubschrauber ins Krankenhaus gebracht wurde, weil ein Verdacht auf eine akute Blinddarmentzündung bestand. Die Chirurgen konnten diese Diagnose aber nicht bestätigen und verweigerten eine Operation. Die Frau war darüber sehr enttäuscht und konsultierte in den darauffolgenden Tagen mehrere Ärzte an Universitätskliniken, einen Facharzt für Magen- und Darmleiden, einen Gynäkologen, einen Urologen, einen Arzt für psychosomatische Medizin, einen Kardiologen und einen Internisten. Sie übte Druck auf diese Ärzte aus, um operiert zu werden, doch alle verweigerten dies und erklärten ihr, ihre Schmerzen im Unterleib seien psychischen Ursprungs, und sie brauche einen Psychiater.

Die Frau verstand das nicht und fand schließlich einen Gynäkologen an der Universität, der ihr die Gebärmutter entfernte. Kaum war die Frau vom Eingriff genesen, begannen die Schmerzen von neuem, und erneut wanderte die Patientin von Arzt zu Arzt.

Um operiert zu werden, hatte die Frau bei allen konsultierten Ärzten verzweifelt geweint und auf diese Weise ihre Krankheit deutlich zum Ausdruck gebracht. Die Patientin litt unter einer Reihe von Konflikten und starken Schuldgefühlen, weil ihre drei Kinder stets krank waren und weil sie ein viertes Kind verloren hatte. Überdies glaubte sie, als Ehefrau versagt zu haben. Im Unbewußten wollte sie nun Sühne leisten für das, was sie als Schuld betrachtete. Die Patientin war somit die Gefangene eines zu strengen Gewissens. Dieses verlangte wie ein erbarmungsloser Richter dauernd eine Bestrafung. Wenn sie sich operieren ließ, unternahm sie einen Versuch zur Selbstheilung, doch die Rückkehr der Schmerzen zeigte immer wieder, daß das Über-Ich erneut Sühne forderte und daß dies so lange weitergehen würde, bis eine nicht einfache Psychotherapie diesem Impuls ein Ende setzen würde.

Die physische Krankheit als narzißtisches Ereignis

Bisweilen wird das Selbst, unter dem wir die Summe der gesamten Persönlichkeit verstehen, von Ereignissen erschüttert. Ein psychisch stabiler Mensch verkraftet dies. Manche empfinden solche Ereignisse aber als Verletzung ihrer eigenen Persönlichkeit, die sie selbst über alle Maßen lieben. Diese Haltung, die unmäßige Liebe, ja Vergötterung seiner Selbst nennen wir Narzißmus. Sie hat ihren Namen vom jungen Mann Narziß, der sich der griechischen Sage zufolge in sein Spiegelbild verliebte.

Ein Fall aus der Praxis: Herr Giovanni feierte die Erstkommunion seiner Tochter. In seiner Erinnerung ist dieser Tag sehr wichtig. Vor 30 Jahren hatte er dieselbe Erfahrung gemacht. Er hatte sich damals im Zentrum der Familie gefühlt, von Gott und einer vollkommenen Welt beschützt. Er wollte, daß auch seine Tochter den Tag der Kommunion so erleben würde, wie er seiner Erinnerung nach gewesen war. Doch er versuchte vergeblich, auch seine Frau mit einzubeziehen. Voller Aufregung wollte er seiner Tochter die Schönheit jenes

Tages nahebringen. Seine Frau hingegen war wenig interessiert. Anstatt ihm zu helfen, den Tisch für die erwarteten Gäste vorzubereiten, hatte sie sich zurückgezogen und widmete sich der eigenen Schönheit, obwohl ihr Mann sie immer wieder zur Hilfe aufforderte. Plötzlich hatte Herr Giovanni einen heftigen Migräneanfall, der ihn sehr schwächte und dazu zwang, die Arbeit, die er gerade tat, aufzugeben.

Herr Giovanni hatte die Weigerung seiner Frau auf narzißtische Weise als Beleidigung empfunden: Seine Frau wollte an seiner Freude nicht teilnehmen. Indem sie ihrem Mann die Anerkennung verweigerte, entzog sie ihm jene narzißtische Unterstützung, die er zu seiner Sicherheit und zu seinem physischen Wohlergehen brauchte. Dies alles war das Ergebnis einer ehelichen Beziehung, in der er sich als groß und mächtig empfand und in seiner Frau – die er als „Kleine" bezeichnete – seine eigene Größe widergespiegelt sehen wollte. Die Kopfschmerzen waren somit eine narzißtische Maßnahme, mit der er die Aufmerksamkeit auf sich lenken wollte, die ihm zuvor verweigert worden war. Auf bewußter Ebene können solche Schmerzen unerträglich sein, auf unbewußter Ebene hingegen haben sie die Aufgabe, das Selbstvertrauen wieder zu stärken.

Die Krankheit als Rückkopplung

Die Funktion der Symptome

Das Symptom ist ein Signal, mit dessen Hilfe man die Krankheitsursache herausfinden kann. Man kann Symptome auf zweierlei Weise interpretieren: unter dem Gesichtspunkt der klassischen oder dem der psychosomatischen Medizin. Die klassische Medizin wertet die Symptome und will mit deren Hilfe das erkrankte Organ sowie dessen Beziehung zu den anderen Organen ausfindig machen. Es geht ihr darum, für die Krankheit einen „Namen" zu finden. Die psychosomatische Medizin hingegen geht bei der Wertung der Symptome noch weiter. Sie will zur eigentlichen Wurzel der Störung vordringen.

Es liegt auf der Hand, daß man bei Infektionen zu den Therapien der klassischen Medizin greifen muß. Aber auch hier muß man auf mögliche psychische Ursachen der Störung des Kranken achten. Ich habe hier bewußt das Wort „Kranker" und nicht „Krankheit" verwendet – eine Übereinstimmung mit Trousseau, dessen Erkenntnis lautet: „Es gibt keine Krankheiten, es gibt nur kranke Menschen."

Die psychosomatische Symptomatologie ist ein sehr komplexes Gebiet. Ich will hier eine Vereinfachung versuchen und unterscheide im wesentlichen zwei Gründe für psychosomatische Symptome:

1. Der erste Grund ist typisch für den Streßkranken; er leidet unter zu vielen Reizen: von der Angst zur Freude, vom Ehrgeiz zur Frustration, vom Erfolg zum Kampf, um eine einmal erlangte Stellung behalten zu können. Diese Streßfaktoren existierten in der menschlichen Geschichte zu allen Zeiten. Heute erleben wir sie jedoch in einem technologischen Klima, das viel größere Anforderungen an unsere Sinneswelt und an unser Gedächtnis stellt. Dazu kommen ökologische Beanspruchungen (Lärm, visuelle Reize, Verschmutzung aller Art) und ein gestörtes familiäres und soziales Umfeld (Scheidung, Streit, Drogen aller Art). In solchen Fällen ist der Dialog in der Familie unterbrochen oder blockiert, weil man sich nicht mehr versteht. Der Betroffene fühlt sich ausgegrenzt und setzt einen Hilferuf ab, ein SOS in Form einer physischen Störung, welche die Aufmerksamkeit auf ihn lenkt. So kommt es zu Herzrasen (Tachykardie), Herzrhythmusstörungen, Sodbrennen, Magengeschwüren, Darmstörungen, Migräne, Asthma und so weiter.

2. Der zweite Grund ist für Patienten typisch, die durch unbewußte Mechanismen zur Selbstheilung gelangen wollen. Davon war im letzten Kapitel die Rede. Die Krankheit ist hier eine Schöpfung im Dienste des psychischen Gleichgewichts. Die Symptome und die „Krankheiten" sind dieselben: Tachykardie, Magengeschwüre, Darmstörungen, Migräne, Asthma. Die Gründe jedoch sind ganz anderer Natur: Nicht Überreizung und Streß stehen im Vordergrund, sondern Mechanismen unbewußter Ersatzhandlungen (Kompensation), die man durch psychoanalytische Methoden ausfindig machen muß.

Solche selbstkompensatorischen Krankheiten stellen für die Familie übrigens einen weiteren Streßfaktor dar, weil sie zur Destabilisierung der zwischenmenschlichen Beziehungen führen. Es entstehen Spannungen im Verhältnis zu den anderen, welche die Krankheit des Patienten ertragen müssen.

Die klassische Medizin widmet sich nur den organischen Gründen für die Krankheiten und versucht beispielsweise, mit Heilmitteln das physiologische Gleichgewicht im Dickdarm wiederherzustellen. Das führt durchaus zum Erfolg, wenn der behandelnde Arzt auch die Streßfaktoren des Patienten kennt und entsprechende Ratschläge erteilt. In diesem Fall kann durch das Interesse des Arztes und seine menschliche Beziehung zum Patienten zusammen mit den Medikamenten eine Heilung erfolgen. Geht aber die psychosomatische Störung auf einen unbewußten Kompensationsmechanismus zurück, so erweist sich auch die beste Fürsorge als nutzlos, wenn der Arzt nur die Symptome zu bekämpfen versucht. Auf diese wichtige Frage werden wir im Kapitel „Die Beziehung zwischen dem Therapeuten und dem Patienten" eingehen.

Das Symptom und die physische Krankheit als Rückkopplung

Die Begriff Rückkopplung, auch Feedback genannt, ist ein technischer Begriff. Man verwendet ihn, wenn die Folgen eines Geschehens den weiteren Fortgang dieses Geschehens beeinflussen. Rückkopplungen treten bei allen lebenswichtigen Prozessen auf. Mit ihrer Hilfe regelt der Körper zum Beispiel die Temperatur. Ist es ihm zu warm, so kühlt er sich beispielsweise durch Schwitzen ab. Bei Kälte reagiert er durch Schlottern. Das positive Feedback wirkt verstärkend, das negative schwächend auf den jeweiligen Prozeß ein.

Als Prozeß kommen in unserem Zusammenhang eine Streßsituation und ein unbewußter Konflikt in Frage. Beim Streß gelingt es mit Hilfe des Arztes verhältnismäßig leicht, die Faktoren ausfindig zu machen und mindestens teilweise zu eliminieren. Ist der Patient jedoch von einem „unbewußten Konflikt" betroffen, so kann er seine aggressiven Impulse und die daraus resultierenden Ängste überhaupt nicht verstehen. Überdies kann er diese emotionalen Ereignisse nicht unter Kontrolle bringen.

Im Fall der Streßsituation stellt die physische Krankheit mit ihren Symptomen die Antwort oder Reaktion dar. Diese Somatisierung zieht die Aufmerksamkeit des Patienten und des Arztes auf sich. Der Patient leidet, und seine Familie leidet mit. Das Gleichgewicht im Innern der Familie – sofern je eines bestanden hat – ändert sich. Die Arbeitsfähigkeit des Patienten wird in Mitleidenschaft gezogen. Der Arzt beginnt sofort mit klinischen Tests, die negativ verlaufen: Alles in Ordnung. Er versucht eine symptomatische Therapie, dann eine andere ... Schließlich wechselt man den Arzt, macht neue Tests, probiert alte Therapien aus und so weiter.

Bei „inneren Konflikten" erfolgt die Rückkopplung und damit der Versuch der Selbstheilung unbewußt; durch ihn entsteht die physische Krankheit. Auf bewußter Ebene erzeugt das physische Leiden viel Schmerzen, auf unbewußter Ebene kann es zur Sühneleistung dienen (das Über-Ich fordert eine Bestrafung für tatsächliche oder nur eingebildete Übertretungen). Die Krankheit kann narzißtischen Zielen dienen, etwa als Ausgleich für eine Mißachtung der eigenen geliebten Persönlichkeit.

Die Reaktion besteht in diesem Fall in der Umwandlung des psychischen Symptoms in ein physisches Symptom. Die physische Erkrankung hat die Aufgabe, das psychische Gleichgewicht durch Selbstheilung wiederherzustellen.

Wir können mit Spinsanti schließen: „Die Krankheit hat die Funktion einer Botschaft; es handelt sich um eine Art Rückkopplung des Lebensprozesses. Sie informiert uns, daß die Harmonie gestört ist, und ruft uns dazu auf, mit Sorgfalt zu handeln und Verantwortung für unser Leben zu übernehmen."[8]

Resistenz, Stabilisierung und Umwandlung von Symptomen

Der defensive Aspekt der physischen Krankheit zeigt sich nicht nur im Verlauf psychotherapeutischer oder psychoanalytischer Behandlung, sondern auch in verschiedenen existentiellen Situationen, bei denen der Mensch mit seinen eigenen Konflikten konfrontiert wird. Bei solchen Gelegenheiten entstehen physische Krankheitssymptome. Diese Symptome sind Signale einer Resistenz gegen den Fortschritt der Behandlung. Die Konflikte werden provisorisch somatisiert, so daß der Zugang schwieriger wird. Der Patient entzieht sich damit sogar dem Psychoanalytiker und bestraft ihn durch Abwesenheit (Dieter Beck).

Aus dem zuvor Genannten wird deutlich, daß die physischen Symptome und die somatische Krankheit eine stabilisierende Wirkung im seelischen Gleichgewicht ausüben. Das psychische Leiden verschwindet, doch als Ersatz tritt eine körperliche Krankheit auf.

Die „stabilisierende" Funktion der Symptome zeigt sich deutlich bei den Patienten, die auf keine medikamentöse Therapie ansprechen. Am häufigsten sind in diesem Zusammenhang Migräne, chronische oder intermittierende Schmerzen im Hals, im Bauch oder im Rücken zu nennen. Heilmittel und chirurgische Eingriffe mildern das Leiden in vielen Fällen nicht. Von 85 Patienten, die wegen Gallensteinen operiert wurden, litten 42 Prozent später weiterhin unter chronischen Bauchschmerzen (Beck). Bei 125 Patienten, die an Herzneurose, einer funktionellen und nichtorganischen Störung, litten, neigte die Krankheit zu einem chronischen Verlauf (Richter und Beckmann).

Die Therapieresistenz hat eine psychologische Bedeutung: Viele Patienten haben mit dem Ehepartner eine besonders enge Beziehung, weil sie damit ihr eigenes narzißtisches Gleichgewicht und damit ihre Selbstsicherheit schützen. Der „Schutz" durch den Partner führt dazu, daß innere Krisen im Hinblick auf das Selbstbild kompensiert oder völlig vermieden werden. Wenn durch Scheidung oder Tod eine Trennung erfolgt, übernimmt das Herz mit seinen Störungen symbolisch die Stellung des Partners. „Das Herz wird so zu einem Gefährten, von dem man tyrannisiert wird, doch ohne dessen Schutz wäre man völlig wehrlos" (Beck).

Die Umwandlung oder Konversion des Symptoms stellt eine Alternative zur Stabilisierung dar. Wird eine Störung, eine „Krankheit", die nur die Manifestation eines unbewußten Konflikts darstellt, bekämpft, so verwandelt sie sich in eine andere Krankheit mit neuen Symptomen. Die Krankheit hat in einem solchen Fall eine wiedergutmachende Funktion für das psychische Gleichgewicht. Sie läßt sich somit nicht einfach annullieren. Die folgenden Beispiele mögen dieses Konzept näher erläutern.

Bei Patienten, die unter Fettleibigkeit oder Obesitas (sofern es sich um den Ausdruck eines unbewußten Konflikts handelt) leiden und die eine Abmagerungskur befolgen, kann man je nach persönlicher Tendenz die unterschiedlichsten psychischen Symptome beobachten: Wahnvorstellungen, Depressionen, Tendenz zum Selbstmord, Halluzinationen oder Homosexualität. Diese Symptome zeigten die übergewichtigen Patienten *anfänglich nicht* (Glucksman und Hirsch, Grinker, Hirsch und Levin). Das Übergewicht übernimmt eine positive Funktion: Es stellt eine Kompensation für ein spannungs- und frustrationsreiches Leben dar.

Zusammenfassend kann man sagen, daß es bei vielen Patienten nutzlos ist, das Übergewicht zu bekämpfen, wenn man nicht *gleichzeitig* auch die psychische Situation verbessert.

In den sechziger Jahren war es noch üblich, bei Magengeschwüren zwei Drittel des Magens zu entfernen. Damals konnte man bei insgesamt 87 Patienten feststellen, daß über die Hälfte eine Umwandlung der Symptome zeigten. Sie litten nun an nervöser Erschöpfung, Medikamenten- und Drogenabhängigkeit, Depression und Verlust ihrer Arbeitsfähigkeit (Zauner). Die symbolische Erklärung lautet, daß die Entfernung eines großen Teils des Magens, mit dessen Hilfe wir uns ernähren, die Angst vor dem Tod durch Verhungern anfachte.

Der deutsche psychosomatische Arzt Georg Groddeck, der 1934 starb, sah jedes Symptom nur als Symbol eines tiefergehenden Unbehagens, das sich der rein wissenschaftlichen Diagnose entzieht. Das Leiden entsteht durch widersprüchliche Kräfte, von denen der Patient dominiert wird, ohne sich dessen bewußt zu sein.

Psychosomatische Tuberkulose

Bei der Behandlung von Infektionskrankheiten beschränkt sich die Medizin im allgemeinen darauf, die krankheitsauslösenden Mikroorganismen ausfindig zu machen und durch Medikamente zu bekämpfen. An dieser Praxis soll auch gar nicht gerüttelt werden. Man stößt jedoch schnell an die Grenze der medizinischen Wissenschaft, wenn man nach den Gründen fragt, warum der betreffende Patient krank geworden ist. Es reicht hier nicht aus, sich auf die Ernährung, die Arbeit und natürlich den Kontakt mit dem Krankheitserreger zu berufen.

Kuetemeyer berichtet zum Beispiel vom klassischen Fall einer Patientin, bei der während einer schwierigen existentiellen Situation die Grundlage für eine Tuberkulose gelegt wurde. Diese Patientin wußte, daß ihr Mann sie betrog. Überdies mußte sie auch der Einladung ihres Mannes zu einem Empfang der High Society Folge leisten. Dabei sollte er zusammen mit seiner derzeitigen Geliebten, einer bekannten Violinistin, ein Konzert geben.

Die Patientin wollte erst ihren Mann öffentlich ohrfeigen, verzichtete aber aus Angst vor einem Skandal darauf. Dann plante sie, sich in den Wald zu flüchten und sich dort umzubringen. Der Gedanke an die Enkel, die sie sehr liebte, hielt sie jedoch davon ab. So gelangte sie zum Höhepunkt der Krise und zeigte gleichzeitig die ersten Symptome. Als sie sich in ärztliche Behandlung begab, hatte sich bereits eine Kaverne im rechten oberen Lungenlappen gebildet. Der Mann war dadurch sehr besorgt.

Beim Studium dieses Falles wurde Kuetemeyer schnell klar, daß ein innerer Konflikt der Auslöser war für die Tuberkulose. Sie nahm mit einer Reihe negativer Erfahrungen ihren Anfang. Zunächst und vor allem wollte der Mann die Patientin verlassen. Dann spielte eine Rolle, daß die Umwelt diese Entscheidung des Mannes guthieß, und schließlich hatte die Frau keine Freunde als Unterstützung.

Es erfolgte *keine* Psychoanalyse. Wir können dennoch eine narzißtische Lösung annehmen – eine Kompensation für das verletzte und erniedrigte Selbst. Es handelt sich somit um den Versuch einer Selbstheilung eines inneren Konflikts, dem die Patientin nicht mehr gewachsen war. Auf physiologischer Ebene gingen durch den Streß und die dauernde Erniedrigung die Abwehrkräfte zurück. Der Kontakt mit den auch heute noch allgegenwärtigen Bakterien stellte kein Problem dar.

Dem Arzt gelang es, die gesamte Situation zu retten. Die Patientin wurde von Verwandten aufgenommen und von der Tuberkulose geheilt. Der Arzt bestellte auch den Mann zu sich, und die Frau konnte, unterstützt durch den Arzt, ihrem Mann ihre Gefühle mitteilen. Der Mann gab seine Fehler zu und erklärte sich zu einer psychotherapeutischen Behandlung bereit, weil er von sich aus nicht imstande war, sein Verhalten zu ändern.

Dann gibt es den Fall einer Patientin, die durch eine existentielle Krise derart unter Druck geriet, daß sie zu hoffen begann, sie würde an Lungentuberkulose erkranken, um etwas Ruhe und Frieden zu haben. Wenige Monate darauf entdeckte sie, daß sie an der Boeck-Krankheit litt. Die Lungenkrankheit war somit pünktlich eingetroffen. Sie verschlimmerte sich bis zum zweiten Stadium. Dann erfolgte die Heilung mit Unterstützung eines Therapeuten, der in langen Sitzungen und mit großer Anteilnahme auch das Handauflegen praktizierte. Die psychosomatische Krankheit wurde in diesem Fall mit einer klassischen medizinischen Therapie und einer psychosomatischen Therapie bekämpft.

Die unbewußte Basis von Unfällen

Der Versuch der Psyche, den Körper zur Heilung eines psychischen Konflikts einzusetzen, bildet auch die Grundlage vieler Unfälle. Groddeck hat klargelegt, daß das Unbewußte nicht nur die Möglichkeit von Erkrankungen schafft, sondern auch richtige Unfälle mit Verletzungen bewirkt, um eine „Wahl, die mit zu großem Leid verbunden ist" zu umgehen. F. Dunnbarr behauptet sogar, daß 80 bis 90 Prozent aller Unfälle nicht von technischem oder menschlichem Versagen, sondern von einem Faktor X der Persönlichkeit bewirkt würden.

Raffaello Morelli berichtet in einer medizinischen Fachzeitschrift von einer 25jährigen Patientin mit Namen Anna Maria. Sie entschied sich, von ihren Eltern wegzuziehen, weil sie das Bedürfnis nach Unabhängigkeit empfand.

„Während ich die Koffer packte, mußte ich viel durchmachen; meine Eltern leisteten schweigend und auf bedrückende Weise Widerstand. Ich dachte: Von heute an muß ich ohne sie selbst zurechtkommen." Während Anna Maria mit den Koffern in der Hand die unterste Stufe der Treppe hinabging und somit ein neues Leben beginnen wollte, rutschte sie aus und brach sich den rechten Oberschenkel.

Dieses symbolhafte Ereignis zeigt uns, daß die junge Frau noch nicht reif war für die Unabhängigkeit. Vom Verstand her gesehen wollte sie frei sein, auf unbewußter Ebene hatte sie Angst vor der Freiheit. Anna Maria empfand den Vater als Tyrannen, und deswegen drängte sie ihr bewußter Wille zur Unabhängigkeit. Innerlich wollte sie jedoch noch abhängig bleiben und behütet werden. Tatsächlich ließ sie sich während des Krankenhausaufenthalts wie ein Kind mit Zärtlichkeiten verwöhnen. Die junge Frau mußte die Entscheidung, ihre Familie zu verlassen, rückgängig machen und verschaffte sich unbewußt den Knochenbruch. Drei symbolische Bedeutungen fallen dabei ins Auge:

1. Zunächst wählte das kreative, pathologische unbewußte Ich die letzte Stufe und damit die letzte Möglichkeit für den Sturz: Eine Art Ultimatum an das bewußte Ich.
2. Da der Vater stets wiederholte: „Man muß auf eigenen Beinen stehen", demonstrierte das Unbewußte, daß sich die junge Frau eben noch nicht auf den eigenen Füßen halten konnte. Sie wollte die Freiheit des Handelns, ohne den Schutz der Eltern zu verlieren. Betroffen war der Oberschenkel und damit das Organ, das die Entfernung vom eigenen Zuhause bewerkstelligt.
3. Das dritte Symbol ist die Wahl des rechten Beines. Wir werden auf dieses Thema zurückkommen, wenn es darum geht, den Symbolismus der Hände zu erklären. Nur soviel sei gesagt, daß alle Kulturen die rechte und die linke Körperseite differenzieren und mit Symbolen beladen. Groddeck bringt die rechte Körperhälfte mit „gedanklicher Klarheit", „moralischer Rechtschaffenheit" und dem „rechten Weg" in Zusammenhang, während er mit der linken Körperseite die „Instinkte" und das „Dunkel" in Verbindung bringt. Die rechte Körperseite entspricht dem Willen und dem Bewußtsein, während die linke Seite dem Unbewußten zugeordnet ist. Es war die rechte Körperseite, der bewußte Teil, welcher die junge Frau von ihrem Zuhause entfernen wollte, während die linke Seite noch die Unterstützung durch die Eltern brauchte. Da das Unbewußte überwog, wurde die rechte Körperseite in Mitleidenschaft gezogen.

Die „Macht" der Psyche über den Körper

Ich habe wiederholt geschrieben, daß es keine intrinsische, von sich aus wirksame „Macht" gibt. Alle sogenannten Mächte und Kräfte sind das Ergebnis bewußter oder unbewußter Suggestion; sie können auch Resultat der Akzeptanz durch einen Teil der Gemeinschaft oder den Urheber der Suggestion sein. Die wahre Macht ist die Macht der Suggestion. Sie hat ihren Sitz und ihre Dynamik im Unbewußten. Dieses stellt das wahre Okkulte, die wahre Magie dar. Wir haben gesehen, wie durch spiritistische Suggestionen und durch die Suggestion magischer Vorstellungen paranormale Phänomene zustande kommen, die auch die Materie betreffen können (Psychokinese). Wir wissen auch von den kreativen Möglichkeiten des Unbewußten, das eine Krankheit oder einen Unfall bewirken kann oder die Krankheit so instrumentalisiert, daß eine Lösung in einem unerträglichen Konflikt gefunden werden kann.

Auf der Suche nach weiteren Verbindungen zwischen dem Unbewußten und der körperlichen Realität wollen wir nun vier Faktoren der Wechselbeziehung zwischen Seele und Körper behandeln: die Hypnose, das autogene Training, das Biofeedback und die Meditation.

Mesmer und die Hypnose

Die Hypnose ist eine Übereinkunft zwischen zwei Individuen: Das eine Individuum akzeptiert dabei die psychischen Suggestionen des anderen. Keinesfalls handelt es sich dabei um eine geheimnisvolle Macht.

Die Hypnose wird in besonderen kulturellen Situationen zu einer „Macht", zum Beispiel wenn es um Angst vor einer Macht geht, die in Wirklichkeit nicht existiert. Die Hypnose wird zu einem gefährlichen Spiel, wenn der sogenannte Hypnotiseur dem Hypnotisierten vorschlägt, eine bekannte Persönlichkeit darzustellen. Das konnte man schon oft im Fernsehen beobachten. Man schafft dabei in der hypnotisierten Person eine fiktive Persönlichkeit und erzeugt auf künstliche Weise eine Verdoppelung des Ichs. In jenen Augenblicken „interpretiert" der Hypnotisierte eine Rolle wie ein Schauspieler. Die Kreativität der Interpretation wird vom unbewußten pathologischen Ich geliefert. Die Gefahr liegt in der Rückkehr zur normalen Persönlichkeit. Bisweilen bleiben Suggestionen der fiktiven Persönlichkeit mit daraus hervorgehenden nervösen Krisen und anderen Störungen zurück.

Die Hypnose selbst hat Wurzeln, die weit in die Geschichte zurückreichen. Sie gehört auch als Selbsthypnose zu den magischen Riten vieler Naturreligionen. Diese magischen Riten und die Riten des heutigen Spiritismus gründen auf Formen der Selbsthypnose und ähnlicher Bewußtseinszustände.

Die Technik von Franz Anton Mesmer (1734–1815), der zu seiner Zeit einer der berühmtesten Männer war, beruhte auf hypnotischer Suggestion. Mesmer „wußte nicht", daß er bei seiner Therapie die Hypnose einsetzte. Die entsprechenden wissenschaftlichen Kenntnisse wurden nämlich erst nach Mesmer entwickelt, teilweise auch aufgrund seiner theoretischen Irrtümer. Mesmer hatte Recht und Theologie studiert und in Wien einen Doktortitel in Philosophie und Medizin erlangt. In seiner Dissertation behandelte er den Einfluß der Planeten auf den Menschen. Mesmer behauptete, alle Körper würden ein zartes Fluidum verströmen. Auch die Himmelskörper waren nach Mesmer von einem Fluidum durchdrungen, und Mesmer erklärte auf diese Weise deren Anziehungskraft. Da auch der Magnet eine solche Anziehungskraft besaß, benutzte Mesmer ihn eine Zeitlang zu therapeutischen Zwecken – übrigens hatten auch die alten Griechen Vertrauen in dieses magisch wirkende Mineral.

Mesmer heilte mit Magneten das 29jährige Fräulein Oesterline, das an Krämpfen sowie an Kopf-, Zahn- und Ohrenschmerzen litt. Bei einer Krise kam es zu Übelkeit, Delirien und Ohnmachtsanfällen. Die Krisen traten periodisch und spontan auf und verschafften für eine kurze Zeit Erleichterung. Mesmer sah einen Zusammenhang zwischen dem zyklischen Auftreten der Krisen und dem Lauf der Gestirne, die dieses Fluidum verströmten und wieder in sich aufnahmen. Die Grundlage dafür war ein „kosmisches Gesetz". Die Kur begann damit, daß Fräulein Oesterline Eisentränke zu sich nehmen mußte, um den Körper für die Wirkung des Magneten zu sensibilisieren.

Dann brachte Mesmer auf dem Magen und den Schenkeln der Patientin drei Magneten an. Die Reaktionen waren bemerkenswert.

Es traten heftige Schmerzen auf, die in die Gliedmaßen ausstrahlten. Sechs Stunden lang blieben dadurch die typischen Schmerzen aus (möglicherweise eine symptomatologische Umwandlung bei einer hysterischen Patientin). Die Behandlung wurde in den folgenden Tagen wiederholt, und die Patientin fand schließlich Heilung.

Der Magnet heilte gar nicht, sondern die suggestive Kraft des Therapeuten. Mesmer war eine Persönlichkeit mit überwältigendem „Machtwillen", den er durch Selbstsicherheit und „magisches Gehabe" manifestierte. Seine „Macht" bestand in der hörigmachenden Kraft der Gesten, die durch Hyperästhesie (Wahrnehmung auch der winzigsten Signale) und durch psychische Integration von den Patienten wahrgenommen wurden. Mesmer war ein instinktiver „Therapeut", der – wie wir bald sehen werden – auf psychopathologischer Grundlage arbeitete.

Das Leben Franz Mesmers liest sich wie ein Roman. An einem bestimmten Punkt gab er die Therapie mit den Magneten auf. In den Händen seiner Assistentin Antoine funktionierte sie nämlich nicht. Der Magnet war in ihren Händen ein gewöhnliches Mineral ohne therapeutische Auswirkungen. So kam Mesmer auf den Gedanken, die Macht liege nicht im Magneten, sondern in ihm selbst. Er gab also den „mineralischen Magnetismus" auf und richtete seine Aufmerksamkeit auf den „animalischen Magnetismus".

Dieser neuen Theorie zufolge kondensierte sich das universelle Fluidum in seinen Händen (und vielleicht auch in den Händen eines anderen besonders begabten Menschen). Mesmer, der eine paranoide Persönlichkeit besaß, gelangen dank seiner Fähigkeit zur Übertragung von Suggestionen wahre therapeutische Wunder.

Er war von seiner Überlegenheit derart überzeugt, daß sich dieses Vertrauen auch auf seine Patienten übertrug. Er wollte als das größte Genie seines Jahrhunderts betrachtet werden und behauptete, „er besitze eine magnetische Kraft, die der Sonne gleichkam und die es ihm erlaube, alle Krankheiten zu heilen".[9] Manche Magier unserer Zeit zeigen mit ihren Behauptungen einen ähnlichen Grad an Paranoia! Mesmer berichtete in einer Schrift des Jahres 1779, er „habe die Sonne magnetisiert, um ihre Strahlungskraft zu vergrößern."[10]

Danach legte dieser Schauspieler mit seinem extremen Narzißmus die Grundlage für die moderne Hypnose. Mesmer magnetisierte, indem er mit den Händen die Patienten leicht berührte. Diese gerieten daraufhin in besondere selbsthypnotische Bewußtseinszustände und wurden gesund.

Sehr viel Aufsehen erregte in Wien die Heilung der 18jährigen Musikerin Maria Theresa Paradies. Sie war seit dem dritten Lebensjahr blind. Nach der vergeblichen Behandlung durch die berühmtesten Spezialisten ihrer Zeit galt sie als unheilbar.

„Man liest nicht ohne Anteilnahme die lange Geschichte des Magnetiseurs und väterlichen Beschützers Mesmer. Er war einmal autoritär, denn demütig, bisweilen entmutigt, doch schließlich triumphierte er, als Maria Theresa nach 15jähriger völliger Blindheit ihr Augenlicht wiedererlangte."[11] Doch dann geschah das Unvorhersehbare. Die Eltern, die als Ausgleich für die Erkrankung ihrer Tochter von der österreichischen Kaiserin eine Pension erhalten hatten, fürchteten um ihr Einkommen und entzogen Mesmer das Mädchen. Die Patientin fiel wieder in ihre Blindheit zurück. Die Blindheit war nicht physischen, sondern psychischen, hysterischen Ursprungs gewesen.

Mesmer hatte das Mädchen mit der Welt, die sie nicht sehen wollte, weil sie sie vielleicht zu sehr erschreckte, wieder „versöhnt". Sie brauchte eine Stütze, eine Brücke zum Leben. Diese Brücke war das Vertrauen Mesmers.

Die Ärzte waren Mesmer gegenüber feindlich eingestellt und griffen ihn an. Sie erklärten seine Heilungen als Schwindel und bezeichneten seine Theorie als Phantasterei. Da er sich selbst gegenüber eine derart große Liebe empfand, konnte er Kritiken nicht aushalten und übersiedelte nach Paris, wo er ungeheure Erfolge feierte, weil es ihm gelang, die berühmtesten Persönlichkeiten Frankreichs zu heilen.

In seinem luxuriösen Haus an der Place Vendôme in Paris hatte Mesmer eine hölzerne Wanne (baquet) installiert. In ihrem Innern befanden sich wassergefüllte Flaschen, die untereinander durch Eisenstäbe verbunden waren, die er selbst magnetisiert hatte. Diese Stäbe waren strahlenförmig angeordnet und trafen sich an einem Punkt, von dem weitere Eisenstäbe ausgingen, welche die Patienten in die Hände nahmen.

Es gab viele Versionen dieser Wanne. Die Patienten waren auch untereinander durch ein Seil verbunden, damit das Fluidum zirkulieren konnte. Mesmer begann mit einer neuen Gruppentherapie, die auf der ausschließlichen zwischenmenschlichen Beziehung zum Therapeuten beruhte.

Ich zitiere einige wenige seiner zahlreichen Wunderheilungen. Während einer Sitzung, die er im Hotel der Brüder Bourret mit zahlreichen Zeugen abhielt, „blähte sich ein Wassersüchtiger unter den Augen der Anwesenden jedes Mal auf, wenn Mesmer ihn berührte, und schrumpfte daraufhin wieder. Die Zeugen mußten die Realität der Phänomene bestätigen, hielten sie jedoch für unerklärlich und weigerten sich, vor ihren Arztkollegen zu bezeugen, daß diese Erscheinungen den Beweis für die Existenz des Magnetismus darstellten."[12]

Die Merkmale der Mesmerschen Therapie waren:

1. Der physische Kontakt mit den Patienten, der auf unterschiedliche Weise erfolgte: indem Mesmer seine Knie gegen die des Patienten drückte, indem er die Daumen des Patienten mit seinen eigenen berührte oder indem er den Körper des Patienten an verschiedenen Stellen anfaßte.
2. Das Fehlen einer emotionalen Miteinbeziehung des Heilers, da sich Mesmer hinter der Theorie des Fluidums und seiner persönlichen Macht verschanzte.
3. Das Verbot eines verbalen Dialogs, durch das Mesmer seine Patienten zu einer tiefgreifenden Regression zwang. Er selbst übernahm dabei die Rolle der Mutter.

Der einzige „Dialog", den er zuließ, war die psychosomatische Krise, die früher auch Mesmerkrise genannt wurde. Dabei zeigten die Patienten hysterische Verhaltensweisen. In der künstlich geschaffenen Atmosphäre der Erwartung näherte sich die hohe, majestätische Figur des Therapeuten in violettem Gewand langsam dem Patienten und bewegte einen Stab aus Glas oder Eisen. Er berührte seine Patienten damit oder mit seinen Händen. Nacheinander wurden die Patienten von Krämpfen, Schluchzen, Weinen oder hemmungslosem Lachen, von hypnotischem Schlaf oder von Muskelverkrampfung erfaßt. Das war ihr Weg zur Heilung.

Ein Weg zur Befreiung von Spannungen und Konflikten führte über „kathartische psychodynamische Mechanismen". Es ist der Weg der tiefen Suggestion, der auch die Tür zum Verständnis des heutigen Handauflegens eröffnet. Mesmer legte mit seiner Vorstellung vom Fluidum die Basis dazu.

Die Erfolge Mesmers lassen sich seiner Persönlichkeit zuschreiben, die etwas wahrhaft „Magisches" verströmte, weil er, ohne es zu wissen, das Mittel des wahrhaft Okkulten einsetzte, nämlich die „unbewußte Suggestion". Er verwendete instinktiv seinen Narzißmus, seine Selbstverliebtheit, um mit Hilfe anderer, Leidender, seinen unersättlichen Erfolgshunger zu stillen. Er wußte, daß er – ungeachtet aller Kritiken – ein großer Therapeut war, wenn auch kein „wahrer" Therapeut. Meiner Meinung nach muß der wahre Therapeut eine Liebe zum Nächsten empfinden, die Mesmer nicht aufbrachte oder nur als Reflex seiner übersteigerten Eigenliebe.

Mesmer wurde von der österreichischen Kaiserin sowie vom französischen König und von der Königin bewundert. Man feierte ihn als Wohltäter der Menschheit. Auf der Straße belagerten ihn Kranke und wollten seine Kleider berühren. In Frankreich wurden zwei medizinische Kommissionen eingerichtet, die beide seine Werke verurteilten. Als Verteidiger traten Benjamin Franklin und andere auf. Als die Revolution schon im Gang war, verließ Mesmer Frankreich und begab sich nach Süddeutschland, wo er auch starb.

Die Erfahrungen Mesmers stellen eine wichtige Etappe in der Geschichte der psychodynamischen Medizin dar. Aus der Lehre vom animalischen Magnetismus ging nämlich die Hypnose hervor, die Charcot und Bernheim klinisch untersuchten, und daraus entstand schließlich die Psychoanalyse.

Autogenes Training

Es wird behauptet, nicht alle könnten sich hypnotisieren lassen, auch wenn man glaubt, 85 Prozent seien dazu fähig. Wenn diese Behauptung stimmt, müssen die restlichen 15 Prozent aus Personen bestehen, die Angst davor haben, die Kontrolle über sich zu verlieren. Persönlich bin ich der Ansicht, daß gewisse Menschen sich deswegen *nicht* hypnotisieren lassen, weil sie ihren persönlichen „Mesmer" noch nicht gefunden haben, das heißt eine Person, mit der sie übereinstimmen und in die sie intensivstes Vertrauen besitzen. Gemeint ist eine Person, die hyperästhetisch und auf der Ebene der psychischen Integration jenen Zustand übermitteln kann, der den Patienten sich in Harmonie mit sich selbst fühlen läßt.

Aus der Hypnose, genauer gesagt aus den Untersuchungen von Oskar Vogt über den Schlaf und die Hypnose, entwickelte der Berliner Arzt Johannes Heinrich Schultz in der Zeit von 1908 bis 1912 ein therapeutisches Verfahren, das er autogenes Training nannte. Der Begriff „autogen" bedeutet dabei „aus sich selbst hervorgehend".

Schultz hatte bemerkt, daß ein hypnotisierter Patient, der den Auftrag erhalten hatte, sich zu entspannen, spontan Sinnesempfindungen hatte, die anders waren als die ihm suggerierten. Er empfand Schwere und Wärme.

Schwere und Wärme waren die Reaktion, das Feedback der Hypnose. Schultz drehte Ursache und Wirkung um. Wenn die Entspannung unter Hypnose zu „Wärme und Schwere" führte, so konnte man von der Suggestion von Wärme und Schwere zur Entspannung gelangen.

Das autogene Training darf aber nicht mit der Hypnose verwechselt werden. Es nutzt bestimmte Mechanismen zwischen Körper und Seele aus, das heißt das Verhältnis zwischen Suggestion und Entspannung, und führt zu einem anderen Bewußtseinszustand.

„Das autogene Training ist ein Mittel, um sich in sich selbst zu versenken. Es erlaubt es jedem von uns, sich durch die Entspannung das eigene Ich bewußtzumachen und es zu akzeptieren. Nur über das Bewußtsein lassen sich die unendlichen Energien entwickeln, die jeder von uns besitzt und die wir doch normalerweise nur zu einem winzigen Teil nutzen."[13]

Das autogene Training führt zur Entspannung, zur Konzentration auf die Ruhe und gestattet ein stärkeres Bewußtsein seiner selbst sowie der Gründe für die eigene Nervosität. Diese Methode erleichtert die Begegnung zwischen dem Ich (Bewußtsein) und dem Selbst (Fülle des Lebens). Das autogene Training ist besonders nützlich bei psychosomatischen Störungen, bei Angstzuständen, Schlaflosigkeit, schwierigen zwischenmenschlichen Beziehungen, bei Schweißaus-

brüchen, Phobien, Magen- und Darmstörungen, Asthma, Kopfschmerzen, Stottern und Bettnässen.

Das autogene Training umfaßt zunächst sechs Phasen. Für jede Pha-
se wurden suggestive Formeln geprägt, die der Therapeut vorsagt. Die
Technik des autogenen Trainings wird in Kursen erlernt, wobei jeder
Patient für sich selbst und aus sich heraus weiterarbeiten kann.

Die erste Phase ist die Übung der Schwere. Man legt sich hin oder
sitzt aufrecht und wiederholt die suggestive Formel: „Mein rechter
Arm ist schwer", während man seinem Arm eine passive Aufmerksamkeit zukommen läßt. Der Kursleiter suggeriert auch die Formel:
„Ich bin ganz ruhig."

In der zweiten Phase geht es um die Wärme. Wiederum werden
entsprechende Formeln verwendet. Bei den restlichen vier Phasen
beziehen sich die Formeln auf den Herzschlag („Mein Herz schlägt
rhythmisch und regelmäßig"), auf die Atmung, die Wärme im Unterleib und die Entspannung der Stirnmuskeln.

Diese suggestiven Formeln werden auf der Ebene des Feedbacks
mit einer automatischen Entspannung verbunden. Diese Entspannung ändert die Gangart des Lebens, die Art und Weise, wie man die
Realität sieht und ihr begegnet; sie besiegt die nervöse aggressive
Energie, die eine negative Zielsetzung aufweist.

Die klinische Erfahrung bestätigt, daß man zwei bis zwölf Monate
Training braucht, um innerhalb von drei bis vier Minuten die entsprechenden Reaktionen in allen sechs Phasen zu erhalten. Das autogene
Training sieht schließlich eine zweite Reihe, wiederum aus sechs Phasen, vor. Dabei wird versucht, streßbedingte Störungen zu beseitigen.

Das autogene Training versetzt den Kranken in die Lage, die tra-
ditionell passive Rolle des Patienten, der nur seine Medikamente ein-
nimmt, aufzugeben und eine aktive Rolle bei der Heilung zu übernehmen.

Biofeedback

Die aktive Rolle des Patienten ist beim Biofeedback noch ausgepräg-
ter. Der Kranke wird dabei zum „Therapeuten", der von sich aus
handelt und es lernt, durch die Kraft der Imagination, der Suggesti-

on und der Visualisierung kritische Körperfunktionen zu regeln. Wie das autogene Training aus der Hypnose hervorgegangen ist, so ist das Biofeedback mit dem autogenen Training verwandt. All diese Techniken gehen jedoch auch auf asketische Praktiken alter Kulturen zurück. Angefangen vom alten Ägypten über Indien und Tibet bis zu den christlichen Asketen ist das Ziel immer dasselbe: Es geht darum, den Körper mit der Seele zu beherrschen und ein „inneres Gleichgewicht" und eine kontemplative Dimension zu erlangen. Diese Form der Weisheit entspricht einer „psychischen Dimension, die auf das Göttliche abzielt". Die göttliche Erleuchtung ist allerdings keine zwangsläufige Folge davon.

Biofeedback bedeutet Reaktion auf einen biologischen Vorgang. Die Körpertemperatur, die wir mit dem Thermometer messen, entspricht beispielsweise einer biologischen Antwort. Das Meßgerät gibt uns Informationen über den Zustand im Körperinneren und des Biofeedbacks.

Das Biofeedback selbst ist eine Reaktion, die kein Leiden ändert. Man muß vielmehr lernen, die Reaktion so zu verwenden, daß sich die eigene Gesundheit bessert. Wir haben beim Streß gesehen, wie sich aus der anfänglichen Alarmsituation eine Resistenz entwickelt. Schließlich gibt der Körper langsam nach und gelangt in das dritte Stadium der Erschöpfung mit seinen psychosomatischen Leiden. Diese entstehen somit langsam durch ein dauerndes und unbewußtes, destabilisierendes Training. Das Biofeedback lehrt uns, den umgekehrten Weg zu gehen und mit der Seele auf den Körper einzuwirken, um den Streßerscheinungen Einhalt zu gebieten.

Es gibt viele verschiedene Techniken des Biofeedbacks. Wir wollen hier nur auf die wichtigsten eingehen und auch nur am Rande anmerken, daß geforscht wird, um neue Wege und Anwendungsgebiete zu finden.

Biofeedback der Hauttemperatur

Das Biofeedback der Hauttemperatur hat seinen Ursprung in der zufälligen Entdeckung dreier Forscher der *Menniger Foundation*.

Sie untersuchten an 33 Patientinnen, ob ihre neue Methode die Wirkungen des autogenen Trainings beschleunigen könnte. Sie untersuchten dabei die physische Entspannung mit den bekannten Trainingsformeln und kontrollierten dabei die Auswirkungen (Biofeedback) auf die Herzschlagfrequenz, die Hauttemperatur, die Durchblutung der Hände, den Hautwiderstand und die Atmung. Die Ergebnisse veranlaßten die Forscher, sich im Zusammenhang mit der Migräne auf die Wärmeproduktion der Hände zu konzentrieren.

Durch Zufall erlitt eine Patientin bei zwei Sitzungen einen Migräneanfall. Auslöser war der Streß, weil sie nicht wußte, wie sie die Temperatur der Hände erhöhen sollte. Die Frau wurde aufgefordert, zehn Minuten lang einen einfachen entspannenden Test in einem ruhigen Zimmer durchzuführen. Dabei wurde die Temperatur dauernd gemessen. Gegen Ende des Tests zeigte das Biofeedback der Hauttemperatur eine schnelle Gefäßerweiterung mit einer Temperaturerhöhung um 6 °C in den beiden darauffolgenden Minuten an. In jenem Augenblick verschwand auch die Migräne. So entstand auf der Grundlage der Entspannung ein Verfahren zur Heilung dieser akuten Kopfschmerzen. Die Migränepatienten leiden an wiederholten Verengungen und Erweiterungen der Kapillaren im Kopf. Diese Veränderungen werden durch Streß hervorgerufen. „Gleichzeitig verringert sich auch der Blutzufluß zu den Händen, die dadurch kälter werden. Das Training setzte sich zum Ziel, das Wärmegefühl in den Händen zu steigern, und hat auch Auswirkungen auf die nervösen Zentren des Subkortex. Dabei wird das gesamte Blutgefäßsystem des Körpers ins Gleichgewicht gebracht."[14]

Das Biofeedback der Hauttemperatur wird auch bei hohem Blutdruck, bei Menstruationsbeschwerden und beim Raynaud-Syndrom eingesetzt. Diese Krankheit wird vor allem an den Gliedmaßen deutlich: Durch eine Reihe von Krämpfen werden die Gefäße an den Fingern und seltener die Gefäße an den Zehen verengt. Sie verfärben sich darauf erst weiß und dann bläulich und schmerzen stark. Das Raynaud-Syndrom, benannt nach dem französischen Arzt M. Raynaud (1834–1881), hat seinen Grund im emotionalen Streß und tritt auch nach der Einnahme kalter Getränke auf.

Bekämpfung der Migräne mit Hilfe des Biofeedbacks

Dieses Verfahren beruht auf folgenden Punkten:
1. Die Erhöhung der Hauttemperatur (das heißt das Biofeedback) zeigt, daß sich der Patient entspannt hat. In der Folge fließt mehr Blut durch seine Finger. Dadurch ist die Voraussetzung für einen Rückgang der Kopfschmerzen gelegt.
2. Die Verringerung der Hauttemperatur zeigt, daß die nervöse Spannung zugenommen hat. Durch die Finger fließt weniger Blut, und die Kopfschmerzen gehen nicht zurück.

Eine große Rolle beim Biofeedback spielt auch die Kreativität der Patienten. Durch eigene Emotionen und Gefühle, durch Gedanken und angenehme Phantasien gelingt es ihnen schneller, zu einer Entspannung zu kommen.

Ein einfaches Instrument, auf dessen Bau ich gleich eingehen werde, zeigt dabei an, in welchem Maß der Patient sich entspannen kann. Wenn man damit feststellt, daß die Temperatur steigt, bedeutet dies, daß eine Entspannung erfolgt ist. Man sollte dabei versuchen, den Geisteszustand zu reproduzieren, der dem Temperaturanstieg entspricht.

Mit viel Übung wird es dem Leser gelingen, seine Spannungen unter Kontrolle zu halten. Es gibt viele Techniken, um zur Entspannung zu gelangen. Wir wollen hier nur einige wenige aufzählen, wobei jedermann seiner Phantasie freien Lauf lassen kann. Man kann zum Beispiel:
a) sich selbst durch Suggestion beeinflussen und dabei Formeln des autogenen Trainings verwenden, etwa „Ich habe warme Hände", „Ich bin entspannt",
b) sich an bereits erlebte befriedigende und entspannende Situationen erinnern,
c) mit Hilfe der Phantasie Szenen und Landschaften visualisieren und somit gedachte Dinge intensiv erleben.

Mit Hilfe der Visualisierung erreicht man positive Reaktionen, weil sich der Körper dem anzupassen versucht, was der Geist denkt. Zwei Forscher erinnern dabei an eine sehr kreative Schülerin. In ihrer

Phantasie stellte sie sich den Kolben des Thermometers als Möhrenstrauß vor und die Blutzellen als Kaninchen, die den Arm entlangwanderten, um die Möhren zu fressen. In der Folge stieg die Temperatur der Hand steil an (Danskin und Crow).

Man kann sich auch vorstellen, die Hand in einen Eimer mit warmem Wasser oder über eine Flamme zu halten. Andere stellen sich eine beruhigende Umgebung vor, zum Beispiel einen idyllischen Wald. Sie genießen den kühlen Wind, der durch die Blätter streicht, die Sonne, die durch das Laub auf den Boden fällt, sie denken an Vogelgezwitscher und an die Stille. Andere sehen in ihrem geistigen Auge das Meer mit Wellen, die sich leicht kräuseln. Möwen berühren mit ihren Flügeln die Wasseroberfläche, und der Himmel verfärbt sich bei Sonnenuntergang.

Einer der häufigsten Irrtümer besteht darin, dem Körper die Temperaturerhöhung oder die Entspannung befehlen zu wollen. Nur die Suggestion ist wirksam. Man muß sich nur etwas vorstellen, und läßt dann den Körper reagieren.

Um das bereits erwähnte Instrument zu bauen, geht man folgendermaßen vor: Man beschafft sich ein Haushaltsthermometer und löst es aus seiner Halterung. Dann fixiert man mit einem Klebeband den Kolben auf einer Fingerbeere. Viel wirksamer ist natürlich ein digitales Thermometer, das nur wenig Geld kostet und das sogar hundertstel Grade registriert.

Man darf den Daumen nach dem Fixieren des Thermometers nicht auf den entsprechenden Finger legen, denn dadurch würde ein Temperaturanstieg meßbar, der nicht auf das Biofeedback zurückgeht. Das Thermometer zeigt nach ungefähr 30 Sekunden die Temperatur des Fingers an, nehmen wir 24 °C an. Nun beginnt man sich zu entspannen; das Thermometer zeigt jede körperliche Veränderung an. Man kann selbst darauf reagieren und lernt es, seine körperlichen Reaktionen zu steuern. Man ist selbst ein aktiver Teil der Therapie.

Vielleicht sind noch folgende Ratschläge zu beherzigen:
a) Es ist wichtig, daß man die Temperaturregelung mit Hilfe des Thermometers zu Zeiten lernt, in denen man *nicht* unter Migräne leidet.
b) Wenn man die Technik beherrscht und die Temperatur steuern

kann, geht man zu Übungen ohne Thermometer über. Man braucht dazu nur einige Minuten Zeit pro Tag – vielleicht am frühen Morgen vor dem Aufstehen. Dabei wendet man die gelernten mentalen, emotionalen und physischen Strategien an und baut sie weiter aus.

c) Wenn man diese Übungen mehrmals täglich durchführt, haben sie bereits eine präventive Wirkung. Durch die Entspannung können sich keine großen Spannungen mehr aufbauen. Am Ende erreichen sie nicht mehr jene kritische Grenze, jenseits deren die Migräne explosionsartig einsetzt.

Auf dem Weg, den wir bis zum eigentlichen Thema dieses Buches zurücklegen, möchte ich einen Hinweis auf das Handauflegen bei Migräne nicht unterlassen. Wenn es bei Patienten zur Entspannung führt, setzt es wahrscheinlich dieselben Mechanismen wie beim Biofeedback in Gang. Der Grund dafür, daß das Handauflegen bei bestimmten Patienten als Entspannungstherapie wirksam ist, kann wohl intuitiv erahnt werden. Man denke dabei an die enorme „Macht" der Psyche über den Körper, die wir in den vorangangenen Kapiteln kennengelernt haben.

Wir werden später sehen, daß bei einer Tiefensuggestion und bei unbewußter psychischer Kommunikation die zwischenmenschliche Beziehung eine bedeutsame Rolle spielt. Der Therapeut tritt dabei als eine archetypische Figur in Erscheinung.

Biofeedback der Muskelspannung

Muskeln ziehen sich auf elektrische Impulse hin zusammen. Wenn diese Reize zu den Nervenendungen gelangen, lösen sie die Kontraktion aus. Eine höhere elektrische Aktivität entspricht auch einer höheren Muskelspannung. Geht die elektrische Aktivität zurück, so entspannt sich auch der Muskel.

Die elektrischen Impulse sind sehr gering und liegen in der Größenordnung von Mikrovolt, das heißt von millionstel Volt. Im Vergleich dazu funktioniert eine Glühlampe bei 230 Volt.

Die elektrische Aktivität der Muskeln kann man mit Hilfe von

Elektroden nachweisen, die auf die Haut gelegt werden. Der Elektromyograph (EMG) zeichnet dann die Spannungsschwankungen auf. Mit seiner Hilfe kann man den Muskeltonus mit dem Willen steuern lernen. Übergroße Muskelspannung ist die Ursache zahlreicher psychosomatischer Beschwerden.

Das Ziel dieser Art Biofeedback ist die Entspannung der Muskeln. Am leichtesten kann man mit der Streckmuskulatur für Handwurzel und Finger zwischen Kontraktion und Erschlaffung abwechseln, indem man nämlich die Faust ballt und wieder öffnet. Das Biofeedback und somit die Reaktion kann wie folgt aussehen:

- Es ist visueller Art, weil man auf einer Skala die Anzahl der Mikrovolt ablesen kann (1–20 Mikrovolt für tiefe Entspannung, während bei der Rehabilitationsmedizin auch Stromstöße von mehreren hundert Mikrovolt zur Anwendung kommen). Das visuelle Signal kann auch aus einer Lichtanzeige bestehen, von der man den Grad der Spannung beziehungsweise der Entspannung ablesen kann.
- Es ist akustischer Natur in Form eines dauernden Tons, der bei der Spannungszunahme ebenfalls schneller wird.

Diese Art des Biofeedbacks findet bei Spannungskopfschmerzen Verwendung. Die Schmerzen werden von der dauernden Kontraktion der Hals- und Kopfmuskeln verursacht. Die ersten, die dieses Biofeedback-Verfahren bei solchen Störungen anwandten, waren Forscher der *Medical School* der Universität von Colorado. Weitere Anwendungsbereiche sind Angstzustände und Phobien. Positive Ergebnisse konnten Mediziner auch bei Schlaflosigkeit, Bruxismus, Dauer der Wehen, Stottern, Rehabilitation der Muskeln nach Lähmungen, Asthma, Glaukom, Medikamenten- und Drogenabhängigkeit, hyperaktiven Kindern und Ticks erzielen.

Biofeedback der Hirnstromwellen

Eine dritte Form des Biofeedbacks läßt sich mit dem Elektroenzephalographen (EEG) überprüfen. Der Patient beeinflußt dabei seine Hirnstromwellen und will mit ihrer Hilfe zu einer tiefen Entspannung kommen. Auf dem Kopf verteilte Elektroden nehmen die winzigen elektrischen Impulse der vielen Milliarden Nervenzellen des Gehirns wahr. Dabei treten Wellen deutlich zutage, die Hans Berger erstmals 1924 entdeckte. Heute unterscheidet man vier Hirnstromwellen:

1. Die Betawellen überwiegen im aktiven Wachzustand. Die Aufmerksamkeit ist nach außen gerichtet – durchaus auch mit einer Komponente der Angst. Solche Wellen entstehen, wenn man zum Beispiel das Fernsehprogramm betrachtet oder einem Vortrag zuhört.
2. Die Alphawellen sind ein Anzeichen für Entspannung. Sie treten dann auf, wenn man die Augen schließt. Dabei ist allerdings zu bemerken, daß ungefähr zehn Prozent aller Menschen keine Alphawellen produzieren, auch wenn sie die Augen schließen. Ungefähr zehn Prozent aller Menschen bringen Alphawellen auch bei geöffneten Augen hervor.
3. Thetawellen zeigen sich beim Einschlafen und beim Tiefschlaf. Sie sind auch typisch für die kurzen Träume vor dem Einschlafen. Die Fähigkeit, Hirnstromwellen zu produzieren, die zwischen den Alpha- und den Thetawellen liegen, ist offensichtlich günstig für die Intuition und die Kreativität. Anscheinend erleichtert dieser Bewußtseinszustand auch das Entstehen paranormaler Phänomene.
4. Die Deltawellen treten im allgemeinen im traumlosen Tiefschlaf auf. Wenn der Patient jedoch träumt, produziert er Betawellen, die für den Wachzustand typisch sind.

Im Jahr 1958 entdeckte der Psychologe Joe Kamiya, daß man nach einer Stunde Training mit 60prozentigem Erfolg Alpha- oder Betawellen erzeugen kann. Bei zweistündigem Training steigt die Erfolgswahrscheinlichkeit auf 75 bis 80 Prozent.

Die Forscherin Barbara Brown entwickelte eine Apparatur, bei der farbige Lichter angingen, wenn die entsprechenden Hirnstromwellen eintrafen. Den Versuchspersonen gelang es, das Aufleuchten der verschiedenen Farben zu provozieren. Dies bedeutet, daß es möglich ist, die Impulse des Gehirns mit Hilfe mentaler Zustände zu steuern. Das Biofeedback anhand des Elektroenzephalographen wurde verwendet, um herauszufinden, welche Hirnstromwellen bestimmten Zuständen oder Verhaltensweisen wie etwa physischen und mentalen Störungen entsprechen. Auf experimenteller Grundlage konnte man damit Epilepsie und Angstzustände behandeln.

Man nimmt an, daß das EEG-Biofeedback bei Untersuchungen über die Kreativität und das Lernverhalten eine Rolle spielen könnte. Anscheinend führen bei hochkreativen Menschen Bilder und Symbole, die im Halbschlaf spontan auftreten, zu Intuitionen, wie Probleme zu lösen sind, mit denen sich diese Menschen seit längerer Zeit beschäftigen (Green und Walters).

Meditation

Wirkliche Meditation ist heute wegen der weitverbreiteten Konsumhaltung, die auch im religiösen Bereich um sich gegriffen hat, ziemlich selten. Was manche östlich angehauchten professionellen Heilsbringer als Meditation bezeichnen, hat mit den philosophischen Wurzeln dieser Techniken kaum etwas gemein.

Die Meditation zielt zunächst auf ein psychosomatisches Gleichgewicht und dann auf eine veränderte Beziehung zum gesamten Universum ab. Sie will schließlich zur Verschmelzung des eigenen Ichs (Bewußtsein) mit dem Selbst (Fülle und Bewußtsein des Lebens) führen und verwendet dazu Techniken, die zwischen dem Biofeedback und der Selbsthypnose angesiedelt sind. Das Training dazu dauert ein ganzes Leben. Die Ergebnisse, die Yogis und Zen-Jünger durch unermüdliches Training erreichen, haben dabei aber nichts Wunderbares an sich. Es handelt sich um eine Manifestation des Glaubens an das Transzendentale. Durch Mechanismen, die nicht mehr unbekannt, aber dennoch stets außergewöhnlich sind, kommt es zu Ereignissen, welche die westliche Medizin in Erstaunen versetzen, weil sie weiter in ihrem pharmakologischen Mythos gefangen bleibt.

So hat bei einem medizinischen Kongreß ein hinduistischer Heiliger mit seinem Penis eine Schüssel Wasser in sich aufgesaugt, was nach der westlichen Auffassung der Anatomie und Physiologie des menschlichen Körpers völlig unmöglich ist. Der Yogi Ramanand kann – stets unter medizinischer Kontrolle – seinen Sauerstoffbedarf nach Belieben drosseln. Der Yogi Swami Rama hat bei einem Besuch der *Menniger Foundation* gelernt, welche Töne den Hirnstromwellen entsprechen. Innerhalb weniger Minuten konnte er 70 Prozent Alphawellen erzeugen, indem er an einen blauen Himmel dachte. Sofort danach gelang es ihm, 75 Prozent Thetawellen zu produzieren, indem er den bewußten Teil der Seele blockierte und sein Unbewußtes nach oben treiben ließ.

Das Gebet als Therapie

Spirituelle und psychologische Seele

Das Gebet hat zwei Komponenten – eine göttliche und eine psychosuggestive –, die sich aber nicht voneinander trennen lassen, weil die erste Ausdruck der spirituellen Seele, die zweite Ausdruck der psychologischen Seele ist.

Diese beiden Komponenten bilden meines Erachtens ein untrennbares Ganzes, in dessen Zentrum die spirituelle Seele als Essenz und als göttlicher Funke existiert. Sie nimmt an den psycho-physiologischen Prozessen *nicht* teil, sondern wirft ihr Licht auf die psychologische Seele. Diese ist die Protagonistin der existentiellen Erfahrungen und leidet somit unter den Folgen der „psychologischen Traumen", der „Dramen des Wahnsinns", der „unbewußten Konflikte", der „seltsamen psychokinetischen Erscheinungen". Sie ist verantwortlich für die psychischen Krankheitszustände.

Ich halte die Psyche des Menschen bei der Geburt für ein formbares primitives Unbewußtes, die Trägerin einer genetischen Prägung, die gleichzeitig von Archetypen beeinflußt wird. Diese Psyche findet ihre Ausrichtung im Licht der gemachten Erfahrungen. Die psychologische Seele ist am Ende des Lebens die Hülle, welche die spirituelle Seele umgibt, wenn sie sich vor das Angesicht Gottes begibt. Deswegen ist die spirituelle Seele der göttliche Aspekt der psychologischen Seele.

Gebet

Das an Gott gerichtete Gebet um psychophysische Gesundheit eines Kranken ist ein Glaubensakt. Man kann es als Ergebung in den Willen Gottes („Dein Wille geschehe") oder als Bitte um Genesung formulieren.

Die Ergebung in den Willen Gottes ist eine Form der wohlwollenden Liebe, weil der Betende dabei alles akzeptiert, auch Leiden und Tod. In Wirklichkeit handelt es sich um eine Hingabe seiner selbst. Ein solches Gebet spendet viel Trost, weil sich der Gläubige in Übereinstimmung mit Gott befindet und selbst das Angebot Christi wiederholt: „Abba, Vater, alles ist dir möglich. Nimm diesen Kelch von mir! Aber nicht, was ich will, sondern was du willst (soll geschehen)" (Markus 14, 36). Der Kranke gelangt psychisch in einen hohen Zustand des Bewußtseins, der Meditation und der Reflexion und sieht vor sich die eigene Auslöschung. Er akzeptiert sie, empfindet Freude darüber, fühlt sich als Teil des Unendlichen und als Opfer in Übereinstimmung mit den Archetypen, die Gott in seiner Weisheit in der Schöpfung verstreut hat, damit der Mensch die Erfahrung der Selbstaufopferung zur eigenen spirituellen Reinigung machen kann. Die Augenblicke, in denen man solche Zustände erreicht, sind nur von kurzer Dauer. Sie treten vielleicht vor einem wichtigen chirurgischen Eingriff auf – vielleicht nach langen und durchaus nicht angstfreien Monaten der Vorbereitung und des Nachdenkens. Der nichtgläubige Leser möge nicht in den Irrtum verfallen, dieses als Ausdruck eines unvernünftigen Masochismus zu betrachten.

Es handelt sich vielmehr um eine hochtherapeutische Dimension, weil sich der Kranke in seinem Innersten als Protagonist fühlt und unbewußte dynamische Prozesse in Gang setzt, die ihm zu einer anhaltenden inneren Heiterkeit verhelfen. Die Hingabe und das Vertrauen wirken tröstend.

Die Hingabe oder Selbstaufopferung ist nicht masochistisch geprägt, sondern wirkt befreiend, weil sie aus einem mächtigen Willen hervorgeht. Es geht um eine andere Einstellung zum Überlebensinstinkt. In einem strikt spirituellen Sinne ist das Gebet als Hingabe göttlichen Ursprungs, weil es in Übereinstimmung mit unserem tiefsten Selbst erfolgt. In der Verschmelzung zwischen dem Hohen (Gott) und dem Niedrigen (Mensch) finden wir die universelle Harmonie des Lebens und der Ewigkeit. Tatsächlich öffnet dieses psychisch-spirituelle Erleben die Tür zum Göttlichen.

Die Bitte um Genesung ist Ausdruck einer begehrenden Liebe, das heißt jener Beziehung zu Gott, die eine Antwort voraussetzt, ein Ergebnis in Form der Heilung. Hier wird ein „magischer Gott" erlebt, der heilt und dem man dafür etwas geben muß, nämlich das Gebet. Einen magischen Gott gibt es aber nicht. Christus ist für unsere spirituelle Erlösung gekommen. Der Mensch tut sich schwer, den Unterschied zwischen Göttlichem und Magischem oder Okkultem zu begreifen. Das Göttliche ist für die Ewigkeit und umfaßt unsere gesamte Existenz. Das Okkulte oder das Magische findet sich in den Naturgesetzen, das heißt in jener teilweise noch unbekannten Dynamik des Unbewußten, in der Gott die Strukturen für die Selbstheilung des Menschen niedergelegt hat.

Gott hat durch den Mechanismus des Glaubens ein Naturgesetz vorgesehen, das seinen Sitz in unbewußten Prozessen hat und das für den Nutzen des Menschen da ist. Je stärker der „Auslöser" des Glaubens, um so stärker sind auch die Reaktionen des Unbewußten und die Mechanismen der Wechselwirkung zwischen Psyche und Energie.

Gott muß nicht jedesmal eingreifen; er trifft keine Unterscheidung, indem er die Heilung des einen begünstigt und den anderen bestraft und ihn mit Krankheit schlägt. Gott ist nicht einmal gut und einmal schlecht oder ungerecht. Zu einer solchen Auffassung kann man nur kommen, wenn man die Göttlichkeit auf eine magische Weise auffaßt. Gott hat dem Menschen die volle Verantwortung überlassen und ihm psychophysische Gesetze gegeben, die er entdecken kann, um daraus Nutzen zu ziehen. Wenn sich der Mensch in den geeigneten „spirituellen" Zustand versetzt, kann er sich selbst un den anderen helfen.

Das Gebet des einzelnen oder einer Gemeinschaft ist eine spirituelle Kraft, die nach sehr genauen unbewußten Mechanismen funktioniert und wunderbare Heilungen vollbringt. Wenn wir das Gebet als Therapieform auffassen, so schmälern wir damit keinesfalls den Sinn des Gebets als Akt der Kommunikation mit Gott. Im Gegen-

teil: Die Heiligkeit des Gebets in diesem Sinn wird angesichts seiner doppelten Bedeutung zu einer noch tieferen Vereinigung mit Gott. Dieses doppelte Geschenk besteht aus
– dem göttlichen Aspekt des Gebets, der uns mit dem Ewigen in Kontakt bringt;
– dem therapeutischen Aspekt des Gebets, der uns in Kontakt mit noch ungeklärten Naturgesetzen bringt. Diese entsprechen einem existentiellen Auslöser des Glaubens mit teilweise unbekannten Mechanismen.

Die „Macht" des Körpers über die Seele

Wir haben bisher die „Macht" der Seele über den Körper behandelt und gesehen, daß das autogene Training, das Biofeedback, die Meditation und das Gebet heilend und ausgleichend wirken können. Wir werden auch die Funktion der „psychischen Integration" bei den Heilungsprozessen im privaten wie im kollektiven Rahmen noch besser kennenlernen. Wir haben gesehen, wie die Seele auch destabilisierend wirkend kann, etwa durch Streß, Angst und neurotische Brüche zwischen Innenleben und Außenwelt. Dieses führt zu Störungen, Symptomen und Krankheiten. Nach und nach kristallisiert die Seele ihre Störungen symbolisch in einem bestimmten Körperteil. In bestimmten Konfliktsituationen kann zur Psychotherapie – also zur Therapie psychischer Störungen mit Hilfe einer besonderen Technik, die auf der Beziehung zwischen Therapeut und Patient beruht – auch eine Physiotherapie zum Beispiel mit Massagen treten. Damit setzt man den Körper als Mittler ein und sendet der Seele symbolisch gemeinte Signale. Die Seele entschlüsselt diese Symbole, so daß die Symptome schließlich verschwinden.

Ein Beispiel dafür ist das „Spiel", das Therapeuten Paare durchführen lassen, die in unbewußter Opposition zueinander verharren und die eine verbale Kommunikation wenig nutzen.

Die beiden Personen sitzen sich gegenüber und legen ihre Handflächen aufeinander. Die eine führt und die andere folgt ihr, dann vertauscht man die Rollen. Die beiden Personen sollen ihre Gefühle sofort beschreiben. Besonders in Konfliktsituationen ist diese simple Übung ein einfacher Weg, um die Blockierung der Kommunikation aufzuheben.[15]

In der Familie enthüllt dieses „Spiel" von Anfang an, ob zwischen den verschiedenen Angehörigen Schwierigkeiten in der zwischenmenschlichen Kommunikation bestehen. Das „Spiel", das zunächst ohne Worte auskommt, macht von einer archaischeren Kommunikationsform Gebrauch: Durch den Kontakt der Hände werden authentische Gefühle ausgelöst. Die Berührung der beiden Handflächen bedeutet ein Treffen auf halbem Weg. Man drückt dabei das Interesse für den anderen aus; es ist ein Dialog. Man nimmt einen Gesprächsfaden auf, der vor langer Zeit zerrissen ist, und hofft, daß dieser Faden wieder zum Gespräch führt.

Die „Macht" des Körpers über die Seele zeigt sich auch bei der Bioenergetik. Diese Therapieform lehrt, daß seelischen Spannungen auch körperliche Spannungen entsprechen. Wenn man nun die körperlichen Spannungen durch Atemtherapie und besondere Übungen löst, hat dies auch unmittelbar Auswirkungen auf die Seele. Die Bioenergetik versucht also, Energieblockaden aufzulösen.

Von einem ähnlichen Gedanken gehen auch die mechanischen Techniken von Jacobson aus. Der Patient soll einen bestimmten Muskel kontrahieren und damit unter Spannung setzen. Dann erfolgen Erschlaffung und Entspannung. Diese Methode beruht auf der Beobachtung, daß ängstliche Menschen gewisse Muskeln besonders kontrahieren – so hat man vor kurzem entdeckt, daß Angstzustände zu Skoliose führen können, weil bei den Patienten einige Muskeln stärker kontrahiert sind als andere. Die Erschlaffung des Muskels ist ein der Angst entgegengesetztes Signal. Dieses somatische Signal wirkt nach und nach, so daß auch die Angst verschwindet. Der Patient soll dabei die Entspannungssituation auch zu Hause häufig wiederholen. Auch in diesem Fall wirkt der Körper auf die Seele ein.

Physischer Kontakt ist wichtig für den Menschen. Dafür gibt es unzählige Beispiele. Das Fehlen einer körperlichen Beziehung zwischen Mutter und Neugeborenem in den ersten Monaten seines Lebens kann zum Tode führen (R. Spitz). Mangel an physischem Kontakt und den damit verbundenen Lustgefühlen in einer bestimmten, entscheidend wichtigen Periode ist einer der Hauptgründe für menschliche Gewalttätigkeit (J. Prescott). Auch bei den Tieren ist dieses Bedürfnis zu finden: Wenn Affenjunge die Wahl haben zwischen einer Ersatzmutter aus Draht mit einem Schnuller und einer Ersatzmutter aus Plüsch ohne Schnuller, entscheiden sie sich immer für die zweite Mutter (Harlow).

Die Beziehung zwischen dem Therapeuten und dem Patienten

„Der Arzt, der Geld verdienen will, der Arzt, der den Ruhm sucht, und der Arzt, der Gutes tun will, können ohne Unterschied gute oder schlechte Mediziner sein. Alle drei sind gleichermaßen echte Ärzte, sofern sie dazu noch ein gewisses Etwas aufzuweisen haben."[16] Dieses Etwas ist die Zuneigung, die Sympathie, die Aufmerksamkeit, die Anteilnahme am Leid des Nächsten. „Die gesamte Medizin ist ein Akt der Liebe", sagte Paracelsus in der ersten Hälfte des 16. Jahrhunderts. Heute bietet die Medizin mehr Heilmittel an als Mitmenschlichkeit.

Samuel Hahnemann vertrieb 1789 die Kranken aus seinem Wartezimmer und rief: „Ich heile nicht mehr, ich kann die Menschen nicht mehr heilen: Was tu ich bloß?" So schloß er seine angesehene Praxis in Dresden und begründete die Homöopathie.

Die wahre Medizin setzt eine zwischenmenschliche Beziehung zum Patienten voraus; sie ist die entscheidende therapeutische Kraft.

Wer ist ein Therapeut? Es ist ein Mensch, der zuhören, verstehen, Hinweise geben und somit heilen kann. Er hört dem Patienten zu, der sich von Spannungen befreit und dem Arzt die eigene Krankheit auf die Schultern legt. Dieser kann die für die Heilung günstigsten Bedingungen schaffen. Vor allem bei Patienten mit funktionellen, bereits chronisch gewordenen Symptomen geben das Zuhören und die Teilnahme dem Kranken ein Gefühl der Sicherheit. In diesen Fällen ist es gar nicht so wichtig, was der Arzt nun verschreibt, seien es Schmerzmittel oder neue Tests; wichtiger ist vielmehr seine Präsenz und sein Interesse.

Er versteht den Patienten, der unbewußt im Arzt auch bereits die Medizin, den Heiler, eine Vaterfigur, einen Wundertäter sieht. Der Patient sagt: „Dieser Arzt versteht mich." Für kranke Menschen, die in ihrer Umgebung nur Ablehnung erfahren, bedeutet dies viel.

Er gibt Hinweise und deckt mit dem Patienten Zusammenhänge auf. Ein altes chinesisches Sprichwort sagt: „Wenn du einem Armen begegnest, schenke ihm keinen Fisch, sondern zeig ihm, wie man fischt." Der heutige Patient zeigt keine Geduld mehr und kann den natürlichen Verlauf einer Krankheit nicht mehr abwarten. Er weiß nicht, wie er mit dem Leiden umgehen soll. Er will ein Heilmittel, „damit es ihm sofort wieder gutgeht". Die Wurzel dieser aufgezwungenen Konsumhaltung bilden wirtschaftliche Interessen, die mit der Gesundheit nichts zu tun haben.

„Wie für die alten Griechen die Medizin die Kunst der guten Lebensführung war", erklärt der Medizinhistoriker Mirko Grmek, „so entwickelt sich heute die ganzheitliche Medizin, die den ‚Arzt' vor allem als Berater bei allen körperlichen und geistigen Betätigungen betrachtet, langsam zur wahren Medizin der Zukunft."

Wenn der Arzt zuhören, verstehen und Hinweise geben kann, ist er ein wahrer Therapeut, und das Heilmittel, das er verschreibt, hat dadurch größeren Wert. Der Therapeut wird somit selbst zur heilenden Medizin. Der Therapeut, der einstige Medizinmann, weiß, daß jeder Mensch Krankheit auf eine andere Art erfährt. Doch hinter diesen Manifestationen steht eine psychophysische Einheit, die stets auf eine zwischenmenschliche Beziehung reagiert, welche sich auf Liebe und Anteilnahme gründet. Viele Menschen jedoch, die im Gesundheitswesen arbeiten, sind nur wenig erfolgreiche Therapeuten, selbst wenn ihre technische Ausbildung nichts zu wünschen übrigläßt. Manche sind für den Beruf des Therapeuten völlig ungeeignet.

Vielleicht muß man zunächst einmal geduldig sein, wenn man den Beruf des Therapeuten erlernen will.

„So hatte er sich eingebürgert als einer der Ärzte, die Leidensgenossen derjenigen sind, deren Aufenthalt sie überwachen; die nicht, von der Krankheit unabhängig, sie aus dem freien Stande persönlicher Intaktheit bekämpfen, sondern selber ihr Zeichen tragen – ein eigentümlicher, aber durchaus nicht vereinzelter Fall, der ohne Zweifel seine Vorzüge wie sein Bedenkliches hat", schreibt Thomas Mann in seinem Roman „Der Zauberberg".[17]

Die Aura der wissenschaftlich-technischen Ausbildung verflüchtigt sich in wenigen Augenblicken, und der Kranke fühlt sich nur noch allein gelassen, wenn er das Desinteresse des Arztes und der Krankenschwestern spürt. Damit verliert das Heilmittel einen Teil seiner „magischen" Kraft. Das Heilmittel besitzt im allgemeinen eine ihm innewohnende Heilkraft, wenn es gut dargereicht wird. Unter Professionalität, mit der dies geschehen soll, verstehen wir nicht nur trockenes wissenschaftliches Wissen, sondern auch die Kunst der Begleitung eines Kranken.

Der ungarische Arzt Michael Balint lehrte, daß der Arzt, der ein Heilmittel ausgibt, *selbst* eine Medizin darstellt. Sind der Arzt oder auch die Krankenschwestern gar keine echten Therapeuten, so haben die Heilmittel auch nur begrenzte Wirkung und werden nur zu einem notwendigen Übel, an dem man mangels Besserem festhält.

Auch müssen wir annehmen, daß nur wenige Heilmittel von sich aus ihre Wirkung entfalten. Sehr viele Mittel hingegen wirken nur als Placebos. Daraus geht deutlich hervor, daß der Arzt das wahre Heilmittel darstellt. Er kann als „Heiler" wirksam sein, auch ohne seine Hände aufzulegen. Die entscheidende Frage ist: Will der Arzt selbst Heiler sein, oder hat er diese Rolle an das Heilmittel abgetreten?

Der Arzt sollte nie vergessen, daß der Ursprung seines Berufs in der priesterlichen Tradition der antiken Religionen auf magischer Grundlage liegt. Der Arzt, der als Therapeut wissenschaftliche Ausbildung und das Charisma des Heilers vereint, ist ein „wahrer Magier". Er ist ein „Medizinmann", der die verborgene Angst vor der Krankheit beherrscht und die archetypische Figur der Mutter sowie des mächtigen Vaters verkörpert.

„Die Heilung läßt sich nicht auf einen einfachen materiellen und biochemischen Prozeß reduzieren ... Sie ist von psychologischen, psychophysischen, parapsychischen und paraphysischen Elementen durchdrungen und wird von ihnen bestimmt."[18] Folglich ist der Arzt auch immer „Heiler, in dem die Menschen den ursprünglichen Magier, den Zauberer sehen – in gewissen Fällen sogar den Therapeuten im ursprünglichen, heiligen Wortsinn".[19]

Psychosomatische Krankheiten und Handauflegen

Durch die Ausführungen in diesem und in den vorhergehenden Kapiteln haben wir ein Bild von den Ursprüngen der Krankheiten gewonnen. Dabei geht es vor allem auch um Krankheiten, die nicht von einem fremden Etwas wie Bakterien und Viren, sondern auch von uns selbst ausgelöst werden. Wenn uns unbewußte Konflikte quälen, die zu einer Disharmonie des Lebens führen, und wenn wir aufgrund unserer psychophysischen Konstitution für die Ereignisse des Lebens nur negative, destabilisierende und irritierende Interpretationen bereithalten, so wirkt unsere Seele auf den Körper ein. Die dauernden physiologischen Reaktionen beeinflussen den Hypothalamus und führen zu psychosomatischen Schädigungen.

Auch organische Erkrankungen wie Magengeschwüre oder Infektionskrankheiten wie die Tuberkulose und sogar Tumoren können eine psychosomatische Komponente aufweisen. Ob sich der Streß nun auf den empfindlichsten Teil unseres Organismus konzentriert oder ob er unser Immunsystem destabilisiert, jede Krankheit hat ihren Ursprung in uns selbst. Von diesem Gesichtspunkt aus betrachtet, verliert sie ihre eherne Unausweichlichkeit, die sie durch die Auffassung von einem „fremden Etwas" angenommen hat. Krankheit hat somit auch etwas damit zu tun, wie wir unser Innenleben gestalten.

Die Krankheit – das gilt nur in sehr eingeschränktem Maß für die Infektionskrankheiten – entspricht einer Wahrscheinlichkeit, die immer näher heranrückt, wenn sich die zwischenmenschlichen Beziehungen, die Umweltbedingungen und die Beziehungen zum eigenen Ich verschlechtern.

Noch in der ersten Hälfte unseres Jahrhunderts stellten Infektionskrankheiten die häufigste Todesursache dar, zum Beispiel Lungenentzündung, Grippe (Influenza), Tuberkulose, Kinderlähmung, Scharlach, Masern und Mumps. Durch Impfungen, Antibiotika und andere Heilmittel gelang es schließlich, dieser ansteckenden Krankheiten Herr zu werden. Abgesehen davon, daß diese Krankheiten durch Resistenzbildung wieder vermehrt auftreten und auch neue Infektionskrankheiten wie Aids entstanden sind, spielen heutzutage als Todesursachen degenerative und streßbedingte Krankheiten die Hauptrolle. Die Art der medizinischen Behandlung hat sich dieser Entwicklung aber nicht angepaßt, und da man Störungen wie Herzanfällen, Bluthochdruck, Magengeschwüren, Schlaflosigkeit, Asthma, Spannungskopfschmerzen nicht mit irgendwelchen Mitteln zuvorkommen kann, nehmen solche Leiden und auch Todesfälle aus Gründen zu, die dem Menschen innewohnen.

Als Maßnahmen dagegen empfehlen sich das autogene Training, das Yoga und das Biofeedback, die ein Gleichgewicht zwischen Körper und Seele suchen, aber die aktive Beteiligung des Patienten beim Heilungsprozeß voraussetzen. Das Handauflegen hingegen versetzt den Patienten in eine passive Haltung, in die einer magischen Erwartung. Die Mechanismen, über die das Handauflegen wirksam wird, appellieren an das Unbewußte. Wir werden in den folgenden Kapiteln darauf zurückkommen.

Das Handauflegen als Therapie, die aber nicht den Arztbesuch ersetzt oder eine ärztliche Diagnose, ist wirksam gegen psychosomatische Symptome wie gegen Störungen, die organischer Natur zu sein scheinen, weil sie nach den heutigen wissenschaftlichen Kenntnissen als solche definiert werden. Wer kann aber genau eine Grenze ziehen, wo die psychosomatische Krankheit endet und die organische Krankheit beginnt? Nach all dem, was wir in den bisherigen Kapiteln erfahren haben, müssen einem ernsthafte Zweifel kommen. Es steht fest, daß auch bei den sogenannten „organischen" Erkrankungen psychosomatische Komponenten auftreten, die bisweilen allerdings schwer auszumachen sind.

Man muß sich auch des Risikos bewußt sein, das man läuft, wenn man das Symptom Schmerz behandelt, während es doch das Alarmsignal eines unbewußten Konflikts darstellt. Ein Arzt, der Schmerzen sofort mit Heilmitteln bekämpft, kann zwei unerwarteten Reaktionen gegenüberstehen: der Therapieresistenz des Symptoms oder der Umwandlung des Symptoms in andere Symptome. Dies geschieht, wenn die Störung selbst innere Konflikte beheben soll und aus diesem Grund nicht einfach annulliert werden darf.

Verbale und unbewußte Kommunikation

Die zwischenmenschliche Kommunikation

Wenn ich mit einem anderen Menschen spreche und ihm etwas mit Worten, die für mich einen ganz bestimmten Sinn haben, mitteile, so gehe ich davon aus, daß der andere mich versteht. Das Wort erfüllt somit eine präzise Funktion in der verbalen Kommunikation. Wörter können abstrakte Konzepte oder konkrete Gegenstände bedeuten. Sie übermitteln Bedeutungen oder besser Beziehungen, die ich mit dem betreffenden Objekt oder Konzept habe.

Die Hochkulturen haben das logische Denken entwickelt. Es abstrahiert von der intimen Bedeutung, die ein Wort für eine Person aufweisen kann. Das Wort „Feuer" beispielsweise kann an Wärme, Angst oder Gewalt erinnern. Im logischen Denken entspricht das Wort „Feuer" einer Aufeinanderfolge von Buchstaben oder einer Lautfolge. Es stellt dabei nur noch die äußere Vorstellung des Feuers ohne Interpretation und seelische Beteiligung dar. Wörter sind also wie Behälter, die wir mit einer Bedeutung füllen, und diese Bedeutung schwankt von Mensch zu Mensch.

Wenn wir einem anderen Menschen den Satz „Ich liebe das Feuer" sagen, so können wir uns die drei Satzbestandteile „Ich", „liebe" und „das Feuer" als drei leere Behälter vorstellen, die auf einem Fließband vom Absender zum Empfänger wandern. Die drei Satzbestandteile sind sozusagen „aseptische" (keimfreie) Anhäufungen von Buchstaben oder Lauten; im Geist des Absenders jedoch nehmen sie ganz bestimmte Färbungen an.

Der Satzbestandteil „Ich" kann verschiedene Färbungen annehmen und zum Beispiel Macht oder Selbstbestätigung mit ausdrücken. Es sind auch negative Färbungen möglich, je nachdem, in welchem Verhältnis das betreffende Individuum zu sich selbst steht und wie es seine Beziehungen zu den anderen sieht und erlebt. Das Wort „Liebe" kann je nach den Umständen auch Selbsthingabe, Besitz, Wunsch oder Beherrschung ausdrücken. Beim Wort „Feuer" können wir an Gewalt, Gefahr, Reinigung, Wärme, Sicherheit und Leben denken. Dies alles befindet sich in der Psyche, in der Summe der Lebenserfahrungen des Absenders, der diesen Satz „Ich liebe das Feuer" sagt. Jeder Absender füllt die „leeren Behälter" mit seinen eigenen besonderen Färbungen.

So kann die simple Botschaft „Ich liebe das Feuer" zum Beispiel die folgenden Bedeutungen annehmen:
– Göttliche Macht: Ich (mächtig) beherrsche die Macht.
– Herausforderung: Ich (mächtig) beherrsche die Angst.
– Mystisch: Ich (sublimiert) gebe mich hin der Reinigung.
– Sinnlich: Ich (versklavt) gebe mich hin der Wärme des Lebens.
– Sinnlich: Ich (mächtig) besitze die Wärme des Lebens.
Und so weiter.

Auf der anderen Seite kennt der Empfänger die Bedeutungen nicht, welche der Absender in die „leeren Behälter" gepackt hat und damit seinen Worten zuschreibt. Der Empfänger muß die Botschaft somit entschlüsseln. Dabei benutzt er alle Bedeutungen, die er diesen Behältern und damit den Wörtern zuschreibt. Seine Bedeutungen stimmen mit seinem eigenen psychischen Erleben überein und können sich mit den Bedeutungen, die der Absender unterlegt hat, nur teilweise überlappen.

   Hier entwickelt sich die Dynamik der zwischenmenschlichen Beziehung; sie besteht aus zahlreichen Elementen, aus Mimik und Gestik, aus Blicken und Tonhöhen. Vor allem mit Hilfe der Hyperästhesie kann man auch die kleinsten Signale auffangen und entschlüsseln. Bei dieser Dynamik treten auch oft Faktoren einer unbewußten Kommunikation auf, die von der Parapsychologie studiert werden. Die klassische Wissenschaft von den Zeichen und der Kommunikation, die Semiotik oder Semiologie, die vom Schweizer Ferdinand de Saussure und vom Amerikaner Charles Sanders Pierce begründet wurde, zieht diese hingegen nicht in Betracht.

SCHEMA EINER SEMIOTISCHEN KOMMUNIKATION

ABSENDER → **WORTE DER BOTSCHAFT** → **EMPFÄNGER**

(Ich liebe das Feuer)

In der Folge möchte ich das harte, aber verborgene Fundament der menschlichen Kommunikation erläutern. Es bildet die Grundlage für den „okkulten" Mechanismus des Handauflegens sowie anderer Therapien, bei denen die zwischenmenschliche Beziehung eine vorherrschende Rolle spielt.

Die unbewußten Grundlagen der zwischenmenschlichen Kommunikation

Wir haben gesehen, daß Wörter leere Behälter sind, die wir mit einer Bedeutung füllen; dabei schreiben wir ihnen auch unbewußte Bedeutungen zu. Diese entstanden langsam im Denken unserer Vorfahren, die noch keine logische Sprache besaßen. Sie beluden die Wörter mit „emotionalen" Bedeutungen, die dazu beitrugen, die entsprechenden Archetypen im kollektiven Unterbewußten zu bilden (Archetyp des Feuers, des Vaters und so weiter). Dieses kollektive Unbewußte beeinflußt unser heutiges Unbewußtes. Die emotionalen Bedeutungen der Wörter gehören zum Kulturgut, das über die Generationen hinweg weitergereicht wird.

Im magischen Denken der Stammeskulturen ist das Wort das emotionale Kondensat jener Eigenschaften, die dem betreffenden Objekt zugeschrieben werden. Es dient als Vehikel der unbewußten zwischenmenschlichen Kommunikation. Für das magische Denken ist das Wort nicht eine formale äußerliche Darstellung, die sich vom Objekt deutlich unterscheidet, das es repräsentiert (wie beim logischen Denken), sondern es besitzt in sich eine „Macht" und bestimmte Fähigkeiten. Wort und Gegenstand sind also voneinander nicht scharf getrennt.

Das Wort „Feuer" beispielsweise hatte für den frühen Menschen eine magische Kraft inne, weil es ihn vor dem Angriff wilder Tiere schützte. Das Feuer verlieh ihm Sicherheit, weil er mit dessen Hilfe seine Angst vor Verletzungen und vor dem Tod durch wilde Tiere beherrschen konnte. Das Wort „Feuer" war stellvertretend für die emotionalen Zustände, die von der Angst vor den wilden Tieren zur Sicherheit, zur Macht, zur Göttlichkeit des Menschen reichten, der diese magische Macht innehatte. Diese verschiedenen Bedeutungen waren im Wort „Feuer" kondensiert. Aus dieser frühen Zeit, aus dem Okkulten, aus dem Archetyp stammt bis auf den heutigen Tag eine der Bedeutungen dieses Wortes.

Daneben hat das Wort „Feuer" noch weitere Bedeutungsinhalte. Seit Jahrtausenden tritt das Feuer auch als Zerstörer von Wäldern, Häusern, Dörfern und Städten auf. Das reinigende Feuer hat seine magischen Wurzeln in den Ritualen, bei denen man Leichen verbrannte und Ansteckungen vermeiden wollte.

Die bewußte zwischenmenschliche Kommunikation ist schwierig, weil bei den verwendeten Wörtern Bedeutungen mitschwingen, die sich im Lauf der Jahrtausende herausgebildet haben. Diese „archetypischen Projektionen", die zum Beispiel Macht, Gefahr oder Reinigung zum Ausdruck bringen, treffen auf die persönlichen Erfahrungen des Individuums mit dem Feuer, und diese Erfahrungen verstärken diese Archetypen oder widersprechen ihnen. Wenn der Sprecher schon einmal eine schwere Verbrennung davongetragen hat, wird der Archetyp des Feuers als Gefahr dadurch verstärkt. Folglich wird in der bewußten zwischenmenschlichen Kommunikation das Wort „Feuer" mit tiefen persönlichen emotionalen Bedeutungen beladen, die man okkult nennen könnte. Die betreffende Person kann zum Beispiel gegenüber dem Konzept des Feuers und ähnlichen Konzepten eine Verdrängung zeigen. Sie kann somit dazu neigen, der Vorstellung des Feuers aggressive Bedeutungen zu unterlegen. Es kann auch sein, daß die negative Erfahrung nicht verdrängt, sondern emotionalisiert wird. Angesichts des Wortes „Feuer" überwiegen dann Bedeutungen, die der Angst und der Panik nahestehen. Jedenfalls verändert sich auch hier die kommunikative Dynamik.

Die zwischenmenschliche Kommunikation ist durch die Überschneidung aller persönlichen Erfahrungen und der Archetypen so stark strukturiert, daß man sehr wohl behaupten kann, eine Kommunikation sei prinzipiell unmöglich. Die Konzepte und Vorstellungen, die ein Mensch mitteilen will, kann sein Gesprächspartner nicht so leicht verstehen, weil seine Summe der Lebenserfahrungen eine ganz andere ist. Deswegen ist eine Entschlüsselung notwendig, hilfreich und sinnvoll. Wenn eine Person, die durch eine schwere Verbrennung eine Verstärkung des Archetyps Feuer (= Gefahr) erlebt hat, als Absender dieses Wort verwendet, so steht dahinter ein ganz anderes Konzept, als wenn der Empfänger sein ganzes bisheriges Leben vor einem wärmenden Kaminfeuer verbracht hat und mit dem Feuer völlig vertraut ist. Es kann keine Wörter geben, die archetypische Projektionen *und* die Summe der eigenen Lebenserfahrung enthalten. Es ist unmöglich, die eigene Art des Seins mit Wörtern auszudrücken.

Das Modell der unbewußten zwischenmenschlichen Kommunikation

Wahrnehmung und Hyperästhesie

„Die Wahrnehmung ist der grundlegende Vorgang, mit dem der Mensch Informationen aus seiner Lebensweise und über seine Lebensweise aufnimmt und mit dessen Hilfe er Beziehungen zur Außenwelt unterhält."[1] Die Wahrnehmung oder Perzeption hat eine Mittlerfunktion zwischen dem Individuum und seiner Umwelt. Die Wahrnehmung wird von zahlreichen Faktoren bestimmt. Bemerkenswert in diesem Zusammenhang ist eine besonders scharf ausgebildete Wahrnehmung, die wir auch Hyperästhesie nennen. Sie hat nichts mit Paranormalität zu tun. Hyperästhesie ist die Erscheinung, daß gewisse Menschen winzige, anderen Menschen nicht mehr zugängliche Signale mit ihren Sinnen wahrnehmen können, das heißt mit dem Gesichtssinn, dem Gehör, dem Geruchssinn oder dem Tastsinn.

Manche Menschen verfeinern im Zusammenhang mit ihrem Beruf ihre Sinne. Man weiß etwa, daß manche Seeleute Schiffe in weitester Ferne wahrnehmen können. Maler sehen Farbschattierungen, die Menschen mit anderen Berufen verborgen bleiben. Zauberkünstler haben die Hyperästhesie des Tastsinnes aufs höchste entwickelt. Sie können mit meist einfachen, aber natürlich geheimen Tricks die erstaunlichsten Dinge tun. Eine Hyperästhesie bildet sich auch unter bestimmten Umweltbedingungen und kulturellen Bedingungen heraus. Jäger und Sammler haben eine an das Wunderbare grenzende Fähigkeit, Tiere und Pflanzen mit den Augen, den Ohren und der Nase aufzuspüren.

Auch körperliche Behinderungen wie Blindheit oder Taubstummheit begünstigen die Entwicklung einer Hyperästhesie. Blinde Menschen hören und riechen oft vorzüglich und haben einen hochentwickelten Tastsinn. Deswegen können sie sich oft erstaunlich gut zurechtfinden und auch kompliziertere Arbeiten verrichten. Taubstumme haben eine Hyperästhesie des Gesichtssinnes entwickelt und können die Sprache von den Lippen ihrer Mitmenschen ablesen.

Eine solche Empfindsamkeit entwickelt man ebenso bei veränderten Bewußtseinszuständen, die bisweilen auch in von außen nicht erkennbarer Form beim Handauflegen auftreten können. Bekanntgeworden sind zum Beispiel Entspannungen und Selbsthypnosen bei Personen mit einer bestimmten Veranlagung dazu.

Beim Handauflegen erleichtert die Hyperästhesie die zwischenmenschliche Beziehung: Durch Mimik, Gestik, durch Blicke und einen bestimmten Tonfall kommen emotionale Komponenten der Beziehung zum Ausdruck; sie stellen die Essenz der Teilnahme und des Zuhörens dar. Ganz konkret gesagt: Der Therapeut, der sich wirklich für das Leiden seines Patienten interessiert, hört ihm zu. Er hat keine Eile, sondern unendliche Geduld und fühlt sich in das Problem hinein, ohne sich hineinziehen zu lassen. Er tut das, wozu der Arzt normalerweise keine Zeit hat und was hingegen die Aufgabe des Psychotherapeuten ist.

Es gibt noch ein weiteres Element der Wahrnehmung, das die Psychologie und die Wissenschaft von der Kommunikation, die Semiotik, gar nicht in Betracht ziehen. Es ist die psychische Integration.

Die psychische Integration als Faktor der unbewußten Kommunikation

Die psychische Integration tritt gelegentlich bei einer hochmotivierten zwischenmenschlichen Kommunikation auf. Dabei öffnet die betreffende Person alle ihre unbewußten Kanäle für die Wahrnehmung. Ich bin der Ansicht, daß es sich dabei um die erste Stufe paranormaler Phänomene handelt. Es ist eine Art psychischer Gemeinschaft, bei welcher die beiden Teilnehmer ihr psychisches „Erbe" und ihre Erfahrungen zusammenlegen. Aus der Untersuchung konkreter Fälle psychischer Integration konnte der Autor drei grundlegende Regeln ableiten:

1. Die Erscheinung ist normalerweise nur zeitweiliger Natur und erfordert die Präsenz beider Personen in nächster Nähe.
2. Die psychische Integration tritt in unterschiedlichen Graden der Intensität auf. Dadurch unterscheiden sich die Ergebnisse auch in qualitativer wie quantitativer Hinsicht. Entscheidend dafür ist die Intensität des existentiellen Auslösers sowie weiterer, bisher noch unbekannter Parameter, die meiner Meinung nach mit der Persönlichkeit und archetypischen Faktoren in Zusammenhang stehen.
3. In der Beziehung zwischen zwei Menschen oder innerhalb einer Gruppe gibt es stets einen Anführer oder Leader, der unbewußt seine Suggestionen diktiert, die für den anderen oder die anderen zu „Gewißheiten" werden.

Viele Parameter dieser Erscheinung sind noch unbekannt. Trotzdem steht die Existenz der psychischen Integration außer Zweifel. Klare Fälle sind zu beobachten bei parapsychologischen Experimenten, bisweilen bei psychoanalytischen Situationen, spiritistischen Experimenten, bei der Hypnose und bei gewissen familiären und klinischen Situationen während der Kindheit. Es geht dabei immer um „existentielle Auslöser" eines originären, unbewußten Impulses (siehe Seite 55).

Die psychische Integration tritt in mehreren Situationen auf, die man wie folgt gliedern kann:

a) *Parapsychologische Experimente.* Es wurde darauf hingewiesen, daß die Feindseligkeit des Experimentators oder seine persönlichen Sorgen, die zu einer Ablenkung vom Experiment führten, schließlich negative Ergebnisse zeitigten (Sharp und Clark). C. B. Nash entdeckte, daß die negative oder positive persönliche Haltung des Experimentators gegenüber den Probanden – in diesem Fall ging es darum, Meinungen über dieselben zu äußern – zu Ergebnissen führte, die mit der geäußerten Meinung übereinstimmten. Praktisch gesehen kam es zu einer zeitweiligen psychischen Integration, bei welcher der Experimentator Teil des Experiments wird. Daraus ergibt sich die Schwierigkeit, Experimente mit qualitativ wie quantitativ konstanten Ergebnissen zu wiederholen. Professor Servadio weist in diesem Zusammenhang hin auf „unterschwellige Bindungen und Zwischenglieder zwischen den Menschen: echte Gemeinschaften, die vielleicht nur kurze Zeit dauern, aber die eine transpersonale psychologische Phänomenologie zum Ausdruck bringen".[2]

b) *Situationen während der Psychoanalyse.* Dabei gibt es „eine Art konstante Möglichkeit, daß im Verhältnis zwischen Psychoanalytiker und Patient während einer Behandlung viele parapsychologische Phänomene auftreten können, unserer Aufmerksamkeit aber entgehen".[3] Professor Servadio zufolge entsprechen diese Phänomene, die ihren Sitz im Unbewußten haben, „wahrscheinlich der Erweiterung oder Intensivierung eines Phänomens, das bei den zwischenmenschlichen Beziehungen andauernd geschieht. Diese Beziehungen müssen aber sehr intensiv sein und ein starkes Bedürfnis nach Kommunikation, eine psychische Regression zu zunehmend irrationalen und emotionalen Ebenen hin sowie Frustrationen, die man überwinden möchte, auslösen."[4]

c) *Spiritistische Experimente.* Eine psychische Integration mit unterschiedlichen Intensitätsgraden zeigt sich oft bei paranormalen Experimenten. Die größtmögliche Integration wird bei Sitzungen mit einem Medium erreicht – wo im Zusammenhang damit ein weiteres Phänomen zu beobachten ist: die psychische Dissoziation des unbewußten Ichs des Mediums bei der Schaffung einer fiktiven Persönlichkeit, des sogenannten Geists des Verstorbenen, für den „Autonomie" und „Intelligenz" typische Merkmale sind. – Diese Integration wird von einem pseudoreligiösen Fanatismus begünstigt, wie er typisch ist für spiritistische Zirkel. Der Spiritismus ist eine soziale Erscheinung vor einem parareligiösen Hintergrund mit zahlreichen Komponenten. Aber ausgerechnet die „Geister", die dabei gerufen werden, existieren nicht als irdische Manifestation – dafür existiert die ewige spirituelle Seele als Geschenk Gottes. Die vermeintlichen „Geister", die als Leader auftreten, sind Früchte des „kreativen Talents" der psychischen Integration. Dabei verbindet sich das Unbewußte des Mediums mit dem Unbewußten der Teilnehmer der spiritistischen Sitzung. In diesem Zusammenhang tritt die Rolle des Anführers oder Leaders, das heißt des Mediums, ganz besonders hervor. Es steuert die Dynamik der psychischen Integration. Wissenschaftlich betrachtet besteht der Spiritismus darin, daß er eine Verbindung schafft zwischen dem Unbewußten der einzelnen Teilnehmer. Das Medium gibt dabei auf mündlichem oder schriftlichem Wege Informationen preis, die im Geist eines anderen Sitzungsteilnehmers verschlossen lagen und vielleicht sogar in Vergessenheit geraten waren.

d) Die *Hypnose* ist ein veränderter Bewußtseinszustand. Wie schon gesagt, handelt es sich um die Konvention zwischen zwei Personen, von denen die eine die psychischen Suggestionen der anderen akzeptiert. Ich möchte hier die Meinung von Professor Franco Granone anführen, eines Neurologen an der Universität Turin, dessen Studien entscheidend dazu beitrugen, daß die Hypnose Eingang fand in die klinische Praxis:

„Unabhängig vom Willen zur Übermittlung eines Gedankens bin ich in diesem letzten Jahrzehnt zahlreichen Menschen begegnet, die in der Hypnose die Fähigkeit zeigten, mentale Bilder wahrzunehmen, an die ich intensiv dachte. Dabei spielte ein telepathischer Wahrnehmungsfaktor des Patienten eine Rolle und nicht so sehr mein Wille, ihm ein bestimmtes Bild zu übermitteln. Tatsächlich orientierte ich die Gedanken dieser Patienten mit Worten in eine andere Richtung als die, welche ich selber dachte."[5]

Professor F. Granone suggerierte bei Patienten, die er zur Selbsthypnose führen wollte, zum Beispiel eine Routineübung. Sie bestand in der Visualisierung einer großen Uhr, wie man sie auf Bahnhöfen sieht. Die Zeiger waren so eingestellt, daß der Patient zu dieser Zeit aus der selbst induzierten Trance aufwachen sollte.

Um sich das Bild einer Uhr jedoch besser vorstellen zu können, dachte Professor F. Granone an den Big Ben im Turm des Parlamentsgebäudes in London, den er schon mehrere Male gesehen hatte. Beim Wiedererwachen von der Selbsthypnose, die mit seiner anfänglichen Hilfe induziert wurde, sagten ihm zahlreiche Patienten: „Wissen Sie, Herr Professor, wenn Sie sagen, man solle sich eine große Uhr vorstellen, so denke ich an den Big Ben in London. Kennen Sie ihn? Waren Sie jemals in London?"[6]

Professor Granone berichtet, er habe im Lauf seiner Therapien Hunderte von Experimenten, bei denen es um beabsichtigte Telepathie unter hypnotischer Suggestion ging, durchgeführt und neben einigen Erfolgen viele Mißerfolge gehabt. Als es ihm aber gar nicht darum ging, eine telepathische Antwort zu bekommen, trat sie plötzlich auf. Das ist typisch für paranormale Phänomene, die stets an einen mächtigen existentiellen Auslöser gebunden sind, so daß sie einen unbewußten Impuls erzeugen. Dieser beruht im allgemeinen auf Interesse, Angst, Affinität oder Konflikt. Auf dieser Basis entsteht eine „psychische Gemeinsamkeit", die ich als psychische Integration bezeichne und die eine Form der „bedingten Telepathie" darstellt – bedingt deswegen, weil sie die Präsenz der betroffenen Personen in derselben Umgebung voraussetzt. Bei der Hypnose wird auch die Figur des Leaders (Therapeut) deutlich.

e) In bestimmten familiären und klinischen Situationen der Kindheit kann man *psychische Integrationen* beobachten, wie die folgenden überprüften Fälle zeigen.

Der Fall der Ilga K. von Trapene in Litauen wurde ursprünglich von Dr. Neureiter untersucht, einem Dozenten für Gerichtsmedizin an der Universität Riga, danach von deutschen Spezialisten. Schließlich ernannte das Bildungsministerium eine Kommission aus Psychiatern, Psychologen, Physikern und Phonetikern. Ihr Vorsitzender war Dr. Dale, der Leiter des Labors für experimentelle Psychologie an der Universität Riga.

Ilga war geistig zurückgeblieben. Als sie acht Jahre alt war, sprach sie wie ein Kind mit zwei Jahren. Sie kannte Ziffern und Buchstaben, konnte sie aber nicht zusammenfügen. Mit neun Jahren las Ilga jedoch beliebige Stücke aus beliebigen Sprachen und löste mathematische Probleme, sofern ihre Mutter dabei war und mit ihrem Geist dieselben Stücke las und über die Lösung des Problems nachdachte. Auch wenn Mutter und Tochter durch eine Tür getrennt waren, konnte man das Phänomen beobachten. Nur einmal war die Mutter im Senderaum des Rigaer Radios isoliert, und das Kind rief ihr zu, obwohl es sie durch das Fenster sah: „Ich höre nichts." Die Kleine hatte aber ein vollkommen normales Gehör, wie ärztliche Untersuchungen zeigten.

Die medizinische Kommission stellte verschiedene Hypothesen darüber auf, daß die Mutter „unwillkürliche Murmelgeräusche" von sich gegeben habe, welche die Umstehenden nicht wahrnehmen konnten. Die Ärzte stellten fest, daß das Kind sofort zu sprechen begann, sobald die Mutter die Lippen beim Lesen bewegte.

Eine zweite Kommission widmete sich dann der Frage, warum das Kind auch etwas aufnahm, wenn die Mutter nur nachdachte. Sie kam zum Schluß, das das „Murmeln" im Körperinnern stattfand, das heißt in den Stimmbändern und im Sprechorgan. Auch Telepathie wurde in Betracht gezogen, doch die Spezialisten waren der Meinung, daß sie sich nur gelegentlich zeigen würde.

Ich schließe eine reine Telepathie aus, weil diese eine bestimmte Entfernung unbedingt voraussetzt. Die Kommission zog meines Erachtens aber nicht die Möglichkeit einer psychischen Integration in Betracht, das heißt die Möglichkeit, daß sich zeitweilig zwischen Mutter und Tochter eine Art „geistige Kommunikation" bildete. Die Tochter hätte dann wie ein Parasit die Ideen der Mutter aufnehmen können. Sie hätte dabei nicht auf ihre eigene Individualität verzichten müssen, obwohl sie andererseits intellektuell sehr beschränkt war. Die Tatsache, daß Ilga einmal zur Mutter sagte: „Ich höre nichts", könnte bedeuten, daß das Gehör auf geistiger Ebene als Mittel diente, um die Gedanken der Mutter anzuzapfen.

Auch der kleine Ludwig, der in den medizinischen Fakultäten der Universitäten Paris und Angers untersucht wurde, konnte nur lesen, wenn er die Gedanken seiner Mutter erriet. Das Phänomen zeigte sich nicht bei Entfernung, so daß es sich nicht um reine Telepathie handeln konnte.

Man mußte schließlich den Jungen von der Mutter trennen, damit er normal aufwachsen konnte.

Auch beim Fall des elfjährigen, geistig zurückgebliebenen Bo ver-
hielt es sich ähnlich. Das Kind wiederholte spontan Wörter und
Zahlen, welche die Mutter gerade dachte. Bo konnte einfache
Tests nicht schaffen, wußte aber alle Antworten und konnte jedes
Problem lösen, wenn es auch die Mutter konnte und sie in der
Nähe war. Allein gelassen war Bo zu nichts imstande.

Die psychische Integration zwischen Mutter und Kind

Bei der klinischen Untersuchung frühkindlicher Störungen fällt oft
eine enge Verbindung zwischen Ängsten und emotionalen Störungen der Mutter und den psychosomatischen Symptomen des Kindes
auf. Mehrere Autoren haben versucht, eine Erklärung für diese einzigartige Beziehung zu finden.

R. Spitz entwickelte ein theoretisches Modell für das „System
Mutter-Kind", für das er den Begriff der Dyade schuf. Das Kind
wird dabei nicht als eine selbständige Einheit, sondern als *Teil* des gesamten Systems Mutter-Kind betrachtet. Die emotionalen Störungen des Säuglings sind somit ein Symptom der gestörten Funktion
der gesamten Dyade.

M. Soulé interpretierte die Beziehung zwischen Mutter und Kind
im Rahmen der Kommunikationstheorie, die paranormale Erscheinungen nicht in Betracht zieht. Sender und Empfänger müssen dabei
nicht Worte, sondern Signale und Symbole verschlüsseln und entschlüsseln. Spitz zufolge geschieht die Kommunikation mit Hilfe
kinästhetischer Rezeptoren, die Lage, Spannung, Temperatur und
Bewegungen der Muskeln wahrnehmen. Diese Signale werden vom
Erwachsenen bewußt nicht mehr wahrgenommen, da ihm andere
Sinne zur Verfügung stehen. Spitz stellt die Hypothese auf, daß die
Mutter während der Schwangerschaft und der Zeit unmittelbar danach unbewußt diese verlorene Wahrnehmung wiederbelebt. Ihr
Kind würde dann durch seine kinästhetischen Rezeptoren direkt mit
ihrem Unbewußten Kontakt aufnehmen.

In diesem Zusammenhang möchte ich an einen klinischen Fall erinnern, den Juan Manzano vom Institut für Psychiatrie an der Universität Genf bekanntgemacht hat.

„Frau F. war eine junge Italienerin, die sich in großer Angst zur Sprechstunde einfand, weil ihr zweieinhalbjähriges Kind seit der Geburt nach jeder Mahlzeit wieder Nahrung von sich gab. Die Krankenschwestern allerdings beteuerten, daß die Gewichtszunahme und die allgemeine Entwicklung absolut normal verlaufen würden. Trotzdem wuchs die Angst der Mutter von Tag zu Tag, und dasselbe galt für das Erbrechen des Säuglings. Die Mutter war ernsthaft um das Leben ihres Kindes besorgt.

Als der Psychiater Frau F. zum erstenmal sah, spürte er unmittelbar eine nichtverbale Bitte um Hilfe mit deutlich manifester Hoffnung."[7]

Die Frau erzählt, daß ihr älterer Bruder drei Monate vor der Geburt des Kindes gestorben sei. Er hatte Darmkrebs, verströmte deswegen einen starken Fäulnisgeruch und litt unter ekelerregendem Aufstoßen. Als die Frau den Zustand ihres Bruders sah, erlitt sie ein derart intensives Trauma, daß sie die Besinnung verlor. Sie sah ihren Bruder nicht mehr, weil er einige Tage darauf starb. Sie nahm auch am Begräbnis nicht teil, obwohl sie ihn sehr geliebt hatte, und weinte nicht um ihn.

Während sie die Geschichte ihres Bruders erzählte, begann ihr Kind „überraschenderweise" sich zu erbrechen. Der Psychiater lenkte die Aufmerksamkeit der Frau einfach auf die Tatsache, daß ihr Bruder sich erbrechen mußte „wie ihr Kind". Juan Manzano fährt fort: „Nach einem Augenblick starker affektiver Spannung hatten wir den Eindruck, daß diese Assoziation auf sie wie eine plötzliche Enthüllung wirkte. Von jenem Augenblick an haben wir uns auf eine Teilnahme an ihrem Schmerz beschränkt, ihr Fragen über ihren Bruder und über ihr gemeinsames Leben gestellt und über den Verlust gesprochen, den der Tod des Bruders für sie darstellte."[8]

Die Frau weinte bei jenen Gesprächen sehr viel. Frau F. mußte dann nach Italien reisen, kehrte aber zur Überraschung des Psychiaters nach einem Monat zurück, um ihm zu danken und von der „großen Veränderung" zu berichten, die in ihr stattgefunden hatte. Obwohl sie Traurigkeit empfand, wenn sie an ihren Bruder dachte, war sie nicht mehr besorgt um ihr Kind, auch wenn sich dieses hie und da erbrach.

Dieser Fall ist insofern einzigartig, als nicht eine beliebige emotionale Störung der Mutter zum Erbrechen des Säuglings führte (in anderen Fällen kommen als Störungen Schlaflosigkeit, Schmerzen und krampfhaftes Schluchzen in Frage), sondern ein präzise umschriebenes Trauma, das die Frau erlitt, als sie das Erbrechen ihres Bruders miterlebte. Dieses Trauma teilte sie ihrem Kind mit.

Meiner Meinung nach kann man auf kinästhetischer Ebene nur Zustände psychischen Unbehagens mitteilen, die beim Kind eine beliebige psychosomatische Störung auslösen. Im zitierten Fall lag jedoch ziemlich klar auf der Hand, daß die Mutter auf ihr Kind noch vor der Geburt das innere Bild eines verwandtschaftlichen „Objekts" (Bruder) projizierte. Diese Projektion paßt zu einer pathologischen Verarbeitung der Trauer, die durch die Verweigerung der Trauer selbst charakterisiert ist.[9]

So entstand eine Dynamik, bei der das Kind den Bruder ersetzte, der somit noch wie am Leben war. Diese Dynamik veränderte sich durch die Interpretation des Psychiaters. Er machte es möglich, daß der Bruder auch für das Unbewußte der Frau endlich sterben konnte. Dies löste die normale Trauer mit Weinen aus. Wenn Spannungen und Zitterbewegungen der Muskeln, Temperatur und Körperhaltung dem Kind die spezifische Botschaft des Aufstoßens oder Erbrechens mitteilen können, so muß man davon ausgehen, daß es ein genetisch im voraus festgelegtes Programm, eine kodifizierte kinästhetische Sprache ähnlich einem Alphabet auf unbewußter Ebene gibt. Es handelt sich dabei um eine Sonderform der Hyperästhesie, das heißt der Fähigkeit des Körpers, unbewußt Botschaften abzusenden und zu empfangen. Im Lichte der gerade behandelten Kasuistik neige ich dazu, die psychosomatischen Phänomene der Dyade zur psychischen Integration zu rechnen.

Der Fall der Frau F. entspricht den drei Regeln, die ich zuvor aufgestellt habe:

1. Das Phänomen spielt sich im selben Ambiente ab, weil Mutter und Kind fast immer beisammen sind.
2. Der existentielle Auslöser besteht in der Beziehung zwischen Mutter und Kind und damit in der Dyade.
3. Die Führerfigur wird von der Mutter verkörpert.

Der Unterschied zwischen den beiden Psychismen – der der Mutter ist bereits strukturiert, während das Kind gerade aus dem Unbewußten heraustritt – sind kein Hindernis für die „psychische Kommunikation", auch weil diese fast sicher auf symbolische Weise erfolgt.

Hätte sich Frau F. zu einem Handaufleger begeben, um das Erbrechen ihres Kindes kurieren zu lassen, so wäre das eigentlich falsch gewesen, weil die Störungen des Kindes von ihr verursacht wurden. Es ist natürlich möglich, daß ein einfühlsamer Handaufleger durch die Erzählung von Frau F. darauf gekommen sein könnte, das Erbrechen des Bruders mit dem des Kindes zu assoziieren. In diesem Fall hätte eine entsprechende Bemerkung dieselben positiven Auswirkungen gehabt wie das Eingreifen des Psychiaters. Wenn wir das alles annehmen, wäre das „Verdienst" der Heilung des Kindes der Macht der Hände zugeschrieben worden, während der Handaufleger doch nur durch eine zufällige Bemerkung psychologisch auf die Mutter eingewirkt hätte.

Diese Bemerkung habe ich nur gemacht, um den Leser darauf einzustimmen, daß es beim Handauflegen wie bei der Magie keine Macht gibt, höchstens einen Auftrag, eine Vollmacht, die über unbewußte Prozesse schließlich therapeutische Wirkungen entfaltet. Gleichzeitig will ich damit aber auch sagen, daß das Handauflegen nur von einer Person ausgeübt werden darf, die einen Heilberuf erlernt hat und insbesondere Bescheid weiß über die Dynamik des Unbewußten.

Die telepathische und die bewußte Kommunikation

Um die telepathische Kommunikation nach den Regeln der Semiotik zu erklären, verwendet Dr. Guido Ferraro zu didaktischen Zwecken das folgende Beispiel.

Ein erstes Subjekt, der „Absender", entscheidet, daß eine andere Person etwas erfährt, das ihr unbekannt, dem Absender aber bekannt ist. Das erste Subjekt tut also nichts anderes, als dem Empfänger eine Idee zu senden.

Dieses Modell für den Prozeß der Kommunikation ist aber zuwenig aussagekräftig. Es ist so stark vereinfacht, daß man es in der Praxis nur auf den Spezialfall der Telepathie anwenden kann. Nur in diesem Fall kann man sich vorstellen, daß die Übermittlung eines Gedankens über Entfernungen hin erfolgt, das heißt die effektive Verschiebung einer Idee von einer Person zu einer anderen.[10]

Dr. Ferraro geht bei seiner Vorstellung von der Telepathie davon aus, daß die empfangene Idee „klar" ist. Das trifft aber nicht zu. Telepathisch empfangene Vorstellungen sind fast nie so klar und deutlich, wie sein Ausdruck „Verschiebung einer Idee" vermuten läßt. Er will damit auch indirekt auf die Schwierigkeit der bewußten Kommunikation hinweisen.

Bei der telepathischen Wahrnehmung gibt es verschiedene Ebenen der Klarheit. Professor Leonida Wasijew, der den Lehrstuhl für Physiologie an der Universität von Sankt Petersburg innehatte, entwarf folgende Klassifikation:

- Erste Ebene: Der Proband hat eine unbestimmte emotionale Empfindung. Er hat das Gefühl, daß etwas geschehen ist, weiß aber nicht wo, wie und wem. Das Gefühl ist aber in den meisten Fällen unangenehm, weil paranormale Erscheinungen bei emotional beladenen, oft mit Gefahren verbundenen Situationen auftreten.
- Zweite Ebene: Die Wahrnehmung ist in besonderem Maße mit einer Person verbunden, an welche der Proband oft denkt. Er weiß, daß mit ihr irgend etwas geschehen ist.
- Dritte Ebene: Der Proband kann die Person ausmachen, mit der etwas geschehen ist, und kennt auch einige Details des Vorfalls. Der Proband gelangt oft in einem Traum auf symbolischem Weg zur Kenntnis der Tatsachen.
- Vierte Ebene: Der Proband erlebt die telepathische Botschaft auf halluzinatorischem Weg und sieht mit eigenen Augen die Bilder dieses Ereignisses.

Diese Klassifikation gilt für die spontane Telepathie. Die experimentelle Telepathie hingegen zielt auf die Übermittlung eines Wortes, einer Zeichnung oder eines Symbols ab. Dieses bewußt über-tragene Material durchläuft über einen originären unbewußten Im-puls die Wege des Unbewußten und tritt filtriert, deformiert oder symbolhaft verändert, aufgesplittert oder kondensiert wieder ans Licht. Für diese Veränderung der Botschaft sind tiefenpsychologi-sche Mechanismen verantwortlich, die eine Interpretation voraus-setzen. Ich will hier nur ein Beispiel anführen: Wenn der Begriff „Fußballspieler" übertragen wird und der Empfänger „Ball" wahr-nimmt, so bedeutet dies, daß eine symbolhafte Verschlüsselung durch den Absender oder den Empfänger stattgefunden hat. Diese Deformation steht mit den persönlichen Erfahrungen der Ver-suchspersonen in engem Zusammenhang. Damit stellt sich auch hier wie in der Semiotik das Problem der Entschlüsselung der Bot-schaft.

Die Telepathie ist also keine „Verschiebung einer Idee", sondern ein Versuch, der je nach der Ebene der Wahrnehmung und der tie-fenpsychologischen Mechanismen mehr oder minder gut gelingt. Das Konzept der „Verschiebung einer Idee" spiegelt die magische Auffassung von der Telepathie wider. Nur Magie könnte eine Idee einfach verschieben. Dies entspräche dem Mythos, aber nicht der Substanz des Paranormalen.

In seinem Artikel spricht Dr. Ferraro insgesamt von drei Kom-munikationsebenen. Die erste ist die Ebene der magischen Auffas-sung von der Telepathie, die wir eben behandelt haben. Dann folgt die Präzisierung: „Einmal abgesehen von einer Hypothese aus dem Reich der Science-fiction wissen wir, daß die telepathische Kommu-nikation heute eine Art Fata Morgana darstellt."[11] Hier tritt mit der Leugnung der Existenz der Telepathie (zweite Ebene der Kommuni-kation) eine Rationalität zutage.

Schließlich schreibt Dr. Ferraro: „Auch wenn sie funktionieren würde, träfe sie nur für einige wenige Personen und unter ganz be-stimmten Umständen zu."[12] Hier zeigt sich eine logische Vermitt-lung zwischen Magie und Rationalität, welche die dritte Kommu-nikationsebene darstellt. Diese Bemerkung von Dr. Ferraro nähert sich stark der Realität, und ich könnte mich seiner Meinung an-schließen, wenn er bei seiner Formulierung nicht den Konditionalis angewandt hätte.

Es trifft zu, daß eine telepathische Kommunikation nur „unter besonderen Bedingungen" und bei einem existentiellen Auslöser und
zwischen „bestimmten Personen" auftritt, die affektiv oder emotional – mit pathologischen Komponenten – miteinander verbunden
sind.

Die Faktoren der Heilung

Der existentielle Auslöser des Glaubens bei physischen Phänomenen im Bereich der Mystik

Laizistische Mystik

Der Mensch kann nicht ohne Glauben leben – mag es nun ein Glaube in menschliche, soziale oder bürgerliche Prinzipien oder der Glaube an Gott sein. Es ist uns nicht gegeben, diese Instanz unseres Lebens zu ignorieren. Eine Unterdrückung würde dazu führen, daß der Sinn des Lebens verlorenginge.

Der Glaube erzeugt bei besonderen existentiellen Situationen und bei einigen Menschen mehr als bei anderen einen besonderen Bewußtseinszustand, den wir hier vereinfachend „mystisch" nennen wollen. Im allgemeinen geht es bei der Mystik um eine zutiefst religiöse Interpretation des Lebens.

Es gibt eine laizistische Mystik, die bürgerliche und heroische Tugenden preist. Wir finden sie zum Beispiel bei den Mitgliedern von Widerstandsbewegungen, die besonders in unserem Jahrhundert gegen Diktaturen kämpften und von ihnen verfolgt wurden. Der Idealismus dieser Menschen grenzt an eine religiöse Vision des Lebens. Sie opferten ihr Leben für die Freiheit ihres Volkes. Im tiefen Unbewußten des Menschen, in seinen archetypischen Konfigurationen, die Gott in seiner Weisheit in die Schöpfung einbrachte, liegen Saiten, die durch tiefe Ungerechtigkeit ins Schwingen geraten. Ein besonderes Zeugnis dafür sind die ergreifenden Briefe der zum Tode verurteilten Widerstandskämpfer in fast allen Ländern Europas.

Diese Archetypen der Wahrheit und Gerechtigkeit können allerdings auch zu Unrecht und zur falschen Zeit zum Schwingen gebracht werden. Das hängt ausschließlich vom äußeren Auslöser ab. Und wenn dieser Auslöser auf der Überzeugung beruht, daß man zerstören und töten muß, um zu Gerechtigkeit zu gelangen, so geht daraus der Terrorismus hervor. Die Archetypen sind dabei irregeleitet, werden instrumentalisiert und führen zum Fanatismus. Dieser stellt die schlimmste Kehrseite des Glaubens dar.

Religiöse Mystik

Die religiöse Mystik führte bei allen Weltreligionen zur Ausbildung von Zentren klösterlichen Lebens mit Meditation und Gebet und zu Gemeinschaften wie etwa der „charismatischen Bewegung". Sie bilden seit jeher einen Anziehungspunkt für jene Gläubigen, die auf der Suche nach einem Zeugnis, einer geistlichen Führung und einem sichtbaren, realen Treffpunkt sind. Der Mystiker und Mönch bündelt seine Aufmerksamkeit, weil er über die Kraft des Verzichts, das Faszinosum der Unbestechlichkeit und das Privileg der Gotteskenntnis verfügt.

Lassen wir das klösterliche Leben beiseite, um uns mit den Gruppen im Innern oder außerhalb der institutionellen Religionen zu befassen, die auf der Suche sind nach dem Zeichen des außergewöhnlichen Ereignisses, das sie dann als „Wunder" interpretieren.

Ich setze voraus, daß der wahre Glaube keine Grenze hat: Er ist total und braucht auch keine „Beweise". Der Mensch kann diesen tiefen Glauben aber nicht zum Ausdruck bringen. Nur gelegentlich gelingt dies, und gelegentlich teilt er diesen Glauben sich selbst und anderen über psychokinetische Erscheinungen mit. Dann geschehen merkwürdige Dinge, die nach meiner Meinung Wundern vergleichbar sind: Es kommt zu spontanen Heilungen, Madonnenbilder weinen, bisweilen auch Blut, es werden Düfte verströmt, heilige Symbole erscheinen auf Gegenständen, auf denen vorher nichts zu sehen war, und so weiter.

Im Evangelium steht: „Wenn euer Glaube auch nur so groß ist wie ein Senfkorn, dann werdet ihr zu diesem Berg sagen: Rück von hier nach dort!, und er wird wegrücken. Nichts wird euch unmöglich sein." (Matthäus 17, 20) Dies ist eine spirituelle Unterweisung: Für sich genommen bedeutet sie, daß der Glaube in all seinen Manifestationen keine Grenzen kennt.

In allen institutionellen Religionen und zu allen Zeiten und auch bei den magischen Religionen der Stammeskulturen traten immer wieder Wunder und Wunderheilungen auf. In vorchristlicher Zeit spielten in England Heilquellen eine große Rolle. Die Druiden pilgerten dorthin, um zu heilen. Jeder Brunnen wurde von einem „Geist" bewacht; wer im Wasser badete, wurde gesund. Nach der Einführung des Christentums bekamen die Brunnen Namen christlicher Heiliger, blieben aber in der lokalen Kultur als magisch-therapeutische Orte weiter bestehen. Der Brunnen von Menacuddle unweit von St. Austel heilte kränkliche Kinder und Magengeschwüre. Die Quelle Dom Well von St. Madron zog bis vor einem Jahrhundert Scharen von Pilgern an, und es wird behauptet, es seien viele geheilt worden, die unter steifen oder schmerzenden Gliedern litten. Die St. Teclas' Well in Denbighshire heilte Epilepsie. Die Holy Well von Dolston in Northumberland hatte den Ruf, die Seele der Pilger zu heilen und sie tugendhaft zu machen.

Bei den Römern weinten Götterstatuen und schwitzten auch Blut. Im Jahr 213 v. Chr. widerfuhr dies der Statue der Juno Sospita. 208 v. Chr. schwitzten vier Statuen beim heutigen Capena Lanuvio in der Nähe des Waldes der Göttin Feronia einen Tag und eine Nacht lang Blut. 167 v. Chr. weinte in Cuma die Apollostatue drei Tage und drei Nächte lang. So berichtet uns jedenfalls Julius Obsequens, einer der letzten heidnischen Schriftsteller, der gegen Ende des 4. Jahrhunderts n. Chr. lebte.

Psychokinetische Ereignisse, bei denen die Seele auf die Materie einwirkt, treten in den unterschiedlichsten Bereichen auf: in der Mystik, in der Magie, im Spiritismus, bei existentiellen Konflikten. Die existentiellen Auslöser für solche Einwirkungen auf die Materie sind wiederum ganz unterschiedlicher Natur, haben aber gemeinsam, daß sie auf unbewußtem Wege solche Phänomene hervorrufen. Eine dieser Manifestationen ist der Poltergeist: Dabei werden Gegenstände an die Wand geschleudert, Glocken oder Telefone läuten, Wasserhähne werden geöffnet, Lampen gehen an, ohne daß jemand auch nur einen Finger rührt. Es entstehen Brände, große Blutflecken zeigen sich, es regnet Steine und Wasser aus dem Nichts und so weiter.

Diese Erscheinungen sind seit Jahrtausenden bekannt und wurden in unserem Jahrhundert wissenschaftlich erforscht. Sie treten immer in Zusammenhang mit jungen, meist heranwachsenden Menschen auf, die sich in einem unbewußten Konflikt mit den Eltern oder den Arbeitgebern befinden. Sie leben ihre Aggressivität durch Einwirkung auf die Materie aus.

Man kennt die psychologischen Motive für diese Erscheinungen, nicht aber die physikalischen Gesetzmäßigkeiten. Es liegt auf der Hand, daß eine Wechselwirkung zwischen der verletzten Psyche des jungen Menschen und der Materie besteht. In diesem Fall ist der existentielle Auslöser der unbewußte Konflikt.

Ganz anders ist der existentielle Auslöser im Bereich des Spiritismus, wo Möbel und kleine Gegenstände verrückt werden, Lichter aufblitzen und wo plötzlich Gerüche zu spüren sind. Hier liegt er im Glauben an die Geister. Die Erscheinung ist aber stets ein Produkt des Menschen auf unbewußter Ebene. Dies gilt auch für die Mystik, wo die weinenden Statuen der alten heidnischen Götter und der christlichen Madonna ein Produkt des Glaubens des Menschen sind. Die physischen Erscheinungen gehen auf Naturgesetze zurück. Da alles auf den Schöpfer zurückzuführen ist, kann man diese Möglichkeit der Herrschaft über die Materie als eine Gelegenheit interpretieren, mit deren Hilfe der Mensch seinen eigenen Glauben beweisen und anderen mitteilen kann.

Man muß keinesfalls bei einem solchen Phänomen gleich an einen direkten Eingriff Gottes denken. Wenn wir dies voraussetzen, müssen wir uns die Frage gefallen lassen, wer dann beim Poltergeist handelt. Irgendwelche spaßhafte Geister, wie etwa der deutsche Name impliziert? Ich brauche wohl nicht mehr weiter zu argumentieren. Der Leser wird selbst den Schluß ziehen, daß diese Ereignisse ihre Wurzeln nur in der Psyche des Menschen (psychologische Seele) haben können.

Bei mystischen Erscheinungen physischer Natur ist es nach meiner Meinung tatsächlich der Glaube selbst, der die Größe Gottes in seiner Schöpfung, dem Menschen, proklamiert. Solche Menschen stehen im Kontakt mit ihrem eigenen tiefen Selbst, das gleichzeitig eine offene Tür zum eigenen göttlichen Ursprung darstellt. Gott steht im Ursprung von allem, und der Mensch hat die Aufgabe, die Naturgesetze zu erforschen, um die Schöpfung besser kennenzulernen.

Es liegt auf der Hand, daß der Mensch je nach Situation psychokinetische Erscheinungen auf unterschiedliche Weise einsetzt. Beim Poltergeist-Phänomen richtet der heranwachsende junge Mensch durch Einwirkung auf die Materie unbewußt einen Hilferuf an die Außenwelt. In magischen und spiritistischen Bereichen macht man von psychokinetischen Erscheinungen Gebrauch, um die eigenen Glaubenssätze zu beweisen. Die Verwendung der Eigenschaften der eigenen Natur steht der moralischen Verantwortung des Menschen, seiner Intelligenz und Kritikfähigkeit zu. Der Glaube ist jedenfalls einer der wichtigsten existentiellen Auslöser paranormaler psychokinetischer Erscheinungen.

Wir haben im Abschnitt über die paranormale Kommunikation gesehen, daß die existentiellen Auslöser die unbewußte Information liefern, die das Wesen des paranormalen Phänomens darstellt. Diese Information tritt an das Licht des Bewußtseins mit Hilfe einer Kommunikation des kognitiven Typs wie der Telepathie oder der Präkognition oder durch Einwirkung auf die Materie, also durch Psychokinese, die aber ebenfalls etwas aussagen will. Bei der Einwirkung auf die Materie bringt das Unbewußte eine Botschaft zum Ausdruck, die ein Produkt der Tiefendynamik darstellt. Diese Botschaft kann „Glauben" bedeuten, wie etwa bei mystischen Ereignissen, oder aber einen Hilferuf – wie beim Poltergeist.

Auch wenn die energetischen Mechanismen noch nicht bekannt sind, mit deren Hilfe die Psyche auf die Materie einwirkt, so steht doch heute fest, daß der Ursprung der psychokinetischen Erscheinungen in der Psyche oder psychologischen Seele zu suchen ist. Die spirituelle Seele (Definition siehe Seite 30) ist immun gegenüber den Verschrobenheiten des Unbewußten.

Wir sind hier auf die Psychokinese eingegangen, um den Mechanismus der Heilung deutlicher darzulegen. Tatsächlich ist das mystische psychokinetische Ereignis Höhepunkt und Grenzfall eines komplexen Kommunikationsprozesses.

Wir werden sehen, daß das Handauflegen ein Teil dieser unbewußten Kommunikation darstellt. Die existentiellen Auslöser sind dabei das Vertrauen und die zwischenmenschliche Beziehung.

In ganz einfachen Worten schließe ich mich hier der Meinung des Engländers E. Maple an: Der Heiler ist mehr oder weniger machtlos, wenn es ihm nicht gelingt, eine Beziehung zum Kranken aufzubauen. Oder anders gesagt: Der Mechanismus der Heilung ist untrennbar mit der Intensität des Glaubens verbunden, den der Heiler zu erwecken vermag.[1]

Mystische und hypnotische Zustände

Die Faktoren der Heilung

Nach diesen Grundlagen zum Verständnis kommen wir nun zum springenden Punkt, dem Mechanismus der Heilung, der im Menschen wirksam wird, weil er aus seiner Tiefe kommt. Er ist beim Handauflegen derselbe wie bei allen anderen Therapien, die ihre Aufmerksamkeit dem Menschen widmen.

Wir haben den Mechanismus der Krankheit untersucht und gesehen, daß ihr wahrer Ursprung im Inneren des Menschen liegt. Das Gleichgewicht der lebenswichtigen Funktionen hängt von den Beziehungen zur Außenwelt, zur Familie, zur Arbeit und auch davon ab, wie sich der Patient im Vergleich zu den anderen Menschen sieht. Es wird weiterhin auch von der Umwelt, den wirtschaftlichen Bedingungen und der persönlichen Selbstverwirklichung beeinflußt. Die Krankheit hängt somit zu einem großen Teil vom Substrat ab, in dem sie sich entwickelt. In diesem Sinn äußert sich auch Louis Pasteur am Ende seines Lebens: „Die Mikrobe bedeutet nichts, das Substrat ist alles." Streß, Angst und neurotische Brüche bereiten das Terrain für die Krankheit vor.

Wir haben auch gesehen, daß gewisse physische Symptome nur durch eine Umwandlung psychischer Konflikte in physische Störungen entstehen und damit einen Versuch zur Selbstheilung darstellen. Autogenes Training, Biofeedback, Meditation und auch Gebet (das auf tiefenpsychologischem Weg auch therapeutische Wirkungen entfalten kann) bestätigen uns, daß der Körper der Psyche, der psychologischen Seele, unterworfen ist. Diese Priorität der Seele wird auch von psychokinetischen mystischen Phänomenen bestätigt, die den höchsten Grad der Wechselbeziehung mit der physischen Welt darstellen. Wer alle diese Dinge versteht, hat schon einen großen Schritt zum Verständnis der Heilungsmechanismen getan.

Dieser Schritt wird zu einem großen Sprung, wenn man auch noch die Faktoren der zwischenmenschlichen Beziehung mitberücksichtigt. In jeder therapeutischen Situation mit einer menschlichen Dimension, wo es also um *mehr* als die einfache Verschreibung eines Heilmittels geht, stellen das Zuhören, das Verstehen und Geben von Hinweisen eine wichtige Etappe auf dem Weg der Heilung dar.

Die zwischenmenschliche Beziehung bedient sich einer Form der bewußten Kommunikation; diese wird von der Semiotik studiert und beruht auf der Verschlüsselung und Entschlüsselung verbaler Botschaften unter Zuhilfenahme auch hyperästhetischer Signale. Unter gewissen Bedingungen ist auch eine Kommunikation durch psychische Integration möglich. Diese hängt von verschiedenen Faktoren ab. Die psychische Integration verleiht der zwischenmenschlichen Beziehung ein besonderes Gewicht und stellt einen zusätzlichen Antrieb zur Selbstheilung dar.

Die Heilungsfaktoren entstehen somit aus der Macht der Seele über den Körper, die von einer zwischenmenschlichen Beziehung aktiviert und in Gang gesetzt wird. Die „Macht der Seele über den Körper" ist etwas mehr als die einfache Suggestion in der herkömmlichen Psychologie. Dort spricht man von einer Suggestion, „wenn ein Individuum eine Idee hat oder eine Meinung übernimmt oder eine Tendenz ausprobiert, ohne sich bewußt zu sein, daß diese Idee, Meinung oder Tendenz ihren Ursprung in einer direkten äußeren Handlung oder in einem fremden Willen hat."[2] Die Ergebnisse des Yogas, der Meditation und des Biofeedbacks widersprechen allerdings dieser Definition, weil bei diesen psychophysischen Therapien die Impulse zur Selbstregelung aus dem Inneren der Person stammen – ganz zu schweigen von den Versuchen einer Selbstheilung des psychischen Konflikts, der sich in einer somatischen Krankheit äußert. Hier fehlt die äußere Suggestion völlig, und an ihre Stelle tritt ein Prozeß der unbewußten Selbstschöpfung. Wir dürfen auch die Krankheit als Sühneleistung nicht vergessen, bei der der Auslöser dafür aus dem tiefen Unbewußten stammt.

Im Grenzfall wird die Hypnose, die ebenfalls eine „äußere Sugge-

stion" darstellt, zu einem „mehr oder minder suggestiven Akt",
wenn der Hypnotiseur ein Bild oder eine Erfahrung verkörpert, welche der Hypnotisierte in seinem eigenen Unbewußten aufbewahrt
und die er somit auf den Hypnotiseur „projiziert", so daß es sozusagen zu einer Spiegelung kommt.

Die Suggestion, die bei diesen Mechanismen wirksam ist, entspricht einer kreativen Autosuggestion.

Das kreative unbewußte Ich beaufsichtigt die psychischen Prozesse, die zu somatischen Spiegelungen führen, und bestimmt die
destabilisierenden wie die heilenden Auswirkungen. So bereitet die
Psyche unter bestimmten Bedingungen das Terrain im Körper für
die Krankheit vor, ebenso wie sie bei anderen den Auslöser für die
Selbstheilung bildet. Das Handauflegen bestimmt oft den Auslöser
der kreativen Autosuggestion, wenn eine gute zwischenmenschliche
Beziehung besteht.

Um diesen Mechanismus der Heilung vollständig klarzulegen,
werden wir auf den folgenden Seiten tiefer auf die Faktoren der Heilung eingehen. Dabei werden wir auch auf die archetypischen Figuren zu sprechen kommen.

Hypnose und Heilung

Den modernen Ursprung der Hypnose als einer suggestiven Therapie muß man Franz Mesmer zuschreiben, der seine Erfolge allerdings als Beweis für die Existenz des Fluidums betrachtete. Die
Hypnose wurde auch verwendet, um eine Krankheit zu „simulie-
ren". Viktor E. Frankl berichtet über das Experiment eines italienischen Forschers, der Freiwillige in Hypnose versetzte und ihnen
suggerierte, sie seien arme Teufel, kleine Angestellte, die von einem
öden Arbeitgeber tyrannisiert würden und die unter dieser Unterdrückung zu leiden hätten. Weil sie aber nichts dagegen unternehmen könnten, müßten sie dies alles schlucken.

Bei einer Untersuchung dieser Versuchspersonen zeigte es sich,
daß ihr Magen voller Luft war. Da sie sich nicht wehren konnten,
hatten sie symbolisch Luft geschluckt. Es liegt auf der Hand, daß
dieser symbolhafte Zustand durch die suggerierte Angstsituation

entstand. Diese führte zu einer Veränderung der Atemfunktionen. Auffallend bleibt aber das Zusammentreffen zwischen dem Luftschlucken und der psychischen Spannung, welche die Versuchspersonen veranlaßte, ihre Wut im übertragenen Sinn zu schlucken.

Die Therapie mit der Hypnose oder Suggestion wird heute zwar durchgeführt, hat aber aus einer Vielzahl von Gründen nur einen beschränkten Anwendungsbereich. Jedenfalls hat sie die magische Aura verloren, die sie einst umgab. Professor Granone zählt in seinem Werk „Trattato di ipnosi"[3] zahlreiche Störungen, Symptome und Krankheiten auf, die er mit Erfolg durch Hypnose heilen konnte. Hier sei der Fall 15 zitiert, eine Psychoneurose vom hysterischen Typ mit unkontrollierbaren Anfällen von Schluckauf; eine Kontrolle drei Jahre nach der hypnotischen Behandlung bestätigte das Fehlen des überaus lästigen Schluckaufs. Ein Patient (Fall 18, Einlieferung mit reaktiver Psychoneurose mit Erbrechen und Kopfschmerzen, Schilddrüsenüberfunktion) wurde nach 20 Tagen mit der Bemerkung „völlig geheilt und wiederhergestellt" entlassen. Eine Kontrolle nach sechs Monaten bewies, daß der Patient weiterhin bei bester Gesundheit war.

Bei einem weiteren Patienten (Fall 19, Psychoneurose mit überwiegend gastrischer Symptomatik) waren die Symptome, im Abstand von acht Monaten betrachtet, dauerhaft zurückgegangen. Beim Fall 20 (neurotisch bedingte Gastritis) war nach acht Monaten eine dauerhafte Besserung eingetreten. Acht Jahre nach der Behandlung zeigte auch der Patient von Fall 27 (Stottern) sehr gute Ergebnisse, wenn auch kein vollständiges Verschwinden seiner Beschwerden.

Hypnotische Suggestion wirkt sich positiv bei der Therapie von Warzen aus. In einer Klinik, in der die Warzen mit Hilfe der Hypnose behandelt wurden, stieg die Erfolgsquote, wenn der behandelnde Arzt in der Klinikhierarchie eine höhere Stellung innehatte (M. Obermayer).

In der Literatur werden auch Erfolge in der Behandlung von Ekzemen, der Schuppen- und Knötchenflechte, der Nesselsucht, der Alopezie (krankhafter Haarausfall) und der Neurodermitis zitiert. Bei Hautkrankheiten sind die Behandlungen jedoch nur symptomatischer Natur und richten sich nicht gegen die eigentliche Ursache der Störung; deswegen sind Rückfälle möglich (L. Chertok).

Mason berichtet 1952 von der spektakulären Heilung in einem Krankenhaus in London. Der Patient war ein Junge, dessen Körper fast vollständig von einer schuppigen Hornschicht bedeckt war. Keine Therapie hatte etwas gebracht, nicht einmal die Verpflanzung gesunder Haut des Patienten. Erfolg beschieden war nur der hypnotischen Suggestion, die bei jeder Sitzung auf einen anderen Körperteil abzielte. Die Summe zahlreicher kleiner Heilerfolge schloß ein zufälliges Geschehen aus und führte schließlich zur Wiederherstellung des Patienten. Die stets positiven Kontrolluntersuchungen wurden viele Jahre lang wiederholt.

In der Kinderheilkunde wird die Hypnose auch bei Bettnässen und verschiedenen anderen Symptomen eingesetzt, etwa bei Lähmungen, Blindheit oder Taubheit. In diesem Zusammenhang sei noch einmal darauf hingewiesen, daß viele Symptome „Sicherheitsventile" darstellen, die man mit Hypnose nicht eliminieren darf, weil sie entweder zurückkehren oder sich in andere Symptome verwandeln. Ein Alarmsignal darf nicht wegtherapiert werden. Statt dessen muß man die Krankheitsursachen beseitigen. Dies kann allerdings versucht werden, wenn der Hypnotiseur auch Psychotherapeut ist und damit fachkundig die beiden Therapieformen miteinander verbinden kann.

Hypnose und Anästhesie

Bei der Anästhesie durch Hypnose hat man gute Resultate erzielt. Sie hebt die Schmerzschwelle an, verringert die Angst, verbessert durch posthypnotische Suggestionen (das heißt Suggestionen mit verzögerter Wirkung) den Heilungsverlauf und die Stimmung des Patienten nach der Operation.

W. Kroger und Sol T. De Lee führten 1957 in der Geburtshilfeklinik der *Chicago Medical School* an der Universität Illinois einen Kaiserschnitt durch und entfernten gleichzeitig die Eierstöcke und die Gebärmutter. Als einziges Anästhetikum setzten sie die Hypnose ein. Die Patientin war während des ganzen Eingriffs bei vollem Bewußtsein (Granone).

Ich will nur noch einige wenige weitere Fälle anführen: Blinddarmoperationen von Professor Tinozzi im *Instituto di Patologia Chirurgica* an der Universität Pavia im Jahr 1957; ähnliche Operationen, durchgeführt 1961 von Dr. Maiocchi in Mailand; eine Leistenbruchoperation von Dr. Galli in Imola; eine Mandeloperation, ausgeführt von Dr. Savini 1961 in Crevalcore (Cassoli). L. Chertok berichtet über operative Eröffnungen der Bauchdecke, über Entfernungen der weiblichen Brust und der Schilddrüse unter Hypnose.

Die Hypnose ist somit eine Suggestion, mit deren Hilfe man den Schmerz besiegen kann. Das beweist auch ein interessanter Zwischenfall: Irrtümlicherweise hielt ein Patient von Professor Granone in hypnotisiertem Zustand seine Hand über eine Kerze. Der Patient merkte dies nicht und holte sich dabei zwei große Verbrennungsblasen. Mit Hypnose verringert man auch die Schmerzen von Patienten mit schweren Verbrennungen während der medizinischen Versorgung (H. B. Crasilneck).

An dieser Stelle erinnern wir uns an den Römer Mucius Scaevola als Figur eines laizistischen Mystikers. Der Schriftsteller Livius erzählt von ihm, er habe mit Zustimmung des Senats beschlossen, den etruskischen König Porsenna zu töten, der Rom belagerte, um den König Tarquinius Superbus zu unterstützen. Mucius Scaevola verwechselte allerdings den König Porsenna und tötete an dessen Stelle seinen Schreiber. Daraufhin wurde er gefangengenommen. Der Römer warnte den König, er solle sich zum Sterben vorbereiten, ließ aber nichts weiteres verlauten. Der König befahl seinerseits, Scaevola solle lebendig verbrannt werden, wenn er die Natur dieser Drohungen nicht enthülle. Gaius Mucius Scaevola rief daraufhin aus: „Sieh zu, wie wenig jene am Leben hängen, die auf Ruhm aus sind" und hielt die rechte Hand über ein Feuer. Praktisch unempfindlich gegenüber dem Schmerz, ließ er seine Hand verbrennen. Der König befahl daraufhin, ihn zu entfernen und freizulassen.

Mucius Scaevola ist der Prototyp all jener, die „unbewußt" die Mechanismen der Selbsthypnose oder einen ähnlichen Bewußtseinszustand aufgrund der idealistischen Konzentration verwenden, um Schmerzen zu bekämpfen. Auch die christlichen Märtyrer ertrugen das Feuer und andere Foltern. Ihr Glaube löste in der „psychologischen Seele" eine kreative Autosuggestion aus, die über biochemische Mechanismen wie die Produktion von Endorphinen zur totalen

Anästhesie führte. Dies tat zum Beispiel „der Erzbischof Cranmer, ein Märtyrer der englischen Katholiken im 16. Jahrhundert".[4] Cranmer starb auf dem Scheiterhaufen, offensichtlich ohne zu leiden. Die Chroniken jener Zeit berichten, daß er „offenkundig ohne die geringste Bewegung oder den geringsten Schmerz verbrannte. Er schien die Kraft des Feuers von sich zu weisen und die Folter mit der Kraft des Gedankens zu vergessen."[5]

In der Geschichte aller Religionen gibt es zu diesem Thema noch eine reiche Fülle von Beispielen. Der Autor möchte in künftigen Büchern darauf zurückkommen. Die hier angeführten Fälle mögen zeigen, wie die innere Kraft der „suggestiven Selbstschöpfung" psychosomatische Veränderungen bewirken kann, die in viel geringerem Maße auch beim Handauflegen auftreten.

Hypnose, Pseudostigmata und Mystiker

Seit einiger Zeit kennt man die Auswirkungen der hypnotischen Suggestion, welche die betreffende Person veranlassen, auf ihrem Körper Pseudostigmata auszubilden. Dem französischen Arzt Eugène Osty gelang es mit Hilfe der Suggestion, auf der Haut (Arm und Brust) der russischen Emigrantin Olga Kahl rote Pigmentflecken hervorzurufen, die Muster oder Wörter wiedergaben, die sich der Experimentator vorgestellt hatte. In diesem Zusammenhang sprechen wir von Pseudostigmata. Bei diesem speziellen Fall ist auch das Phänomen der psychischen Integration zu beobachten, das die erste Stufe zur Paranormalität darstellt.

Der französische Arzt Ambrose Liébeault, der zu den bekanntesten Erforschern der Hypnose im vorigen Jahrhundert zählte, berührte mit einem kalten Eisen eine hypnotisierte Person, gab aber vor, das Eisenstück sei rotglühend. Liébeault konnte an der berührten Stelle die Entwicklung einer Brandblase beobachten.

An dieser Stelle sei auch an die Experimente erinnert, die der Neurologe Professor Granone im Krankenhaus von Sant'Andrea di Vercelli durchführte. Dort begründete er auch ein erstes Zentrum für klinisch-experimentelle Hypnose. Besonders interessant ist der Fall 29: „In der Behandlung vom 1. Oktober 1959 befahl ich dem Patienten in hypnotischem Schlaf eine suggestive Somatisierung, das heißt das Auftreten einer leichten Verletzung ähnlich einer Verbrennung am rechten Handgelenk für den 3. Oktober 19.00 Uhr. Dieser Befehl wurde durch eine Amnesie verdeckt."[6]

Dies bedeutet, daß Professor Granone den Befehl gab, seine Suggestion nicht mit dem Bewußtsein wahrzunehmen. Damit sollte nur das Unbewußte des Patienten angesprochen werden.

Am 5. Oktober 1959 berichtete der Patient, ein 18jähriger Student, „am späten Nachmittag des 3. Oktober sei auf seinem linken Handgelenk ein kreisrunder roter Fleck erschienen, der sich ungefähr sieben Stunden lang gehalten habe. Er war etwas beeindruckt, nicht etwa weil der betroffene Hautabschnitt schmerzte, sondern vielmehr weil die Rötung plötzlich und ohne ersichtlichen Grund aufgetreten war."[7] Professor Granone führte mit diesem Patienten weitere Versuche durch, und nach 15 Tagen kehrte er mit einem brennenden Schmerz am linken Handgelenk und einer geröteten Hautstelle zurück. Er sagte dazu: „Ich glaube nicht, daß ich mir weh getan habe, ohne es zu merken. Der Schmerz kommt aus dem Inneren."[8]

Diese Experimente zeigen die große Macht der Suggestion über den Körper und deuten auf den suggestiven Ursprung der Stigmata. In diesem Zusammenhang schreibt der Jesuit Pater Enrico Rosa, daß es keine dogmatische Lehrmeinung gebe, die uns dazu zwingen würde, die Wahrheit und positive Übernatürlichkeit dieser Fakten anzuerkennen, auch wenn sie glaubwürdig seien und mit der Offenbarung mindestens so weit übereinstimmten, daß sie nichts implizierten, was dem Glauben und der Moral gegenteilig erschiene. Die Form der Stigmata könne nach der Religiosität der betroffenen Personen unterschiedlich sein. Am besten gesichert und von der Kirche auch liturgisch anerkannt sei die Stigmatisierung des heiligen Franziskus, die im Jahr 1224 stattfand. Der Theologe fährt dann weiter: „Die Medizin hat viele Hypothesen vorgeschlagen, um die Stigmatisierung zu erklären: Hysterie, Autosuggestion, Hypnose, provozierte Hämorrhagie (starke Blutung), akute oder chronische Blasensucht sowie andere ähnliche Krankheiten."[9]

In Wirklichkeit sind die Stigmata eine Schöpfung der psychologischen Seele zur Nachahmung Christi. Sie sind ein Modell, das man auf sehr engem Gebiet zu interpretieren versucht. Christus war vor allem ein Vorbild der Liebe, weil er uns die spirituelle Erlösung gebracht hat. Er hat uns über sein Leiden am Kreuz erlöst, das von den Stigmata symbolisiert wird. Diese stellen somit den Archetyp der Sühneleistung, der Reinigung des Menschen von der Sünde durch das Leiden dar. Stigmata trugen bedeutende Menschen in geistigem und sozialem Sinn, allerdings auch Personen, die nur Neurosen und Probleme hatten.

Interessant ist in diesem Zusammenhang der Fall der Therese Neumann von Konnersreuth, die an hysterischen Symptomen mit Lähmung und Blindheit litt und die dann plötzlich wieder gesund wurde. Sie zeigte zahlreiche bedeutende Phänomene, zum Beispiel ein Fasten, das von September 1927 an 36 Jahre dauerte, sowie die Stigmata, die am Karfreitag des Jahres 1926 erstmals auftraten. Ihnen voraus ging ein reichlicher Blutfluß aus dem Herzen in der Nacht zwischen dem Donnerstag und dem Freitag, den 4. März. Gleichzeitig hatte Therese eine „Vision" von Jesus. In ihrem Geist war sie anschließend bei der Geißelung und der Dornenkrönung mit dabei, während die Haut in ihrer Herzgegend viel Blut ausschied. Als sie dann mit ihrer Psyche in der Nacht zwischen Gründonnerstag und Karfreitag den ganzen Kreuzweg und den Kreuztod Christi „sah", erschienen auf ihrer rechten Hand und auf den Füßen die Stigmata. Auch die Augen begannen Blut zu weinen, so daß das Bettzeug naß wurde. Diese Erscheinung wiederholte sich jahrelang, wurde von Gläubigen und von Wissenschaftlern untersucht und auch fotografiert.

Mir persönlich, ohne ein Urteil darüber fällen zu wollen, flößen diese Fotos von der Frau mit den Blutspuren im Gesicht keinerlei religiöse Gefühle ein, im Gegenteil: In meiner inneren unbewußten Wahrnehmung steigen Bilder von Zombies auf, wie sie den Produzenten schlechter Gruselfilme lieb und teuer sind. Ganz objektiv gesehen sind diese Wunden, die sich öffnen und wieder vernarben, physiologische Erscheinungen. Sie entstehen durch Autosuggestion bei Menschen, deren unbewußtes, kreatives Ich direkt auf die untersten Schichten des Gehirns einwirkt und damit biologische Mechanismen freisetzt, die uns als Wunder erscheinen. Ich denke hier weniger an Wunder. Man kann es auch als Interpretation einer Rolle des Leidens, einer aktiven, aber auf groteske Weise dramatisierten Teilnahme an diesem Mysterium sehen. Es ist Ausdruck einer übertriebenen Kultur und Sensibilität.

In diesem Zusammenhang möchte ich an einen Fall erinnern, der im Vergleich mit den grandiosen blutigen Erscheinungen der Therese Neumann banal wirkt. Er wurde vom französischen Psychologen Pierre Janet (1859–1947) zitiert: „Isabella, die ich seit einem Jahr nicht gesehen habe, kehrt zu uns zurück, weil sie seit 15 Tagen jeden Morgen aus der Nase ‚blutet'. In hypnotisiertem Zustand erzählt sie – ihre Angaben wurden überprüft –, daß sie vor 15 Tagen in ein Handgemenge auf der Straße verwickelt worden sei: Sie hatte dieser Vorfall emotional sehr berührt und begann aus der Nase zu bluten. Seither träumt sie jeden Morgen von dieser Rauferei, und ihr Traum endet mit Nasenbluten, von dem sie aufwacht."[10]

Isabellas „Traum" kann man mit den „geistigen Visionen" der Therese Neumann vergleichen. In beiden Fällen kommt es zu Blutungen. Trotz aller Unterschiede bleibt der Mechanismus derselbe, weil die geistige Vision die Autosuggestion und diese die Blutung auslöst.

Schlußfolgerungen zur Hypnose, zur Mystik und zum Handauflegen

Die mehr oder minder auffälligen Ergebnisse der Hypnose als Therapie sind der zwischenmenschlichen Beziehung zwischen dem Hypnotisierten und dem Hypnotiseur zuzuschreiben. Dieser „aktiviert" eine vielfältige kreative Autosuggestivität, die ihrerseits biochemische Reaktionen in Gang setzt. Diese führen zu einer Autopsychokinese und entsprechen somit Projektionen ins Innere des eigenen Körpers. Die Psyche beeinflußt somit den Körper über solche biochemischen Reaktionen.

Die Emotionen annullieren die normale Tätigkeit der höheren Strukturen des Gehirns, die sonst auf die archaischen Zentren einwirken. Über biochemische Reaktionen werden Autopsychokinesen ausgelöst, die in einigen Fällen höchst auffällige Phänomene bewirken wie völlige Schmerzunempfindlichkeit, Blutung und Veränderungen von Geweben (Stigmata).

Es ist kein Zufall, daß ich Hypnose und Mystik zusammengefaßt habe, denn die tragenden Elemente dieser Phänomene sind dieselben wie beim Handauflegen. Die Mystik hat als Hauptmerkmal den Glauben; bei der Hypnose sind es Suggestion und zwischenmenschliche Beziehung. Die Erfolge des Handauflegens beruhen auf dem Vertrauen in die Person des Handauflegers und auf einer daraus hervorgehenden Erwartungshaltung, die einem „Glauben" nahekommt. Als Auslöser dient die zwischenmenschliche Beziehung. Sie führt zur kreativen Suggestion, mit deren Hilfe man die Erfolge des Handauflegens erklären kann. Die Phänomene allerdings sind viel weniger imponierend als im Bereich der Mystik. Dies ist ein Zeichen dafür, daß die Religion für die Tiefendynamik ein viel wichtigerer Auslöser ist. Das Handauflegen kann auch in viel geringerem Maße die Schmerzempfindlichkeit herabsetzen als die Hypnose. Dies läßt sich leicht mit dem veränderten Bewußtseinszustand erklären, der die Suggestion während der Hypnose als viel wirksamer erscheinen läßt.

Abgesehen von der Tatsache, daß es auch noch unbekannte Energien geben mag, sind die zwischenmenschliche Beziehung, die glaubensähnliche Erwartungshaltung und die kreative Suggestion die Eckpfeiler der Heilungsprozesse beim Handauflegen und bei anderen Therapien, bei denen der ganzheitliche Mensch im Zentrum des Interesses steht.

On- und Off-Patienten

Das Handauflegen wirkt gedanklich auf die unbewußte Kreativität und löst auf somatischer Ebene verschiedene Empfindungen aus. Nach deren Art kann man die Heilungsuchenden in zwei große Kategorien einteilen, die ich On- und Off-Patienten nenne.

1) Die *Off-Patienten* zeigen keine emotionale Reaktion auf das Handauflegen. Aufgrund ihrer psychischen Verfassung lassen sie sich nicht „gehen" und nehmen somit auch keine körperlichen Reaktionen wahr. Beim Handauflegen spielt aber die emotionale

Reaktionsfähigkeit eine große Rolle. Wenn sie fehlt, bedeutet dies normalerweise auch, daß der Patient auf diese Therapie nicht anspricht. Das trifft aber nicht immer zu. Bei einer beträchtlichen Zahl von Fällen konnte ich trotzdem eine positive Reaktion auf die Therapie feststellen. Solche Patienten verinnerlichen die zwischenmenschliche Beziehung durch kreative Autosuggestion möglicherweise direkt auf biochemischer Ebene und kommen ohne von außen wahrnehmbare somatische Reaktionen aus.

Im Laufe meiner Studien habe ich mehrere solche Fälle kennengelernt. Ich erinnere mich an eine Frau M. G., die der Handaufleger A. C. heilen konnte. Diesen Therapeuten habe ich jahrelang studiert. Er hatte im Mittel eine Erfolgsquote von 80 Prozent bei folgenden Krankheitsbildern: Spannungskopfschmerzen, steifer Hals, Ischias, Kreuzschmerzen mit Bandscheibenproblemen, Arthrose des Oberschenkels, des Oberarms und der Wirbel, Zahnschmerzen, Schmerzen nach chirurgischen Eingriffen, Schmerzen im Becken durch knöcherne Metastasen eines Enddarmtumors, posttraumatische Schmerzen, Angstzustände, Depressionen, Schlaflosigkeit, Entzündungen im Darmbereich, psychogene Unfruchtbarkeit und Impotenz, Epilepsie, Parkinson-Krankheit (nur einige Monate anhaltende Besserung), psychophysische Asthenie (Kräfteverfall), wahrscheinlich funktionell bedingte Sehstörungen, Nebenhöhlenentzündung, Vernarbungsprozesse, Prostataentzündung.

Und das ist der Fall von Frau M. G.:

Frau M. G. drehte sich in der Nacht vom 14. auf den 15. Dezember 1980 spontan im Bett um und empfand einen heftigen Schmerz in der rechten Schulter sowie ein Knirschen von Knochen. Die Patientin hatte bis dahin noch nie Schmerzen an dieser Stelle des Körpers gehabt. Am Morgen war der rechte Oberarm völlig blockiert. Sie konnte den Unterarm nur heben, wenn sie den Oberarm eng an den Körper anlegte. Bei der geringsten Bewegung traten starke Schmerzen auf. A. C. praktizierte tagsüber zweimal ein Handauflegen von je 15 Minuten Dauer. Frau M. G. zeigte keinerlei Reaktion darauf.

– 16. Dezember. Im *Ospedale Civile* in Alessandria werden in aller Eile Röntgenaufnahmen angefertigt, aus denen die Ärzte eine Periarthritis humeroscapularis (schmerzhafte Entzündung der Umgebung des Schultergelenks) mit Verkalkungen diagnostizieren. Der Orthopäde verschreibt unter dem Eindruck der starken Schmerzen und der Bewegungsunfähigkeit drei Infusionen im Abstand von je einer Woche sowie eine Röntgentherapie. Ihm zufolge ist dieses die einzige Möglichkeit, um die akute Krise zu überwinden. Wenn dies nicht gelingt, muß ein Eingriff unter Anästhesie vorgenommen werden. Für die Heilung setzt der Orthopäde drei bis vier Wochen an.

Frau M. G. entscheidet, die vorgeschriebene Behandlung um zwei bis drei Tage zu verschieben und zunächst nur das Handauflegen einzusetzen. An diesem Tag finden zwei Sitzungen statt; die erste dauert 10 Minuten, die zweite 25 Minuten. Frau M. G. zeigt keinerlei Reaktion. Die Schmerzen werden schlimmer, so daß die Patientin weinen muß. Am Abend nimmt sie zum erstenmal eine Tablette, obwohl sie eigentlich gegen solche Heilmittel eingestellt ist.

- 17. Dezember. Die Patientin ist psychisch angeschlagen. Die Schmerzen gehen nicht zurück. Es finden zwei Sitzungen mit Handauflegen zu je 30 Minuten statt. Unmittelbar nach dem zweiten Handauflegen am späten Abend verschlimmert sich der Zustand plötzlich und dehnt sich auf die Halswirbel und den Rücken aus. Die Patientin legt ein Heizkissen auf und nimmt die zweite Tablette nach Beginn der Krise ein. Frau M. G. fällt in einen tiefen Schlaf.

- 18. Dezember (vierter Tag der Therapie). Am Morgen fühlt sich Frau M. G. besser und versucht sich um 12.00 Uhr mit dem rechten Arm zu kämmen. Doch er bleibt blockiert. Am Abend kann sie ihr Ohr anfassen. Es folgen zwei weitere Applikationen des Handauflegens zu je 15 Minuten.

- 19. Dezember. Am Morgen hebt die Patientin den Arm, und am Abend zieht sie sich allein eine Bluse an. Zwei weitere Anwendungen des Handauflegens.

- 20. Dezember. Sie wäscht sich allein den Hals. Hat noch leichte Schmerzen.

Bei der Kontrollvisite, nach einer Woche, kann der Orthopäde keine Erklärung abgeben, nachdem er von der Therapie erfahren hat. Er ist überrascht und möchte das Thema nicht weiter vertiefen.

Seit jener Zeit sind zehn Jahre vergangen. Die Patientin hatte keine solche Blockierung des Gelenks mehr und beklagte sich nur zwei- oder dreimal über Schmerzen in der rechten Schulter. Acht Jahre nach der Episode fanden einige Sitzungen mit Handauflegen statt, und die ohnehin nicht allzu ausgeprägten Symptome gingen daraufhin zurück.

2) Die *On-Patienten* zeigen während der Therapie deutliche somatische Reaktionen. Im Normalfall sind es Wärme, Schwere, Kribbeln und Schläfrigkeit. Diese Reaktionen erinnern sofort an Johannes Heinrich Schultz, der aus der Hypnose das autogene Training entwickelte, nachdem er bemerkt hatte, daß der hypnotisierte Patient, dem eine Entspannung suggeriert worden war, spontan andere Sinneswahrnehmungen hatte, vor allem Wärme und Schwere. Sie entsprachen dem Feedback und damit der Reaktion auf die Hypnose. Schultz drehte dieses Feedback um. Wenn die Entspannung (in Hypnose) zu Wärme und Schwere führte, so konnte man durch Erzeugung eines Wärme- und Schweregefühls auch zur Entspannung kommen.

Diesen Entspannungszustand erhält man aber auch beim Handauflegen in sehr vielen Fällen, und es sind vor allem diese Fälle, die dann auch positive Resultate ergeben. Diese körperlichen Reaktionen verraten, daß sich bei den On-Patienten ein neuer Bewußtseinszustand vom hypnotischen Typ einstellt und daß sie dadurch für die bewußte (hyperästhetische Entschlüsselung) und die unbewußte (psychische Integration) zwischenmenschliche Kommunikation empfänglicher sind.

Und hier die Geschichte eines On-Patienten:

Frau L. R. ging am 14. März 1981 zum Handaufleger A. C. und klagte über Kopfschmerzen, unter denen sie schon seit vielen Jahren litt. In den beiden letzten Jahren war sie durch dieses Leiden schon stark geschwächt. Dagegen nahm sie verschiedene Schmerzmittel. Die drei Elektroenzephalogramme verrieten „leichte Anzeichen diffuser subkortikaler Schmerzen, die auf Reizung zurückgehen" (17.1.1976, *Centro Medico Psicodiagnostico dell'Ospedale Psichiatrico S. Giacomo di Alessandria*); „Verlauf mit geringen paroxymalen Anomalien zu beiden Seiten des Kopfes vorne an der Stirn"

(13.2.1976, Universität Pavia, *Clinica delle malattie nervose e mentali*); „Weiterhin diffuse Anzeichen irritativen Typs, vorwiegend an den Schläfenregionen der beiden Hemisphären" (19.9.1979, *Centro Medico Psicodiagnostico dell'Ospedale Psichiatrico S. Giacomo di Alessandria*). Die Röntgenaufnahme des Kopfes (18.7.1980) ergab eine „leichte Atrophie des Kortex in der Stirnregion". Es liegt auch die Anerkennung einer Invalidität mit der Diagnose „Epilepsie" vor.

– Beim ersten Handauflegen (Dauer 20 Minuten) nahm die Patientin den „Wunsch", die Augen zu schließen, und eine „Schläfrigkeit" wahr. Dazu kam ein „angenehmes Gefühl der Wärme auf dem ganzen Kopf, das ungefähr eine halbe Stunde nach der Behandlung anhielt". Der Patientin geht es gut. Angesichts dieser Reaktion denkt man an das Biofeedback der Hauttemperatur im Hinblick auf die Migräne: Entspannung = Wärme = Ausdehnung der Gefäße.

– Bei der zweiten und dritten Behandlung gesellt sich die Empfindung dazu, „es löse sich etwas im Kopf", wie wenn der „Schmerz austreten wollte".

– Nachdem der Therapeut A. C. darauf bestanden hatte, daß sich die Patientin ein neues Elektroenzephalogramm anfertigen ließ, kommt sie zur vierten Behandlung mit der Diagnose, alles sei normal und sie könne langsam ein Medikament absetzen.

– Bei der zehnten Behandlung nimmt die Patientin keine Heilmittel mehr, schläft normal und hat keine Kopfschmerzen mehr.

Am 5.5.1981 findet eine weitere Kontrolle statt: „Elektroenzephalogramm normal, häufig verstärkte Alphawellen, keine pathologischen Rhythmen." Neurologische Visite: „Kein Befund, auch im Fundus nicht. Medikamente abgesetzt" (*Ospedale Santo Spirito, Casale Monferrato*). Bis zum 21. September 1990 litt die Frau nicht mehr unter Kopfschmerzen – abgesehen von sehr seltenen Episoden, die nur sehr kurze Zeit dauerten und nur mit geringen Schmerzen verbunden waren.

Der Leser muß wissen, mit welchem Vertrauen sich die Patientin ihrem Therapeuten A. C. näherte. Dieses Vertrauen zeigt sich im Tagebuch, das der Therapeut nach jeder Anwendung von der Patientin führen ließ. Es beginnt so: „An diesem Morgen ist mir etwas geschehen, das mir nach Monaten des Leidens Vertrauen in meine Zukunft eingeflößt hat ... An diesem Morgen habe ich in einem Augenblick der Krise zu Gott gebetet, er möge mir helfen, indem ich die richtige Person treffe, die schließlich mein Problem ‚lösen' könne. So habe ich A. C. getroffen, den Bruder einer lieben Schulfreundin, den ich seit mehreren Jahren nicht gesehen habe und von dem ich überhaupt nicht wußte, daß er über die Fähigkeit des Handauflegens verfügt ..."

Die sehr gute zwischenmenschliche Beziehung, das Vertrauen und die Erwartungshaltung sind die Voraussetzungen für die Mechanismen der Selbstheilung. Das Vertrauen allein reicht nicht aus, möglicherweise auch die zwischenmenschliche Beziehung nicht, die auf Worten und einer psychischen Integration beruht. Um das Bild abzurunden, muß auch die „Projektion" der archetypischen Figur vorhanden sein oder besser gesagt die archetypische Abstimmung zwischen Therapeut und Patient. Sie vervollständigt den Prozeß der Kommunikation und schafft Sympathie und Empathie und damit eine Identifikation zwischen den beiden Figuren.

Placebo und Suggestion

Frau E. D. bestürmte am Vorabend eines wichtigen Tages ihren Hausarzt, er solle eine starke Erkältung bei ihr zum Verschwinden bringen. Der Arzt, der darob über alle Maßen verärgert war, gab ihr eine Spritze mit „Serum der Matamata", einer Schildkröte, „die sich nie erkältet". Die Therapie funktionierte hervorragend, obwohl die Injektion nur aus einer isotonischen Kochsalzlösung bestand, die keinerlei pharmakologische Eigenschaften aufwies. Wir sprechen dabei von einem Placebo. Trotzdem war dieses Placebo therapeutisch wirksam.

In der Geschichte der Medizin wimmelt es geradezu von Placebos: angefangen von Fledermausflügeln über die Alraunwurzel, das Einhornpulver bis zu den modernsten „Stärkungsmitteln". Seit Jahrtausenden kuriert sich der Mensch mit Placebos.

Viele einst hochmoderne Therapien verschwinden plötzlich im Nichts. Doch noch ein Jahr zuvor heilten sie die Menschen. Wie ist das möglich? Wenn eine Therapie hilft, bleibt sie auch bestehen, so müßte man glauben. Eine ähnliche Erscheinung findet man bei den Buschmännern (und auch bei anderen Stammeskulturen). Hans Dietschy bemerkt dazu, daß die „magischen Heilmittel dauernd erneuert werden, weil sie mit der Zeit ihre Wirksamkeit verlieren".

Diese Entdeckung der Buschmänner kann uns eine Lehre sein. Erst seit wenigen Jahrzehnten studiert man hierzulande den Placeboeffekt, und bis auf den heutigen Tag ist uns noch nicht klar, daß auch unsere, sogenannte wissenschaftliche Medizin sich auf okkulte Voraussetzungen stützt, wie sie für die Placebos gelten. „Placebo" bedeutet, aus dem Lateinischen übersetzt: „Ich werde gefallen." Wir können es so formulieren: „Was erwünscht ist, tut gut."

Das Placebo als Therapie oder der Therapeut als Placebo?

Darf man ein Placebo verwenden? Manche halten der Verwendung von Placebos entgegen, ihre Verschreibung würde die Patienten in eine falsche Richtung erziehen, weil für sie dann die Gleichung gelte: „Ein Leiden – eine Pille." Darauf kann man hingegen erwidern, daß sich die „Verschreibung von Placebos rechtfertigen läßt, wenn sie im vernünftigen Rahmen des therapeutischen Verhältnisses zwischen Arzt und Patient erfolgt."[11]

Als Alternative zum pharmakologischen Placebo oder parallel dazu kann sich der Arzt selbst zu einem „Heil-Mittel" machen, indem er eine zeitintensive Beziehung zum Patienten aufbaut. Wenn der Arzt festgestellt hat, daß dem Patienten nichts Ernsthaftes fehlt, so besteht der schlimmste Fehler meiner Meinung nach darin, seine Symptome zu ignorieren. Man muß dem Patienten Gehör schenken, wenn er die Leiden schildert, die für ihn wichtig sind. Er wird sich verstanden fühlen und ist dadurch viel eher bereit, Hinweise und Anregungen zu befolgen. Die Aufmerksamkeit des Arztes ist erwünscht, ist ein Placebo, und was erwünscht ist, tut gut.

Möglicherweise erweist sich das Symptom als therapieresistent, weil es für den Patienten eine sühnende Funktion ausübt. Es kann auch vorkommen, daß der Patient einen Teil von sich selbst auf den Arzt „projiziert" und ihn damit als Spiegel verwendet. Der *Kranke* kann zum Beispiel den Arzt als „groß" erfahren, weil er auf ihn die *eigene* Größe projiziert. In einigen Fällen projizieren Patienten auf den Arzt ihr eigenes negatives Selbst, das sie ablehnen. Solche Patienten kritisieren den Arzt dauernd und bringen ihn in schlechten Ruf. Der Kranke verwendet in solchen Fällen den Arzt als Träger seiner abgespaltenen und in Krise befindlichen Teile, und der Arzt, der versteht, ohne zu polemisieren, übernimmt diese Funktion als Spiegel (Teilobjekt).

In der Geschichte der Pharmakologie haben die merkwürdigsten Heilmittel Erfolg gehabt. Die ägyptischen Ärzte verschrieben Eidechsenblut, Krokodilexkremente und Schweinezähne. Im Mittelalter waren bei Sehstörungen Taubenblut und bei Lungenproblemen Schleiereulenblut groß in Mode. Und doch wurden die Kranken gesund!

Papst Bonifatius IX. (1389–1404) wurde von einer Nierenkolik geheilt, als der Arzt ihm im Augenblick, da die Sonne im Zenit stand, ein goldenes Siegel mit der Darstellung eines Löwen auf den Schenkel applizierte. Warum hatten diese absurden Therapien Erfolg? Warum haben heute ebenso absurde Therapien Erfolg? Ich stimme hier mit Professor Egidio A. Moja, dem Dozenten für Psychobiologie an der medizinischen Fakultät der Universität Modena, überein, wenn er feststellt: „Viele Jahrhunderte lang war die Beziehung zwischen Arzt und Patient das einzige, das die Ärzte auf therapeutischer Ebene den Ratsuchenden anbieten konnten. Die Fähigkeit vieler großer Ärzte der Vergangenheit beruhte wahrscheinlich auf der unbewußten Kontrolle der Emotionen und der Erwartungshaltung ihrer Patienten."[12]

Vergangene Generationen interpretierten die therapeutischen Erfolge als Beweise für die Wirksamkeit der Heilmittel. Heute betrachten wir die Beziehung zwischen Arzt und Patient als das wahre Heilmittel. Mit der Zunahme der psychosomatischen Störungen muß der Arzt in immer stärkerem Maße zu einer „therapeutischen Persönlichkeit" werden.

Der Placeboeffekt

Der Placeboeffekt besteht in der Veränderung des klinischen Bildes durch die therapeutische Intervention des Placebos. Das Placebo besteht nicht nur aus einer „falschen" Tablette, sondern wie gesagt auch aus einer Haltung, einer Beziehung zwischen Menschen, einer hygienischen Norm, einer Diätvorschrift und so weiter. Bis vor wenigen Jahrzehnten wurde der Placeboeffekt nicht systematisch untersucht, obwohl er schon seit Jahrhunderten bekannt war. Paracelsus klagte die Schulmedizin des 16. Jahrhunderts an, sie würde die naiven Patienten mit absurden Therapien täuschen. Doch dann empfahl er selbst, Wunden mit Salben jener Gegenstände zu heilen, welche die Verletzung hervorgerufen hatten.

Der Placeboeffekt wurde auch statistisch nachgewiesen. P. Lowinger und S. Dobie faßten 1969 „die Ergebnisse 15jähriger Forschungsarbeit über den Placeboeffekt an 1082 Patienten zusammen: Den Autoren zufolge ergab sich bei 26 bis 58 Prozent aller Fälle und mit einem Durchschnitt von 35 Prozent ein signifikanter Effekt vom therapeutischen Standpunkt aus."[13]

Dr. Lasagna setzte bei der Schmerzbekämpfung frisch operierter Patienten Injektionen mit Morphium und einem Placebo ein. Er kam dabei zu dem Schluß, daß 40 Prozent der Patienten durch das Placebo eine Erleichterung verspürten, 14 Prozent davon regelmäßig. 31 Prozent reagierten nie auf das Placebo; 32,5 Prozent zeigten gleichermaßen Reaktionen auf Morphium und Placebo, und 55 Prozent reagierten unregelmäßig sowohl auf das Morphium als auch auf das Placebo.

Heute trägt sogar die Wissenschaft dem Placeboeffekt Rechnung bei der Arzneimittelprüfung. Wenn es darum geht, die Wirksamkeit neuer Heilmittel zur überprüfen, teilt man die Patienten zuerst in zwei Gruppen. Beide Gruppen erfahren, daß nun ein neues Heilmittel mit besseren Eigenschaften zur Anwendung kommt. Die eine Gruppe erhält tatsächlich das neue Arzneimittel, die andere nur ein Placebo.

Die Placebogruppe stellt die „Basis" dar und zeigt den durch die Psyche der Patienten entstandenen therapeutischen Effekt. Nehmen wir an, daß in dieser Gruppe 38 Prozent der Patienten eine Besserung zeigen. Wenn bei der Gruppe, die tatsächlich das neue Heilmittel bekommen hat, die Erfolgsquote bei 58 Prozent liegt, so stellt die Differenz zwischen 58 und 38 Prozent die tatsächliche Wirksamkeit des Arzneimittels dar.

Heutzutage testet man alle Heilmittel im sogenannten Doppelblindversuch: Nicht nur der Patient weiß nicht, was er erhält, Heilmittel oder Placebo, sondern auch der Arzt wird im unklaren darüber gelassen, welches Mittel er nun verschreibt. Mit diesem Doppelblindversuch will man psychische Einflüsse zwischen Arzt und Patient möglichst ausschließen und auf diese Weise die wahre Wirksamkeit des Arzneimittels erfahren. Es liegt natürlich auf der Hand, daß die äußerliche Aufmachung der beiden Präparate absolut identisch sein muß.

Der amerikanische Forscher S. Wolf berichtet die folgende Episode: Ein chronischer Asthmatiker probierte unter Kontrolle seines Arztes eine Reihe neuer Heilmittel aus. Eines darunter erwies sich schließlich als wirksam. Wenn der Patient es bekam, verschwanden alle Symptome, und wenn das Heilmittel abgesetzt wurde, trat die Krankheit wieder auf. Der Arzt kam nun auf den Gedanken, ein privates Experiment über den Placeboeffekt durchzuführen, und ersetzte das Heilmittel durch eine unwirksame Substanz, die jedoch genau gleich aufgemacht war. Seinem Patienten sagte er natürlich nichts. Der Arzt glaubte, das Placebo würde *keinerlei* therapeutische Wirkung entfalten und der Patient würde erneut unter den Symptomen zu leiden haben. Gleichzeitig glaubte er auch, das richtige Heilmittel sei tatsächlich wirksam. Und genau das geschah. Der Arzt teilte der Pharmafirma begeistert die Ergebnisse seiner Studien mit und bat um neue Dosen des Arzneimittels. Die Antwort, die er daraufhin erhielt, dämpfte hingegen seine Begeisterung. Es wurde ihm nämlich mitgeteilt, daß die gesamte Probesendung, die er bekommen hatte, nur aus Placebopräparaten bestanden hatte.

Dieser Fall liefert wie viele andere den Beweis, daß eine nonverbale Kommunikation zwischen den Menschen existiert. Sie reicht von hyperästhetischen Wahrnehmungen winzigster Signale bis zu einer unmittelbaren, zeitweiligen „psychischen Kommunikation".

Bei der Arzneimittelprüfung wendet man nicht nur den Doppelblindversuch an, sondern wählt auch die Patienten, die daran teilnehmen, durch ein Zufallsverfahren aus. Um den therapeutischen Effekt eines Mittels zu erfassen, verwendet man mehrere Parameter. Bei einem bestimmten Medikament zur Behandlung ischämiebedingter neurologischer Ausfallerscheinungen wurden zehn solche Parameter in Betracht gezogen: Gedächtnis, Konzentration, Schlafstörungen, nächtliches Aufwachen, psychomotorische Unruhe, emotionale Labilität, Angst, Depression, Aggressivität, Reizbarkeit. Bei jedem Parameter wurde der Vergleich zwischen dem Medikament und dem Placebo angestellt. Der Placeboeffekt ist also heute klinisch anerkannt und wird nicht in Frage gestellt.

Interessanterweise verhält sich das Placebopräparat wie ein „echtes" Arzneimittel nicht nur im Hinblick auf die Besserung des Zustands, sondern auch auf die möglichen Nebenwirkungen. Schädliche Auswirkungen des Placebos können sein: Schwindelgefühle (50 Prozent), Kopfschmerzen (25 Prozent), Schweregefühl, Schwächegefühl, intellektuelle Erschöpfung, Schläfrigkeit, Übelkeit, Trockenheit im Mund (9–18 Prozent), auch Hautausschläge, Ödeme, Durchfall und Herzrasen (Beecher).

Diese negativen Seiten der Placebos treten auch beim Handauflegen auf: Vor der Besserung verschlimmert sich das Leiden einige Tage lang. Ich erinnere mich an eine ältere Dame, die Mutter eines Arztes, die sich über schwere therapieresistente Schmerzen im Arm beklagte. Ihr Sohn sagte, bei jeder neuen Therapie würden die Schmerzen schlimmer. Wahrscheinlich handelte es sich um das Symptom einer Sühneleistung. Dasselbe geschah auch beim Handauflegen: Nach der ersten Anwendung wurden die Schmerzen deutlich schlimmer, und die Therapie mußte aufgegeben werden.

Es erscheint uns unmöglich, daß eine pharmakologisch unwirksame Substanz nicht nur Besserungen, sondern auch Verschlimmerungen bewirken kann. Auf der anderen Seite kann ein Teil der Patienten eine negative Erwartungshaltung aufweisen und der Einnahme neuer Heilmittel feindlich gegenüberstehen. Es kann auch sein, daß der Patient sein „Symptom" verteidigt, weil es einem Bedürfnis entspricht, einem Versuch der Selbstheilung oder einem psychischen Konflikt.

In der Literatur werden zwei Fälle von Abhängigkeit von einem Placebo zitiert. In einem Fall mußte der Patient 10 000 Placebotabletten in einem Jahr schlucken, während im anderen Fall der Kranke die klassischen Symptome einer Sucht aufwies: Er mußte dauernd für sein Wohlbefinden die Dosis des Placebopräparats erhöhen.

Mit Placebopräparaten experimentierte man auch beim Ziehen der Weisheitszähne. Man teilte den Patienten mit, man wolle nun ein neues, sehr wirksames Schmerzmittel ausprobieren. Die eine Gruppe erhielt Morphium injiziert, die andere nur eine physiologische Kochsalzlösung. Einer von drei Placebopatienten berichtete über eine Schmerzlinderung. Placebos sind überhaupt bei Schmerzen besonders wirksam. Offensichtlich stimuliert das Placebo die Produktion von Endorphinen, die man als die natürlichen Morphiumpräparate des Körpers bezeichnen kann.

Beim eben genannten Versuch, der Extraktion von Weisheitszähnen, spritzte man jenen Patienten, denen das Placebopräparat Linderung verschafft hatte, Naloxon, den Gegenspieler des Morphiums. Sofort kehrten die Schmerzen zurück. Dies bedeutet, daß die Wirkung der körpereigenen Endorphine aufgehoben wurde. Es ist die Bestätigung für die biochemische Reaktion auf das Placebo.

Damit ist wohl hinreichend bewiesen, daß Emotionen eine Autosuggestion auslösen können, die schließlich biochemische Reaktionen in Gang setzt.

Die klinische Wirksamkeit der Placebos und des Handauflegens

„Was die klinischen Indikationen von Placebopräparaten anbelangt, so eignen sich Schmerzen beliebiger Herkunft am besten. Placebopräparate entfalten aber auch Wirkung bei arteriellem Bluthochdruck, bei Zuckerkrankheit, bei Angina pectoris, bei Depression, bei Angstsyndromen, bei Husten und Erkältung, bei Asthma und bei rheumatischen Formen von Magengeschwüren."[14] Zur Behandlung akuter Attacken von Angina pectoris verwendet man seit Jahrzehnten Nitroglyzerinpräparate. Auf experimentellem Weg konnte man nachweisen, daß diese Arzneimittel bei 52 Prozent aller Fälle helfen, während Placebos bei 48 Prozent wirksam sind. Dies bedeutet, daß

48 Patienten bei einem Anginaanfall eine Besserung zeigen, wenn sie eine an sich unwirksame Pille erhalten.

Und was soll man gar von einer chirurgischen Placebotherapie halten? Darüber berichtet Dr. Cassoli:

„Dr. Benson von der *Harvard Medical School* entwickelte in den fünfziger Jahren einen chirurgischen Eingriff, der in der Verbindung der beiden Thoraxarterien bestand, um Angina-pectoris-Patienten Erleichterung zu verschaffen. Er hoffte, daß das Herz dadurch besser durchblutet würde.

90 Prozent der Patienten berichteten von einer Besserung nach dem Eingriff. Zu Beginn der sechziger Jahre wollten skeptische Forscher diese Wirkung durch ein Experiment überprüfen, über dessen ethische Zulässigkeit damals viel diskutiert wurde. Sie sagten zwei Gruppen von Angina-pectoris-Patienten, sie würden einen schmerzlindernden Eingriff durchführen. Die eine Gruppe wurde tatsächlich operiert, die andere Gruppe wurde nur einem leichten Eingriff unterzogen, der die versprochene Operation vortäuschen wollte. In Wirklichkeit fügte man ihnen nur einen kleinen Schnitt an der Brust zu. Den Patienten, bei denen die beiden Thoraxarterien nicht miteinander verbunden wurden, ging es danach besser als den anderen."[15]

„Der immer häufigere Einsatz von Placebos zeigt ihre klinische Wirksamkeit, auch in den Augen jener, die den therapeutischen Akt rein biologisch auffassen. Die Placebopräparate erobern sich somit ihren Platz in der Medizin."[16] Zu dieser Aussage von Professor Moja wage ich den Zusatz, daß auch das Handauflegen eine Therapie mit placeboähnlicher Komponente darstellt. Es führte zu besseren Ergebnissen als die normale Therapie mit einem pharmakologischen Scheinmedikament. Beim Handauflegen setzt das Placebo einen komplexeren Prozeß in Gang, in dessen Zentrum die zwischenmenschliche Beziehung und die archetypischen Figuren stehen. Die Wirksamkeit liegt in der Ebene der Suggestion, wobei der Auslöser mächtiger ist als bei einem normalen, pharmakologischen Placebo. Im Zusammenhang mit dem Handauflegen präsentieren Dr. Cassoli (Psychotherapeut) und Dr. Iannuzzo (psychosomatischer Arzt) eine Reihe klinisch dokumentierter und sorgfältiger bewerteter Fälle, ohne nun eine genaue Interpretation der Gründe für dieses Phänomen zu geben.

Die Erfolge betrafen zahlreiche Krankheitsbilder: Kopfschmerzen vasomotorischen Ursprungs, Spannungskopfschmerzen, Kopfschmerzen durch Arthrose der Halswirbelsäule und Periarthritis humeroscapularis (schmerzhafte Entzündung der Umgebung des Schultergelenks), Trigeminusneuralgie, Hexenschuß, Neuralgien nach einer Herpesinfektion, Epilepsie (Erfolgsquote 25–30 Prozent, auch West-Syndrom), Warzen (Erfolgsquote 70–80 Prozent), Eileiterentzündung, Entzündung der Tuben (sofern die Behandlung frühzeitig erfolgt), Prostataentzündung und Prostatavergrößerung (nur um den chirurgischen Eingriff, wenn auch teilweise für sehr lange Zeit, hinauszuzögern), Unterfunktion der Nebennieren im Zusammenhang mit Kräfteverfall und Ausbleiben bzw. Fehlen der Menstruationsblutung, Empfindungsunempfindlichkeit bei Wunden, Knochenmarksentzündung mit langsamem Verlauf, verzögerte Narbenbildung, Fisteln.[17]

Meiner Erfahrung nach hatte der Handaufleger A. C. fast augenblicklich eintretende Erfolge (wenige Minuten der Behandlung) bei akuten Zahnschmerzen (99 Prozent positive Fälle). Positive Ergebnisse erzielte er auch bei Schmerzen infolge eines zahnärztlichen Eingriffs und bei Wachstumsschmerzen, die von einem Weisheitszahn unterhalb eines normalen Zahns ausgelöst wurden. Auch bei steifem Hals war die Behandlung durch diesen Handaufleger fast immer erfolgreich.

Der Placeboeffekt kann auch als Konkurrenz zu den wirkungsvollsten Schmerzmitteln auftreten. In diesem Zusammenhang verfolgte ich den Fall des Patienten R. L., der sich an den Handaufleger A. C. wandte. Er litt unter schrecklichen Schmerzen im Beckengebiet aufgrund von Metastasenbildung eines Dickdarmkrebses. Der Ordnung halber sei festgehalten, daß der fragliche Therapeut sich stets weigerte, Krebsfälle zu behandeln. Diesen Fall übernahm er nur, weil es um Schmerzbekämpfung ging.

Herr R. L. kommt 1983 mit seiner Frau zum Handaufleger A. C. in die Sprechstunde und schildert sein Leiden wie folgt: Er hat „wahnsinnige" Schmerzen und muß alle drei bis vier Stunden mit mäßigem Ergebnis starke Schmerzmittel einnehmen – in Form von Tabletten oder von Injektionen. Nachts schläft er nicht länger als eine Stunde durch und braucht mehrere Beruhigungsmittel in höchster Dosierung. Dieser Zustand hält seit vier Monaten an.

Die erste Behandlung zeitigt hervorragende Erfolge. Der Patient hat zum erstenmal seit Monaten zwei Tage praktisch keine Schmerzen. Er muß keine Schmerzmittel nehmen und schläft nachts durch. In den darauffolgenden 25 Tagen finden zehn Behandlungen statt. R. L. kommt mit einer Schmerzmittelinjektion 24 Stunden lang aus und schläft nachts. Von der fünften Behandlung an kommt der Patient, der bis dahin immer von seiner Frau begleitet wurde und in einer anderen Stadt wohnt, allein im Auto. Er fühlt sich kräftiger und in besserer Stimmung und sieht das Leben in günstigerem Licht.

An einem bestimmten Punkt nützt aber auch das Handauflegen wie andere Heilmittel nichts mehr, um den Schmerz zu lindern. R. L. stirbt einige Monate danach.

Der Fall Tampler

Professor Dr. Hans Bender, der an der Universität Freiburg lehrte, hat die Untersuchungen von Dr. Rehder, des Leiters einer Hamburger Klinik, über den Geistheiler Dr. Tampler bekanntgemacht. Dieser behauptete, er könne auf Entfernung hin heilen.

Dr. Rehder beschrieb drei Fälle von Patientinnen, die Tampler in dessen Klinik untergebracht hatte, und gestattete dem Heiler, drei Tage lang hintereinander um 9.15 Uhr zu behandeln. Die Patientinnen wußten von diesem Experiment nichts, und weder während noch nach der Fernbehandlung zeigte sich irgendeine Besserung. Dr. Rehder führte daraufhin ein rein suggestives Experiment durch und „verabreichte" den Patienten das Placebo des mächtigen Wunderheilers. Tatsächlich unterhielt er sich mit den drei Frauen lange über die bisweilen „wunderbaren" Fernheilungen von Dr. Tampler. Als die Frauen ihn darum baten, auf diese Weise behandelt zu werden, machte er mit jeder von ihnen einen Termin aus, der allerdings nur vorgeschoben war. Tampler wußte von den Absprachen nichts und konnte somit auch nicht seinen Einfluß geltend machen.

Hier kam hingegen die archetypische Figur des Schamanen zum Zug, die im Unbewußten der drei Patientinnen wirkte. Sie beeinflußte sie auf unbewußte Weise und aktivierte kreativ die tiefsten

Teile des Ichs. Dadurch wurden biochemische Mechanismen ausgelöst, die schließlich zur „Wunderheilung" führten.

Die erste Patientin war 61 Jahre alt und litt seit zwei Jahren unter
Gallenkoliken und chronischer Gallenentzündung. Ihr Leiden wi-
dersetzte sich jeder Therapie, und die Frau wartete auf einen chirurgischen Eingriff.

Die „Placebo-Behandlung" hatte zur Folge, daß die Patientin
nicht mehr über Bauchschmerzen klagte und 15 Tage darauf die Klinik verlassen konnte. Sie war ein Jahr lang bei guter Gesundheit,
mußte sich dann aber die Gallenblase entfernen lassen.

Die zweite Patientin war bereits wegen einer eitrigen Bauchspeicheldrüsenentzündung operiert worden und wog nur noch 34 Kilogramm. Sie litt unter schrecklichen Bauchschmerzen und hatte
eigentlich keine Hoffnung mehr. Diese Patientin wurde „definitiv"
geheilt. Sie wurde nicht müde zu beschreiben, welche wunderbaren
Empfindungen sie im Augenblick der Fernbehandlung erlebt habe.
Innerhalb kurzer Zeit nahm sie 15 Kilogramm zu.

Die dritte Patientin litt unter Krebs an der Gebärmutter und am
Bauchfell und hatte schreckliche Ödeme an den Beinen, so daß sie
das Bett nicht mehr verlassen konnte. Ihre Prognose war schlecht.
Die Kranke verlor nach der „Behandlung" ihre Bauchwassersucht
und ihre Ödeme. Sie wurde aus dem Krankenhaus entlassen. Die
Patientin hielt sich für geheilt, starb aber dreieinhalb Monate danach
an Krebs.

Bei der Untersuchung des Placeboeffekts muß man der Art der
Erkrankung wohl weniger Bedeutung als der Figur des Therapeuten
und dem Auslöser beimessen: Je deutlicher der Auslöser, um so mehr
Kraft hat auch die Suggestion. Es hängt vom emotionalen Zustand
der Patienten und ihrer Erwartungshaltung ab, in welchem Maß sie
den archetypischen Auslöser wahrnehmen.

Die Persönlichkeit der Patienten, die Placebos einnehmen

Schon zu Beginn der klinischen Studien über die Placebos ging es um
die Frage, welche Patienten am empfänglichsten auf Placebos reagieren. Diese Fragestellung hatte mehrere Gründe:

a) Zunächst ging es darum, die Mechanismen zu verstehen, über die der Placeboeffekt wirksam wird.

b) Damit könnte man placeboempfängliche Patienten von allen Experimenten ausschließen, die für eine korrekte Durchführung nur placebounempfängliche Patienten verlangen.

c) Schließlich könnte man sichere Therapien mit pharmakologisch unwirksamen Substanzen durchführen. Die placeboempfänglichen Patienten könnten damit einer Belastung des Körpers durch chemische Stoffe entgehen.

Das Problem der ethischen Zulässigkeit des Placebos findet eine leichte Lösung, wenn man sich vor Augen hält, „daß der Patient geheilt werden will, egal mit welchem Mittel, sofern es gesetzmäßig ist und keine übergroßen Risiken in sich birgt".[18] Ist es etwa ethisch eher zu vertreten, placeboempfängliche Patienten mit chemischen Stoffen zu behandeln, die nie ohne biochemische Risiken sind? Andererseits kann die „Nichtbehandlung von Patienten von seiten des Arztes eine Botschaft darstellen, die man auf sehr verschiedene Weisen interpretieren kann".[19] Der eine Patient fühlt sich verlassen; ein anderer ist beruhigt, weil er offensichtlich nichts Schlimmes hat. Ein dritter Patient bekommt Angst, weil der Arzt vielleicht seine Krankheit nicht erkennt und deswegen unentschieden ist. Auch eine Nichtbehandlung hat ihre Auswirkungen auf den Verlauf einer Krankheit.

Bei den ersten Forschungen über die placeboempfänglichen Patienten wurde klar, daß sie besonders unter den ängstlichen, emotional wenig gereiften und hypochondrischen Persönlichkeiten zu suchen sind. Ein anderer Forscher kam zu dem Ergebnis, daß placeboempfängliche Patienten intelligent, gesellig, selbstbewußt im Hinblick auf ihr Wissen, nicht dominierend sind und Gottesdienste besuchen. An diesen Typisierungen mag etwas Wahres dran sein, denn besonders die Ergebnisse des ersten Forschers wurden später wiederholt bestätigt. Andere Untersuchungen ergaben, daß Faktoren wie Geschlecht, Alter und Intelligenz keinerlei Anhaltspunkte bieten. Insgesamt zeigen uns diese Daten, daß „man die placeboempfänglichen Patienten durch keine persönliche Eigenschaft charakterisieren kann" (Moja).

Man konnte auch nachweisen, daß manche Patienten im einen Experiment negativ und im anderen positiv reagieren. Dies ist auch meine Erfahrung beim Handauflegen. On-Patienten haben je nach Tag, das heißt je nach emotionaler Aufladung, eine unterschiedliche Reaktionsbereitschaft. Wenn eine Therapie längere Zeit anhält, ergibt sich eine Art Gewöhnung, so daß viele Patienten von „on" zu „off" wechseln. Es ist eine Art Desensibilisierung, die viele Patienten durchmachen, wenn sie immer zum selben Handaufleger gehen – an dieser Stelle sei noch einmal an die Entdeckung der Buschmänner erinnert. Für gewisse andere Patienten trifft dies überhaupt nicht zu, denn sie bleiben immer „on". Es ist mir auch vorgekommen, daß gewisse Off-Patienten „on" werden, wenn sich ihre persönliche Beziehung zum Handaufleger verbessert.

Das Fehlen sicherer Persönlichkeitsmerkmale, anhand deren man die placeboempfänglichen Patienten ausmachen könnte, hat dazu geführt, daß sich die Forscher mehr für die *Umstände* interessieren, bei denen das Placebo verabreicht wird. Eine amerikanische Studie hat bestätigt, daß tatsächlich die zwischenmenschliche Beziehung über den Erfolg des Placebos entscheidet. In der Beziehung zwischen Therapeut und Patient gibt es drei Variablen, die den Placeboeffekt beeinflussen:
1. der Status und damit die hierarchische Stellung der Person, die das Placebo verabreicht;
2. die Haltung des Therapeuten gegenüber dem Patienten, die zum Beispiel zwischen Abwehr und besonderem menschlichem Interesse schwanken kann;
3. das Vertrauen, das der Therapeut in das Heilmittel setzt; es kann von Enthusiasmus bis Skepsis schwanken.

Bei der amerikanischen Untersuchung ging es um eine Placebokapsel, die in der Zahnchirurgie vor der Injektion eines Lokalanästhetikums verabreicht wurde. Als Placeboeffekt galt die Reaktion auf die Injektion des Lokalanästhetikums. Zu den drei genannten Variablen gab es folgende Einstellungen:
1. Die Variable „Status" wurde vom Zahnarzt oder vom Zahntechniker vertreten.
2. Die Variable „Haltung gegenüber dem Patienten" äußerte sich da-

durch, daß Arzt wie Techniker sich einmal sehr eilfertig und ein anderes Mal indifferent verhielten.

3. Die Variable „Vertrauen" bestand in einem Fall in einer begeisterten Aussage über die Wirksamkeit des Arzneimittels, in einem anderen Fall aus einem Zweifel über dessen Wirksamkeit.

Der Placeboeffekt war am ausgeprägtesten (höchste Punktzahlen), wenn der Arzt behandelte, sich besorgt gab und sich begeistert über die Wirksamkeit äußerte. Als statistisch signifikant erwies sich aber nur das Vertrauen des Arztes in das Medikament und damit seine *Botschaft* an den Patienten. Und in der Tat steht im Mittelpunkt meiner Betrachtung die Kommunikation. Die *verbale* Kommunikation, die auch mit Hilfe der Hyperästhesie entschlüsselt wird, die *unbewußte* Kommunikation durch psychische Integration oder durch Projektion der archetypischen Figuren, auf die wir noch verstärkt eingehen werden, sind die Instrumente zum Verständnis des Handauflegens. Dessen Wirksamkeit beruht auf der Kommunikation, weil das Handauflegen selbst eine menschliche „therapeutische" Kommunikation darstellt.

Die kreative Suggestion

Die Suggestion ist etwas anderes als das Placebo. Sie geht aus dem Placebo hervor. Das Placebo ist der Zündschnur vergleichbar, die Suggestion der Bombe. Das chemisch unwirksame Arzneimittel ist ein Placebo und hat für seine Wirksamkeit die folgenden Grundlagen:
1. die Autorität dessen, der es verabreicht;
2. das Vertrauen, das der Therapeut in das Arzneimittel setzt;
3. das Interesse, das er dem Patienten gegenüber demonstriert;
4. die Neigung des Patienten, ein chemisches Heilmittel zu nehmen.

Autorität, Vertrauen und Interesse stellen die Grundlage für die therapeutische zwischenmenschliche Beziehung dar. Ohne Zweifel spielt auch die Neigung des Patienten zur Einnahme eines Medikaments eine wichtige Rolle, doch wurde dieser Punkt bei keiner bisherigen Untersuchung berücksichtigt. Durch diese vier Faktoren entsteht eine Erwartungshaltung, die eine Suggestion in Gang setzt. Diese aktiviert die biochemischen Mechanismen.

Das Handauflegen ist eine Placebo-Therapie, die auf einem stärkeren Auslöser beruht, als es das normale pharmakologische Placebo ist. Sie aktiviert im tiefen Unbewußten magische, okkulte, archetypische Echos. Die Person des mächtigen Schamanen beschwört eine okkulte Macht des Heilmittels herauf und erzeugt eine Vorwegnahme der Heilung in einem glaubensähnlichen, mystizistischen Rahmen. Sie erzeugt eine Erwartungshaltung und dank der zwischenmenschlichen Beziehung eine Kreativität. Der Handaufleger muß diese zwischenmenschliche Beziehung pflegen, indem er zuhört, zu verstehen versucht und Tröstung spendet. Schließlich spielt auch der Kontakt mit dem Körper des Patienten eine Rolle. All dies zusammengenommen aktiviert im Unbewußten des Patienten die archetypischen Bilder des Schamanen und der heilenden Hand, die auf den Handaufleger projiziert werden.

Die „Macht" des Schamanen und die heilende Hand

Das Wort „Mana" stammt aus dem Polynesischen und bezeichnet eine magische, nicht personifizierte Macht. Nach Carl Gustav Jung ist die Mana-Persönlichkeit eine Dominante des kollektiven Unbewußten. Sie ist der bekannte Archetyp des Mächtigen in Form eines Helden, eines Häuptlings, eines Magiers, Medizinmanns und Heiligen, des Herrn der Menschen und der Geister, des Freundes Gottes. Jung machte hier eine komplexe Figur mit schamanistischen Elementen aus, weil der Schamane jener ist, der über die Geister herrscht (der Herr der Geister).

Bei den Stammeskulturen war alles, was über der Normalität lag, „Mana". „Mana war der Krieger, der viele Schlachten überlebte, Mana war der Bogen, der sein Ziel nie verfehlte. Mana war die Macht

der Zauberer und die magische Qualität eines Gegenstandes"
(Mauss). Dieser Archetyp entstand beim primitiven Menschen und
wahrscheinlich schon bei seinen Vorfahren. Jeder Mensch trägt ihn
in sich und projiziert ihn auf die Figur des Heilers. Dieser verkörpert
im Augenblick der Therapie die „Mana-Persönlichkeit" und verfügt
damit über die Kraft des Schamanen zum Heilen.

Der Kranke, der sich zum Heiler begibt, macht in mehr oder minder starkem Maße diese Erfahrung. „Viel von dem, was zwischen Patient und Heiler geschieht, ist die quantitative Vergrößerung dessen,
was stets und unbewußt zwischen Patient und Arzt stattfindet: die
Projektion des archaischen Bildes des Wunderheilers und Magiers
und damit einer Allmacht auf die Figur des Therapeuten."[20]

Damit diese Projektion möglich ist, findet der dynamischen Psychologie zufolge eine Regression in kindliche Stadien statt, besonders wenn die Krankheit ernsthaft ist und lange anhält. Der Patient
lebt in einem Zustand irrationaler Ängste und der emotionalen Unsicherheit und projiziert auf den Heiler die gesamte Energie, die in
seinem Unbewußten im Hinblick auf die archetypische Figur der
Mana-Persönlichkeit entsteht.

Der Therapeut, sei er nun Arzt oder Heiler, verkörpert stets diese
„magische" Rolle auf unbewußter Ebene. Der Handaufleger erinnert mit seinen Verhaltensweisen und seinen Gesten an die Liebko-
sungen der Eltern und gleichzeitig an die okkulte Macht des Magiers.

Der Archetyp der Hand

Wenn man die Evolution betrachtet, so ist der Archetyp der Hand
älter als der des Schamanen. R. Balbi hat in einer Studie[21] die Evolution des Menschen in 22 Stufen unterteilt. In der Stufe 12 im späten
Eozän erschien erstmals die typisch menschliche Hand mit der
Gegenüberstellung des Daumens zu den anderen Fingern. Dies geschah bei einem unserer frühen Vorfahren, der einem heutigen
Halbaffen ähnlich sah. Mit diesem Pinzettengriff lassen sich viel
feinere Gegenstände fassen und manipulieren. Damit ist auch eine
größere – und menschlich gesprochen – zärtlichere Aufmerksamkeit
gegenüber den Nachkommen möglich. Vielleicht begann sich schon

vor 40 Millionen Jahren der Archetyp der schützenden und liebkosenden Hand zu formen, der heute eine derart große Macht auf uns
ausübt.

Die Figur des Schamanen ist viel jünger, weil der Homo erectus
(Stufe 16) im unteren Pleistozän und damit vor rund 500 000 Jahren
lebte. Wie archäologische Funde beweisen, glaubte er an ein Weiterleben nach dem Tod und betrieb einen Totenkult. Es ist deswegen ziemlich wahrscheinlich, daß schon damals ein Vertrauen in den Zauberer
bestand. Auf den Homo erectus folgte schließlich in der Stufe 17 vor
ungefähr 250 000 Jahren der Homo sapiens, der heutige Mensch.

Der Heiler, der seine Hand auflegt, schafft dabei die Situation einer „archaischen Kopie, in der man einerseits die mächtige, beschüt-
zende Hand erkennt und auf der anderen Seite das verlassene, hilfs-
bedürftige Kind".[22] Die Hand kann den Schutz der Mutter und
gleichzeitig eine sichere Führung ausdrücken.

Dieser Symbolismus der Hand konnte sich im Leben der Menschen wie der Religionen immer stärker durchsetzen. In der christlichen Kunst bedeutet die Hand, die aus den Wolken hervorragt, die
Präsenz und die Macht Gottes. In der katholischen Kirche legt der
Bischof eine Hand auf den Kopf des Firmlings und zeichnet mit dem
Chrisam (Salböl) ein Kreuz auf dessen Stirn. Auf diese Weise wird
die Gabe des Heiligen Geistes in ihrer Fülle übertragen.

Im Buddhismus und im Hinduismus existiert eine ausgefeilte
Symbolsprache der Handhaltungen und Gesten. Sie heißen Mudras
und drücken göttliche Kräfte aus. In der islamischen Welt symbo-
lisiert die Hand Fatimas Treue, Vorsehung und Großzügigkeit. In
der Kultur der Tolteken stellt die „lange Hand" von Huamac die
Sonnenstrahlen dar, und bei den Ägyptern bedeutet die Hand die
Vereinigung des Feuers mit dem Wasser, des Männlichen mit dem
Weiblichen.

Die Hand ermöglicht ebenfalls eine Form der nonverbalen Kommunikation. Die Hand ist eine Verlängerung des Gehirns für die
Kommunikation. Sie dient handwerklichen Tätigkeiten und gibt
auch Emotionen eine äußere Form. Mit Hilfe der Hand geben wir
unseren Seelenzustand bekannt, wir präzisieren, verneinen und un-
terstreichen mit ihr. Die Hand ist ein wichtiges Instrument der semiotischen Kommunikation.

Rechte und linke Hand in der Symbolik

Meiner Meinung nach kommt der linken und der rechten Hand beim Handauflegen eine unterschiedliche archetypische Symbolbedeutung zu. Diese wirkt auf die unbewußten Strukturen des Patienten ein. Von den ersten Seiten dieses Buches an versuche ich zu beweisen, daß die wahre Macht und das wahre Okkulte aus dem Unbewußten kommen.

Auf den kollektiven Inhalt des Unbewußten macht Jung aufmerksam. So enthalte das Unbewußte nicht nur persönliche, sondern auch unpersönliche, kollektive Elemente in Form erblicher Kategorien oder Archetypen. Die bewußte Persönlichkeit stelle deshalb ein mehr oder minder willkürliches Segment der kollektiven Psyche dar.

Wir haben gesehen, wie der Mensch durch autogenes Training, Biofeedback und Yoga aktiv den eigenen Körper beeinflussen kann. Wir haben auch festgestellt, wie dasselbe auch bei Hypnose auf passive Weise geschieht. Bei all diesen Beispielen und auch bei der somatischen Krankheit, die wir als Versuch der Selbstheilung auffassen, hat die Suggestion Macht über die Gesundheit und den Körper.

Der Mensch ist weit davon entfernt, nur eine materielle Einheit zu sein. Er ist vielmehr ein einziges Pulsieren psychischer Kräfte, die im religiösen Bereich „spirituell" genannt und auf das Göttliche projiziert werden. Tatsächlich ist die Psyche oder psychologische Seele eine offene Tür zum Mysterium Gottes.

Neben der konstanten verbalen Kommunikation und der sprunghaften Kommunikation durch psychische Integration – sprunghaft deswegen, weil sie unter beinahe unbekannten Parametern stattfindet – zeichnet sich beim Handauflegen eine „Form" der psychischen Kommunikation mit sich selbst ab. Sie erfolgt durch Projektion der archetypischen Figuren des Schamanen und der heilenden Hand auf den Therapeuten. Diese Projektionen werden gelebt und spiegeln sich im Innern des Kranken, wie dies in den Fällen der Patientinnen M. G. und L. R., des Patienten R. L. und der drei Patientinnen des Dr. Tampler geschah. Die Ergebnisse dieser Kommunikation und Projektion zeigten sich in der Besserung der Gesundheit.

Das Unbewußte verbindet das existentielle bewußte Leben, das heißt die konkreten Probleme des Heute (wie die Krankheit), mit dem persönlichen unbewußten Erleben und den archetypischen Projektionen zu einer harmonischen Synthese mit zahlreichen Facetten. Manche Ereignisse erscheinen dabei zufällig, sind aber im Innersten mit einem gemeinsamen Untergrund verbunden, der seinen Ausdruck in symbolischer Form findet.

Der bewußte Mensch

In der Symbolik, die sich in den archetypischen Projektionen widerspiegelt, kommt der Unterscheidung zwischen links und rechts eine große Bedeutung zu. Die vertikale Achse des Kreuzes, an der Jesus Christus hängt, bildet das Gleichgewicht zwischen links und rechts. Dieses Gleichgewicht bedeutet die Hingabe an den göttlichen Willen. Ausdruck dafür sind auch die gefalteten Hände. Sie wiederum bedeuten: „Ich konzentriere mich auf das Gebet und gehe in mich selbst" oder „Geist Gottes, handle in mir".

Alles, was rechts ist, bedeutet in allen Kulturen Willen, Bewußtsein, Licht, Handeln, Macht, moralische Geradlinigkeit und geistige Klarheit. Links ist ein Symbol für die Welt des Instinkts, für das Dunkel, das Unbewußte, das Okkulte und die Passivität.

Christus ist nicht nur Erlöserfigur, sondern auch das Vorbild für alle Menschen. Und als solches hat er am Kreuz seine Füße gegen den Boden gerichtet und den Kopf gegen den Himmel. Er ist somit ein Mensch dieser Welt, mit seinem Anteil an Dunklem, Unbewußtem und Instinkthaftem (siehe die Versuchung in der Wüste). Gleichzeitig ist er mit seinem Licht, seiner Macht, seiner geistigen Klarheit und seiner Handlungsweise (Schöpfung und Erlösung) auch Gott. In Christus begegnen sich nicht nur unten und oben, links und rechts; er ist auch ein Modell des Menschen, der im Gleichgewicht sein muß zwischen dem rationalen, kalten und verzweifelten Gewissen und dem überwiegend instinkthaften Unbewußten. Der Mensch, der kämpft, um ein Gleichgewicht zu finden zwischen Bewußtsein und Unbewußtem und um zu verstehen, realisiert den bewußten Menschen und legt dadurch die Grundlagen für eine Wiedergeburt im Geist. Denn was der Mensch versteht, ist nicht mehr unbewußt, sondern bewußt und damit beherrschbar.

Auch bei den gefalteten Händen treffen Bewußtsein und Unbewußtes aufeinander. Sie bedeuten eine Kontaktaufnahme mit dem tiefen Selbst, das in das Mysterium des Lebens mündet und sich vor ihm verneigt.

Bestätigt die Neurophysiologie die Symbolik?

In der buddhistischen Tradition berührt Buddha mit der rechten Hand die Erde; dies symbolisiert seine Herrschaft über die Erde und entspricht dem aktiven Pol. Die linke Hand hingegen hält die Bettelschale oder ist gegen den Himmel gerichtet; sie ist rezeptiv und stellt den passiven Pol dar. In der chinesischen Kultur entspricht die rechte Hand dem Yang, dem Symbol der Kraft, während die linke Hand dem Yin und damit dem Symbol der Schwäche zugeordnet ist. In der hinduistischen Tradition gibt es heute noch eine strenge Regel für die Darmentleerung. Wenn diese erfolgt ist, wäscht man sich ausschließlich mit der linken Hand. Niemals verwendet man dazu die rechte Hand. Mit der rechten Hand ißt man, und deswegen muß sie reingehalten werden. Europäische Touristen, die diese Regel nicht kennen, machen immer wieder den Fehler, einem anderen Menschen einen Gegenstand mit der linken Hand zu reichen, was streng verpönt ist.

Ich zitiere G. Abraham: „Die rechte Körperhälfte gilt im allgemeinen mehr als die linke. In Wirklichkeit ist es jedoch so, daß die linke Hirnhälfte wegen der Pyramidenkreuzung der Nervenbahnen an der Grenze zwischen Rückenmark und verlängertem Mark die rechte Körperhälfte befehligt und umgekehrt. So kommt es zum Paradox, daß die vermeintlich bessere Körperhälfte von der vermeintlich schlechteren Hirnhälfte gesteuert wird. In der linken Hirnhälfte haben die rationalen und mathematischen Fähigkeiten ihren Sitz, während die rechte Hemisphäre mehr der künstlerischen und irrationalen Seite zugeordnet ist."[23]

Damit bestätigt die Wissenschaft viele Traditionen und symbolhafte Vorstellungen. Die Hirnhälfte, in der unbewußte, kreative Prozesse ablaufen (rechts) befehligt die linke Hand, die der Tradition zufolge Sitz der unbewußten Aktivität ist. Und die linke rationale Hirnhemisphäre steuert die rechte Hand, der man seit jeher das positive Wollen, den Willen und die Aktivität zuschreibt.

Funktion und Position der Hände beim Handauflegen

Die herkömmliche Symbolik der rechten und der linken Hand findet ihre Entsprechungen auch auf Gebieten, die dem Paranormalen nahestehen. In der Magie bedeutet die rechte Hand die gute, die Weiße Magie, die linke jedoch die Schwarze Magie und damit schlechte Magie. Beim Handlesen drückt sich in der rechten Hand das konkrete Leben – die laufenden Dinge des Lebens und ihre Veränderungen – aus. Die rechte Hand ist die Hand des bewußten Ichs. Die linke Hand symbolisiert das unbewußte Gepäck des Menschen und damit alles, was unsere Lebenserfahrung wie in einem Archiv speichert.

Beim Handauflegen wirkt die rechte Hand lebensspendend. Sie verleiht symbolisch Energie und lädt den Organismus des Patienten auf. Die linke Hand hingegen absorbiert symbolisch das negative Potential, das schlechte. Aber Vorsicht: Es geht hier nur um *Symbole*. Diese Aussagen sind symbolisch und archetypisch gemeint, funktionieren aber im richtigen Zusammenhang. Es kann also beim Handauflegen vorkommen, daß die rechte und die linke Hand von sich aus eine unterschiedliche archetypische Resonanz erzielen.

Wie ich später noch ausführen werde, ist es für die Therapie produktiv, sich visuell die Energie vorzustellen, die von den eigenen Händen ausgeht und die das Übel trifft und es bekämpft. Dieser suggestive Mechanismus teilt sich dem Patienten auf unbewußte Weise mit und kann den Placeboeffekt auslösen. Dieser äußert sich in einer kreativen Autosuggestion, die um so stärker ausfällt, je wirksamer auch der Auslöser ist.

Die Stellung und die Art, wie man die Hände anwendet, erhält in diesem Zusammenhang eine präzise Bedeutung, die auch von deren Funktion abhängt. Ich empfehle dabei folgendes Vorgehen:

1. Man läßt den Patienten Platz nehmen, setzt sich ihm gegenüber
   (beide müssen bequem sitzen) und nimmt seine Hände: Ohne zu
   sprechen, mit geschlossenen Augen oder sich in die Augen schau-
   end, sitzt man einige Minuten dar. Das bringt viel, denn wenn der
   Therapeut wirklich diesen Namen verdient, hat er eine innere
   Kraft, eine Sicherheit, die sich dem Patienten mitteilt. Dies ist der
   erste Schritt, um eine bisher nicht existierende zwischenmenschliche Beziehung aufzubauen. (Wer hat selbst im Rahmen einer Familie Zeit für solche Kontakte?) Man möge sich daran erinnern,
   daß es auch eine „Macht des Körpers über die Seele" gibt (siehe
   Seite 117).
2. Man legt immer beide Hände an entgegengesetzten oder sich entsprechenden Seiten auf und hält sich dabei an folgende Kriterien:
   a) Bei Schmerzen legt man die linke Hand auf die schmerzende
      Stelle und die rechte Hand auf die gegenüberliegende Körper-
      seite oder – wenn dies nicht möglich ist – seitlich versetzt. Man
      denke daran, daß die linke Hand den Schmerz absorbiert,
      während die rechte Hand Leben spendet.
   b) Bei Angstzuständen legt man die linke Hand auf das Sonnenge-
      flecht (etwas höher als der Magen) und die rechte Hand auf den
      Kopf.
   c) Bei anderen Störungen legt man die rechte Hand auf den Kör-
      perteil oder das Organ, das aktiviert werden soll, und die linke
      Hand auf den gegenüberliegenden Körperteil.

Weitere Angaben sind praktisch überflüssig. Manche Bücher geben
genaue Anweisungen, bei welchen Krankheiten man die Hände wo-
hin zu legen hat, und berufen sich dabei auf hypothetische Strömun-
gen des Fluidums im Körper – darauf werden wir noch zurückkommen. Die einzige Rechtfertigung für diese Anweisungen liegt darin,
daß die Autoren dieser Bücher an die Existenz des Fluidums glauben. Die Gesten nehmen somit die Funktion eines magischen Ritus
an, der das Unbewußte des Therapeuten und damit auch des Patienten gefangennimmt. Es ist nicht gesagt, daß es nicht funktioniert. Oft
tritt das ein, woran man glaubt.
Das Placebo kann in einer beliebigen Handlung bestehen. Ich habe gesehen, wie Therapeuten den Ellbogen auf den kranken Körper-

teil legten. Wichtig ist zunächst die zwischenmenschliche Beziehung mit ihren Faktoren der bewußten und unbewußten Kommunikation. Doch darf man nicht vergessen, daß gerade die Hände den dabei tiefverwurzelten Archetypen entsprechen.

Das Kommunikationsmodell beim Handauflegen

Das Handauflegen aktiviert zwei „Heilungsfaktoren", nämlich die zwischenmenschliche Beziehung und die Macht der Seele über den Körper. Diese beiden Faktoren konkretisieren sich in der Figur des Handauflegers, der in sich mehrere Auslöser vereinigt. Materiell gesehen bestehen sie in der „Person" des Therapeuten, der eine mehr oder minder produktive persönliche Beziehung aufbaut, und im Auflegen der Hände. Diese Handlung stellt ein magisches Instrument dar, das besondere Auswirkungen auf die Psyche des Patienten hat. Insgesamt wird eine Erwartungshaltung und ein Vertrauen erzeugt, das in seinen Auswirkungen den Glauben streift.

Wir haben das Problem der archetypischen Projektion in den vorhergehenden Kapiteln behandelt, doch muß man sich fragen, *wie* die psychische Integration beim Handauflegen funktioniert. In allen therapeutischen Situationen sind paranormale Erscheinungen möglich. Wenn man beim Handauflegen das „archaische Paar" Eltern-Kind bildet, entsteht eine Situation, bei der sich paranormale Phänomene ankündigen können. Sie entstehen vor allem in Form der „psychischen Kommunikation", die stillschweigend wie bei einer Sitzung zu zweit aktiviert werden kann. Es ist nicht gesagt, daß das immer geschieht, doch sprechen einige Elemente für ein gelegentliches Auftreten. Und wenn sie tatsächlich eintritt, wird sich dessen niemand gewahr, weil die psychische Integration unbewußt arbeitet und ein weiteres Element zur Verstärkung der kreativen Suggestion darstellt.

Dieses Ereignis würde ich „unbewußte Versklavung" nennen; keiner der beiden Protagonisten ist auf dem laufenden. Der Therapeut überträgt unbewußt seine Überzeugung, mächtig zu sein und heilen zu können oder den Patienten mit dem eigenen Glauben an Gott helfen zu können. Bei der psychischen Integration des Handauflegens sind die drei Elemente vorhanden, die ich als für diese Phänomene typisch bezeichnet habe. Tatsächlich befinden sich die beiden Personen in nächster Nähe; es gibt einen ausreichenden Auslöser, und die Figur des „Leaders" wird vom Therapeuten repräsentiert.

Aus der Synthese der drei Kommunikationsformen, das heißt der verbalen Kommunikation mit „hyperästhetischer Entschlüsselung", mit der Kommunikation durch psychische Integration und der archetypischen Projektion können wir das folgende Kommunikationsmodell beim Handauflegen aufstellen.

KOMMUNIKATIONSMODELL BEIM HANDAUFLEGEN

Placebo als Auslöser	Art der Kommunikation
	1) Zwischenmenschliche Kommunikation durch Hyperästhesie*:* Entschlüsselung winzigster visueller und akustischer Signale. Der Blick flößt Sicherheit ein, die Sprache macht mit dem harmonischen Fließen der Worte Hoffnung. Die Orientierung zum Menschen hin, die Blickrichtung, der damit übereinstimmende Inhalt der Worte, der Ton, in dem sie ausgesprochen werden, die auf den Nächsten gerichtete Aufmerksamkeit und das Zuhören führen zu einem Feedback, zu einer Reaktion, welche die Hände mit ihren Gesten unterstreichen, bestätigen und hervorheben. Dadurch entsteht eine glaubensähnliche Erwartungshaltung. Diese Art der Kommunikation ist stets wirksam.
Mana-Persönlichkeit, welche die Hände auflegt	**2) Zwischenmenschliche Kommunikation durch psychische Integration:** Die verbale Kommunikation und die „magische" Figur des Handauflegers erzeugen den existentiellen Auslöser des Vertrauens, so daß sich eine psychische Kommunikation einstellen kann. Die psychische Integration stellt die erste Stufe der paranormalen Erscheinungen dar. Ich würde sie als bedingte Telepathie bezeichnen, weil sie die Präsenz der Beteiligten im selben Raum voraussetzt. Als paranormale Erscheinung unterliegt sie einigen Parametern: der Reaktion auf bewußte oder unbewußte existentielle Auslöser, der besonderen Natur dieser Auslöser im Bereich

Placebo als Auslöser	*Art der Kommunikation*

der Emotionalität, der Funktion einer „archaischen" Kommunikation, der überwiegend auftretenden Manifestation in verschiedenen Bewußtseinszuständen. Daneben gibt es auch noch unbekannte Parameter, so daß die paranormale Erscheinung sich nur unregelmäßig einstellt.

3) **Archetypische Projektion:** Seit vielen zehntausend Jahren begleitet die Figur des Schamanen unsere Evolution und bildet einen Archetypen im kollektiven Unbewußten. Es gibt auch den Archetyp der Mutterfigur, die liebkost oder eine autoritäre Führung innehat. Insgesamt nimmt der Handaufleger für den Patienten, dessen Krankheit eine Regression und eine Abhängigkeit verursacht, unbewußt die Züge einer mächtigen Elternfigur an.

Der Vollständigkeit halber sei noch dieses Schema hinzugefügt:

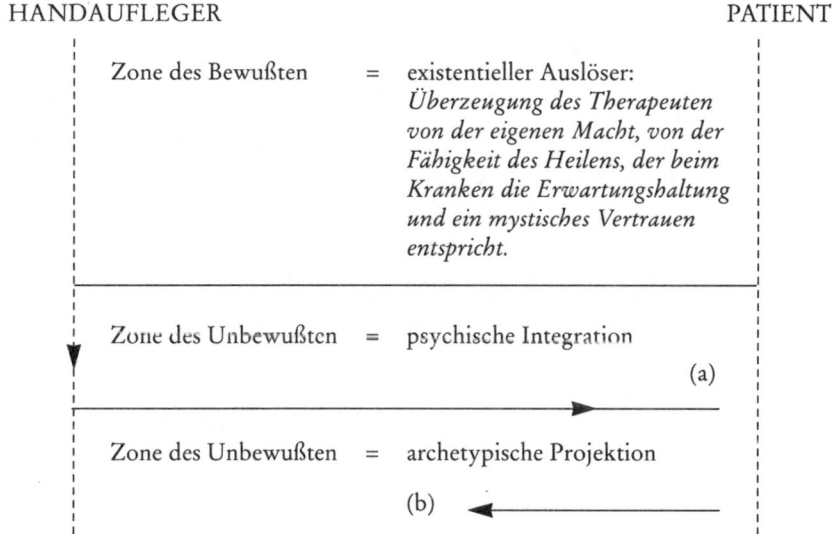

MODELL DER KOMMUNIKATION DURCH
PSYCHISCHE INTEGRATION

HANDAUFLEGER   PATIENT

Zone des Bewußten   =   existentieller Auslöser:
*Überzeugung des Therapeuten
von der eigenen Macht, von der
Fähigkeit des Heilens, der beim
Kranken die Erwartungshaltung
und ein mystisches Vertrauen
entspricht.*

Zone des Unbewußten   =   psychische Integration

(a)

Zone des Unbewußten   =   archetypische Projektion

(b)

Der bewußte Auslöser des Therapeuten, die Überzeugung oder Hoffnung hegt, er könne die Heilung bewerkstelligen, findet seine Ergänzung in der Hoffnung und der Erwartungshaltung des Patienten. Bei einem paranormalen Phänomen wandert der Auslöser von der Zone des Bewußten in die des Unbewußten (dem Pfeil folgend), wo die psychische Kommunion im tiefsten Unbewußten ohne äußere Zeichen stattfindet: Gebiet (a).

Die archetypische Projektion findet hingegen nur im Unbewußten des Patienten statt. Sie erhöht die Figur der „Mana-Persönlichkeit", die im eigenen Unbewußten als Teil des kollektiven Unbewußten begründet liegt. Mit (b) habe ich diesen Prozeß angedeutet, der in der tiefen Psyche des Patienten stattfindet.

Das Versagen beim Handauflegen

Die Kultur als Element der Heilung

Die Kulturen haben unterschiedliche Wege gefunden, um sich dem Heiligen zu nähern. Damit kann sich auch der innere Antrieb zur Heilung ändern. Eine Gesellschaft, die Glaubensprobleme nur oberflächlich lebt, kann dem Aberglauben viel Raum geben, der Magie, dem Spiritismus, den Theorien über magische, heilende Kräfte und über Geistheilungen. Auf der anderen Seite hat eine richtige Schamanenkultur einen Vorteil gegenüber der heutigen technisch geprägten, skeptischen, säkularisierten Kultur mit ihrem zunehmenden Verlust des Sakralen und dem gleichzeitigen Auftreten einer billigen, oberflächlichen Art der Magie. Die Vorteile liegen in einer geringeren Blockierung der freien Kreativität und gewisser einfacher Mechanismen, die als Placebos für die Selbstheilung in Frage kommen. Heute haben die Menschen gewisse suggestive antike Traditionen vergessen, die kein Risiko darstellen und praktisch sicher helfen. Dafür haben wir heute toxische Placebos.

Jedenfalls breitet sich in unserer säkularisierten und technologischen Gesellschaft sozusagen als Sicherheitsventil eine konsumorientierte Magie aus, die einige Elemente des Schamanentums enthält. Mystisch oder pseudomystisch geprägte Sekten haben viel Zulauf, und auch in den institutionalisierten Religionen gibt es charismatische Bewegungen, bei denen Wunderheilungen zu beobachten sind – ich erinnere in diesem Zusammenhang an die „Heilungsversammlungen" von Pater Tardif.

Die Kultur als Element der Heilung dient jedoch nur als Amphitheater, weil die entscheidenden Elemente immer die zwischenmenschliche Beziehung, die Erwartungshaltung und die archetypische Projektion sind.

Dissonanzen in den tiefen Schichten der Seele

Wenn das Handauflegen nicht funktioniert, bedeutet dies, daß es in einer tiefen Schicht der Seele zu einer Dissonanz, zu einem Widerstand und zu einer Ablehnung kommt, die stärker sind
– als die Autosuggestion oder der Wille des Therapeuten zur Heilung,
– der konkrete Wunsch des Patienten nach Gesundheit.

1) Das Placebo führt als Auslöser trotz aller Anstrengungen des Therapeuten nicht zu einer kreativen Autosuggestion, besonders im Hinblick auf jene Krankheiten, die positiv auf das Handauflegen reagieren. Die wichtigsten Gründe für diese Mißerfolge sind:
a) Das Fehlen einer adäquaten zwischenmenschlichen Beziehung auf der Ebene der Sympathie oder der Identifikation und natürlich auch das Fehlen einer psychischen Integration, die eine positive, bewußte Beziehung voraussetzt. Aus einem Streit kann keine Heilung hervorgehen. Die Anhänger des Okkulten sprechen von einer negativen Einstellung. Das ist eine etwas grobe Bezeichnung für eine psychologische Problematik, die mit Intuition zu tun hat. Sie äußert sich als Dissonanz auf der Ebene des Instinkts und in tiefenpsychologischen Schichten. Bisweilen tritt diese Unvereinbarkeit an die Oberfläche und wird zur Antipathie und zur Feindseligkeit. In den meisten Fällen jedoch bleiben diese Gefühle in tiefen Schichten begraben, verhindern

aber jegliche Kommunikation. Der Mißerfolg beim Handauflegen kann seinen Grund in der zwischenmenschlichen Beziehung haben: Der Beweis wird oft dadurch erbracht, daß bei einem Wechsel des Therapeuten bisweilen bessere Ergebnisse erzielt werden.

b) Dann gibt es auch Fälle, bei denen kein Therapeut Erfolg hat. Auch hier ist die Erklärung in den tiefen Schichten der Seele zu suchen. Sie liegt in der unbewußten Ablehnung, in der Angst und in der Verneinung dieser Therapieform.

2) Wir dürfen auch nicht vergessen, daß psychosomatische Leiden, die von Narzißmus oder vom unbewußten Wunsch nach Sühne ausgelöst werden, trotz des konkreten Heilungswunsches vom Handauflegen *nicht* beeinflußt werden können.

Handauflegen in Gruppen

Die Grenzen des Handauflegens fallen mit den Grenzen der ideenbildenden Kraft des existentiellen Auslösers zusammen, der die kreative Autosuggestion bewirkt. Das Handauflegen erreicht kaum die Ergebnisse der „charismatischen Versammlungen", bei denen Glaube und Mystik den betreffenden Patienten außerordentlich starke Auslöser liefern. Sie setzen die aktivsten Mechanismen der Autosuggestion in Bewegung. Solche „Heilungsversammlungen" leitet Pater Tardif; sie finden somit im Rahmen des katholischen Glaubens statt und führen nicht selten zu Wunderheilungen. Pater Tardif kümmert sich aber kaum um eine klinische Überprüfung der behaupteten Heilungen, zum Beispiel von Tumoren, und glaubt im allgemeinen den Aussagen der Betroffenen, wenn sie von einer „vermeintlichen" Besserung sprechen. In diesem Zusammenhang sei an den Fall Tampler mit der „Heilung" der krebskranken Frau erinnert.

Meiner Meinung nach gehen auch die Heilungen, die bei diesen charismatischen Versammlungen geschehen, im Hinblick auf ihre psychobiologischen Mechanismen auf einen Placeboeffekt zurück, auch wenn sie offensichtlich viel weiter reichen, als dies beim Handauflegen möglich ist. Ich bezweifle auch keinen Augenblick, daß der

Heilige Geist bei jenen Versammlungen präsent ist, „denn wo zwei oder drei in meinem Namen versammelt sind, da bin ich mitten unter ihnen" (Matthäus 18, 20). Jedenfalls sind diese Heilungen ein Werk des Glaubens an Gott, der zu diesem Zweck Naturgesetze vorgesehen hat.

Andere Interpretationen für den Heilungsmechanismus

Die nichtwissenschaftliche Interpretation: Das mythische Prana

Es gibt viele Interpretationen für die Erfolge beim Handauflegen. Diese Interpretationen haben keinen wissenschaftlichen Wert, sondern stützen sich auf Glaubensvorstellungen, die von den verschiedenen Kulturen ausgearbeitet wurden, weil sie über die wahre Natur dieser Erscheinungen nichts wissen konnten. Dies gilt zum Beispiel von der magisch-rituellen Interpretation der Stammeskulturen. Sie stellen sich vor, daß die Naturgesetze auf einen Befehl hin dienstbar gemacht werden können. Ein solches magisches Verfahren wenden noch heute Indianerstämme des Amazonasgebiets an, zum Beispiel die Yanomami.

Die hinduistische Kultur kennt den Begriff des Prana. Sie versteht darunter den Lebensatem, eine psychische Energie oder Lebenskraft. Das Prana äußert sich im Weltall, hat seinen Sitz aber im Herzen der Menschen. Das Pranayama, wörtlich übersetzt „verlängerter Atem", ist die dritte Stufe des Yoga. Es handelt sich dabei um eine Atemtechnik, die zur „Entspannung" führt. Das Pranayama ist eine Art Biofeedback, das bei echten Yogis zu erstaunlichen Ergebnissen führen kann. Der Denkfehler liegt nun darin, daß man die Erfolge dieses Trainings im Hinblick auf die Atmung, die Konzentrationsfähigkeit und die Kontrolle bestimmter Körperfunktionen als Beweise für die Existenz eines *heilenden* Prana hält. Dieses Prana soll einigen Menschen in besonderem Maße zur Verfügung stehen, so daß sie es beim Handauflegen anderen spenden können. Dieses Prana ist jedoch die Erfindung einer alten Hochkultur, die mit diesem Modell die Erfolge der Yogis und des Handauflegens erklären konnte. Die Technik des Pranayama ist die Symbolisierung eines spirituellen Lebens, das sich über den Atem realisiert. Dies wirkt sich natürlich günstig auf die Seele und das gesamte somatische und emotionale Gleichgewicht aus. Der Glaube an dieses vermeintliche Prana als Bestandteil des Menschen führte dazu, daß sich nicht wenige Handaufleger in Europa auch pranische Heiler nennen. In Italien heißt das Handauflegen sogar „pranoterapia".

Von der mesmerischen Interpretation der Heilung war schon die Rede. Es bleibt hier noch die spiritistische Interpretation, über die ich nur wenige Worte verlieren möchte, weil von der Banalität dieser Anschauung schon genug die Rede war. Die spiritistischen Heiler sind überzeugt, daß sie von einem Geist geführt werden, der über das energetische Potential der Therapeuten die Wunderheilungen bewirkt. Auf diese Weise befreit sich der Therapeut von der „Verantwortung" für nichterfolgte Heilungen und schreibt sie dem gering ausgeprägten Geisterglauben der Patienten zu.

Die biopsychische Interpretation

In meinem ersten Werk mit dem Titel „Handbuch der Parapsychologie" habe ich geschrieben:

„Zu dieser Fernsehsendung von Piero Angela möchte ich einige Bemerkungen machen. Ich gehe übrigens mit dem Autor konform, was den Spiritismus (nur im Hinblick auf den kreativen Aspekt und nicht auf paranormale Erscheinungen) und die Wunderheiler anbetrifft, mit denen ich mich in meinem nächsten Buch beschäftigen will."[1]

Die unbewußten Mechanismen des Handauflegens wurden hier schon zur Genüge abgehandelt. Sie stimmen nur zum Teil mit der Hypothese überein, die der bekannte Fernsehjournalist Piero Angela in seiner Sendung und dem darauf fußenden Buch veröffentlicht hat. Er vertritt die Hypothese einer Placebowirkung und stellt sich die Frage:

„Ist der Nutzen des Placebos real oder nur scheinbar? Wirkt es tatsächlich auf die Krankheit ein, oder verändert es die Interpretation, die der Patient seiner Krankheit gibt? Mit anderen Worten: Können die Ergebnisse des Placeboeffekts das Symptom einer Selbstheilung sein? Oder handelt es sich um eine einfache Illusion, eine zeitweilige Besserung, die den Verlauf der Krankheit nicht ändert?"[2]

Piero Angela befragte dazu Professor Arthur Shapiro, der als Psychiater beim *Mount Sinai Medical Center* in New York arbeitet und der einer der Pioniere bei der Untersuchung des Placeboeffekts ist. Seine Antwort lautete:

„Diese Autosuggestion verändert den physischen Zustand des Individuums nicht, sondern ist nur auf psychischer Ebene, auf der Ebene der Empfindungen wirksam. Der Patient kann auf diese Weise stimuliert werden, Dinge zu tun, die er sonst nicht wagen würde, und das kann ihm Nutzen bringen. Er kann zum Beispiel besser gehen, ohne einen Fuß nachzuziehen oder sich bei gewissen Tätigkeiten, die ihm bei der Heilung helfen, mehr anstrengen.

Der Placeboeffekt ist somit als Suggestion wirksam und führt zu einer veränderten Interpretation des Schmerzes oder der Krankheit. Gleichzeitig verändert er auch das Verhalten, was positive Auswirkungen haben kann. Auf die Krankheit selbst kann der Placeboeffekt nicht einwirken, besonders nicht, wenn sie organischen Ursprungs ist."[3]

An anderer Stelle bezeichnet A. Shapiro die Geschichte der Medizin als die Geschichte des Placeboeffekts. Die Arzneimittel sind seit jeher Moden unterworfen: Erst galten sie als Wundermittel, dann gerieten sie in Vergessenheit. Um 1800 waren Aderlässe, Klistiere und Blutegelbehandlungen groß im Schwange und führten zu Heilungen ohne effektive Verbesserungen.

Auf die Fragen von Piero Angela habe ich in diesem Buch ähnliche Antworten wie Professor Shapiro gegeben – allerdings mit einigen Vertiefungen aufgrund meiner wissenschaftlichen Erfahrungen über das Paranormale. Professor Shapiro bleibt im Zusammenhang mit dem Placebopräparat bei der klassischen psychologischen Suggestion stehen. Das Handauflegen führt hingegen mehr in die Tiefe. Es stellt sich hier die Frage nach dem Grad oder der Intensität des Auslösers, der vom Placebo in Gang gesetzt wird. In jeder therapeutischen Situation ergibt ein stärkerer und tieferer Auslöser auch bessere Resultate. Er muß jedoch unbewußt wirksam und somit vom „okkulten", „magischen" oder glaubensähnlichen Typ sein. Er stimuliert die kreative Suggestion. Aus diesem Grund führt das Placebo des Handauflegens auch zu Ergebnissen, die über längere Zeit hinweg stabil bleiben.

Und was bedeutet für Shapiro überhaupt Heilung oder Gesundwerden? Heilt ein Arzneimittel vielleicht die Arthrose? Oder läßt es sie nicht praktisch unberührt und mildert nur den Schmerz wie das Placebo? Die Heilung ist eine der zahlreichen Mythen der Medizin. In den meisten Fällen wäre es korrekter, von einem Rückgang der Symptome zu sprechen.

Aura und Bioplasma

Es wird immer wieder behauptet, der Körper gebe eine Strahlung ab, die Aura oder das Bioplasma. Diese Strahlung trete auch von den Händen aus und könne den Körper des Patienten beeinflussen und ihm die Gesundheit wiedergeben. Dies ist nach heutigen Kenntnissen reine Phantasie. Doch damit haben sich nicht wenige Personen in der Esoterikszene ein Vermögen verdient – sei es aus Ignoranz oder aus Unredlichkeit.

Kann man Lebensenergie messen?

Diese oder ähnliche Fragen werden häufig gestellt und stehen in jener Tradition, die eine physikalische, materielle oder magnetische Erklärung für die Erfolge des Handauflegens sucht. Alle Versuche in dieser Richtung sind jedoch fehlgeschlagen, angefangen bei den Experimenten von G. De Bourg und De Carlini bis zur modernsten Kirlianapparatur. Und es ist höchst unwahrscheinlich, daß künftige Untersuchungen eine solche Lebensenergie werden nachweisen können.

Natürlich weiß man, daß der Mensch wie alle anderen Lebewesen elektromagnetische Strahlen abgibt. Man kann sie mit geeigneten Apparaten wahrnehmen, zum Beispiel mit dem Elektroenzephalographen oder dem Elektromyographen. Auf dem Esoterikmarkt gibt es jedoch noch andere Apparate, die vorgeben, eine Lebensenergie messen zu können. Merkwürdigerweise tun sie dies immer mit Hilfe normaler physikalischer Gesetze – und damit messen sie, wenn überhaupt, auch nur normale physikalische Erscheinungen.

Im Jahr 1939 fotografierte der russische Elektrotechniker Semjon Dawidowitsch Kirlian mit Hilfe eines einfachen Apparats für die Elektrotherapie Hände bei sehr hohen Spannungen. Die Bilder zeigten um die Hände rote, blaue oder gelbe Höfe, die stellenweise gestreift oder gefleckt waren. Der russische Biologe W. M. Injuschin behauptete nun, mit dieser Kirlianfotografie könne man die Lebensenergie wahrnehmen und das Bioplasma bildlich festhalten. Dieses wäre dann nichts anderes als das mythische Fluidum, das den Händen der Handaufleger entströme. Damit sei auch der Nachweis erbracht, daß diese nicht einfach Scharlatane seien, denn ihre Fähigkeit lasse sich sozusagen auf eine Fotoplatte bannen. Die Anhänger der Kirlianfotografie behaupten eine bläuliche Farbe deute auf eine Hand hin, die Schmerzen absorbieren kann, während eine rötliche Aura eine lebensspendende Hand bedeute.[4]

Ein Scherz mit der Hand aus Metall

Ich habe hier eine Kirlianfotografie vorliegen: Um die Finger der Hand erkennt man eine bläuliche Aura. Handelt es sich um eine Hand, die absorbierende Lebensenergie verrät? Nein, die Hand ist aus Metall. Das entsprechende Experiment führte Professor Palmieri vom *Instituto di Biofisica e Cibernetica des Centro Nazionale delle Ricerche* in Genua auf Ersuchen von Piero Angela durch. Er nahm diese Kirlianfotografie der metallenen Hand auf.

Eine ernsthafte Studie dreier amerikanischer Forscher der *Duke University* (L. Burton, W. Joines und B. Stevens), über die bei der 17. Jahresversammlung der *Parapsychological Association* 1977 berichtet wurde, zeigte eindeutig, daß die Experimente mit der Kirlianfotografie *nicht* reproduzierbar sind. Sie fallen je nach verwendetem Apparat und angewandter Spannung ganz anders aus. Keinesfalls handelt es sich bei diesem Kirlianeffekt um ein paranormales Phänomen. Drei weitere amerikanische Forscher (R. Petrini, D. Lord und R. Carter) kommen zu dem Ergebnis, daß die Lichterscheinungen, die bei allen lebenden und unbelebten Objekten bei der Kirlianfotografie auftreten, auf Gase in der nächsten Nähe zurückgehen. Diese Gase werden vom elektrischen Feld, das mehrere zehntausend Volt umfaßt, ionisiert und ergeben dabei die Lichterscheinungen. Neon färbt die Fotografie orangerot, Kohlenwasserstoff rot, Sauerstoff gelb, Stickstoff blau.

Es wurden Schraubenschlüssel, Muttern, Münzen, Pfannenböden, Plastikfolien und Ringe fotografiert: Alle hatten dieselbe „Aura". Die Färbung änderte sich jedoch mit der Zusammensetzung der umgebenden Gase. Eine leichte Veränderung der Luftfeuchtigkeit oder der Spannung reichte aus, um die gesamte Fotografie zu verändern.

Professor Palmieri erklärte dazu: „Es tut mir leid, all jene enttäuschen zu müssen, die geglaubt haben, es seien ein Fluidum oder Lebensenergien im Spiel, die den Händen der Heiler entströmen. Was man auf den Bildern sieht, geht einzig und allein auf elektrische Phänomene zurück."[5]

Der Hautwiderstand

Die Haut ist ein komplexes Organ mit zahlreichen Funktionen: Sie schützt uns und enthält Sinnesorgane; durch die Haut findet ein Gasaustausch statt; die Haut dient als Ausscheidungsorgan, und mit ihrer Hilfe regeln wir auch die Körpertemperatur. Die Haut hat auch psychologische Bedeutung, weil sie auf Signale aus der Außenwelt mit Signalen aus der Innenwelt reagiert: Wenn uns etwas unangenehm ist, kommen wir ins Schwitzen, und bei Schamgefühl erröten wir.

Bereits zu Beginn des Jahrhunderts hat man festgestellt, daß die Haut ihren elektrischen Widerstand bei gewissen Reizwörtern verändern kann. Diese Schwankungen schrieb man den affektiven Reaktionen des Patienten zu; man konnte damit Probleme und unbewußte Konflikte ausmachen (Jung und Binswanger). Insbesondere C. G. Jung kreiste „Komplexe" des Patienten durch Messung des Hautwiderstands ein. Dabei mußte der Patient bei bestimmten Reizwörtern das assoziieren, was ihm gerade in den Sinn kam. In den sechziger Jahren wurden diese Forschungen eingestellt. Erhalten blieb davon der Lügendetektor, der aber nur in den USA verwendet wird, obwohl er nachgewiesenermaßen eine sehr hohe Fehlerquote aufweist. Allerdings werden solche Apparate heute in elektronischer Form wieder Mode.

„Solche Signale kann man über meßbare elektrische Schwankungen auffangen, die wir insgesamt Hautwiderstand nennen ... Auf anatomisch-physiologischer Ebene hängt der Hautwiderstand mit der Tätigkeit der exokrinen Schweißdrüsen zusammen, die auf dem ganzen Körper verteilt liegen und besonders häufig auf der Handinnenfläche und auf der Fußsohle vorkommen."[6]

Durch die unterschiedliche Schweißproduktion ändert sich auch der elektrische Widerstand der Haut. Da die Schweißproduktion aber auch von emotionalen Faktoren beeinflußt wird, sind die elektrischen Schwankungen Ausdruck zahlreicher innerer Faktoren. Angst und Streß, aber auch der weibliche Zyklus, führen zu Veränderungen der Leitfähigkeit der Haut und damit des Hautwiderstands.

„Diplome" für Handaufleger

Bevor wir unsere Schlußfolgerungen ziehen, seien hier noch einige Meinungen ernsthafter Forscher über das sogenannte Fluidum zitiert. Vor allem möchte ich kurz über den Besuch von Dr. Viktor Adamenko bei der Forschungsgruppe des *Centro Studi Parapsicologici* in Bologna berichten. Adamenko ist eine der Schlüsselfiguren der Kirlianfotografie:

„Er verbrachte einen Teil seiner Jugend in der nächsten Umgebung von Semjon Kirlian und verfolgte dessen intensive Tätigkeit. Als Physiker interessierte er sich für Hochfrequenztechnik, er war aber auch einer der Pioniere der Seelenforschung in Rußland. Er ist kein Heimatvertriebener. Heute lehrt er an der Universität Kreta und wohnt in Athen. Er interessiert sich zusammen mit seiner Frau für den Kirlianeffekt in der Biologie und untersuchte dazu die elektrischen Eigenschaften von Lebewesen. Natürlich ging das Gespräch sofort um den Kirlianeffekt und dessen ‚falschen Gebrauch‘, der in Italien und anderswo davon gemacht wird. Adamenko zeigte sich darüber sehr erstaunt. Er behauptete, man habe damit niemals die Existenz eines heilenden Fluidums (Bioplasma), das von Mensch zu Mensch übertragen werden kann, beweisen wollen, und Kirlian habe auch niemals entsprechende Intentionen gehabt. Mit Bedauern nahm Adamenko vom Mißbrauch der Kirlianfotografie und der damit zusammenhängenden intensiven Werbung Kenntnis. Sie halte die Forscher davon ab, sich auf den möglichen Nutzen der Kirlianfotografie auf biologischem und besonders psychiatrischem Gebiet zu konzentrieren.“[7]

Der Psychiater Dr. Vincenzo Colaciuri bestätigte in einem Vortrag:

„Die Lichtschwankungen, die bei der Kirlianfotografie zutage treten, sind zur Zeit noch aspezifisch: Es gibt kein Verfahren mit dessen Hilfe man eine Korrelation zwischen normalen oder paranormalen psychischen Erscheinungen und diesen Lichthöfen feststellen könnte.“[8]

Lassen wir noch Piero Cassoli zu Wort kommen. Er hofft, „daß mit der Zeit darüber Gras wächst ... daß diese Welle vorbeigeht und die Menschen merken, daß es zur Zeit keine vertrauenswürdige Kirlianfotografie und keine darauf beruhenden Diplome gibt, die dem Patienten garantieren, daß dieser oder jener Heiler wirklich fähig und ehrlich ist. Dazu braucht es viel mehr.“[9]

Unbewußte Kommunikation oder Magnetismus und Bioplasma?

Nur mit Hilfe der hyperästhetischen und unbewußten Kommunikation gelingt es uns mithin, die Auswirkungen des Handauflegens wissenschaftlich zu erklären. Die Hypothese eines Magnetismus oder eines Bioplasmas, das durch die Kirlianfotografie sichtbar gemacht werden kann, ist widerlegt. Unabhängige Forschungsinstitute konnten niemals die Ergebnisse der Kirlianfotografie zuverlässig reproduzieren. Folglich ist auch keine Korrelation mit irgendwelchen psychischen Eigenschaften oder einem Fluidum feststellbar.

Fassen wir zusammen: Nach *traditioneller* Vorstellung, die in esoterischen Kreisen noch weit verbreitet ist, richtet der Therapeut mit Hilfe seiner Gedanken und seines Willens Energie auf den Patienten, der daraus Nutzen zieht. Die visualisierte Darstellung sieht so aus:

PSYCHE (Therapeut) → **ENERGIE** (Therapeut) → **ENERGIE** (Patient)

Mein Schema der unbewußten und hyperästhetischen Kommunikation und der kreativen Suggestion ist einfacher:

PSYCHE (Therapeut) ─────────────▶ **PSYCHE** (Patient)
mechanische Energie in der
Selbstheilung

Der Therapeut „überträgt" durch die zwischenmenschliche Beziehung und mit Hilfe hyperästhetischer Signale sowie durch psychische Kommunikation eine Botschaft der Solidarität, der Sicherheit und des Mitgefühls. Im Unbewußten des Patienten trifft diese Botschaft auf eine Entsprechung, denn diese projiziert die archetypischen Figuren des Schamanen und der fürsorglichen Eltern auf den Therapeuten, was eine kreative Autosuggestion auslöst.

Die wissenschaftliche Erforschung des Handauflegens

Die neun Klassifikationen von Piero Cassoli

Beim Handauflegen kommt es gelegentlich zu Heilungen, die beweisen, daß die Intensität des inneren Auslösers zu außergewöhnlichen Ereignissen führen kann, die sich mit der einfachen Therapie vom Placebo nicht erklären lassen. Die kreative Autosuggestion aufgrund einer korrekten Kommunikation erscheint als die einzige Erklärungsmöglichkeit neben der äußeren Psychokinese, auf die wir später noch eingehen werden.

Dr. Piero Cassoli ist der Forscher, der sich am intensivsten mit den Phänomenen des Handauflegens befaßt hat. Als Arzt und Psychotherapeut hat er viele Handaufleger studiert und dabei zahlreiche klinisch dokumentierte Fälle gesammelt, bei denen es um eine Heilung oder um einen Rückgang der Symptome ging. Seine Fallbeispiele bilden ein sicheres Fundament für die wissenschaftliche Forschung.

Cassoli spricht sich über die Mechanismen der Heilung nicht aus, bestätigt aber zusammen mit G. Jannuzzo: „Wir glauben nicht an rein physische Energien, die der Heiler freisetzt, noch an rein psychologische und psychosomatische Ursachen."[1]

Cassoli entwickelte eine Klassifikation der positiven Fälle beim Handauflegen für Italien. Als Richtschnur diente ihm dabei die klinische Dokumentation. Vor allem ging es ihm dabei um zwei grundlegende Punkte:
1. die Sicherheit der Diagnose,
2. die Sicherheit der Heilung oder der Besserung.

Ich will die wesentlichen Punkte dieser Einteilung zusammenfassen:

Klasse I

a) Von mehreren Universitätsinstituten oder mehreren Krankenhäusern gesicherte, einstimmige und in Krankenberichten dokumentierte Diagnose; oder von einem Universitätsinstitut oder einem Krankenhaus dokumentierter Krankenbericht mit weiteren Laboruntersuchungen und/oder klinischen Berichten spezialisierter Ärzte.

b) Konsultation eines Arztes vor dem Handauflegen.

c) Kontrolle der Ergebnisse im Verlauf der Zeit. Über das Kriterium „Zeit", das sehr schwer zu definieren ist, muß der Arzt entscheiden, der den Verlauf und die Prognose der betreffenden Krankheit kennt.[2]

Jedenfalls empfiehlt Dr. Cassoli diesen Faktor Zeit strenger als im Normalfall zu handhaben und somit über längere Zeitspannen zu kontrollieren.

d) Erklärung der Heilung oder der Besserung von seiten des kontrollierenden Arztes. Zusätzlich ist auch die Erklärung des Patienten oder seiner Familienmitglieder nützlich, daß nämlich die Symptome verschwunden sind. Allerdings wird es schwierig sein, vor allem von den Ärzten, welche die Diagnose gestellt haben, eine solche Heilungserklärung zu bekommen.

Klasse II

a) Von einem Universitätsinstitut oder einem Krankenhaus in einem Krankenbericht dokumentierte und gesicherte Diagnose.

b – c – d) Wie bei Klasse I.

Klasse III

a) Einstimmige Diagnose mehrerer niedergelassener Ärzte mit der nötigen Dokumentation über Laboruntersuchungen, mit Röntgenbildern und so weiter.

b – c – d) Wie bei Klasse I.

Klasse IV

a) Diagnose eines spezialisierten Arztes mit entsprechender Dokumentation, nämlich Laboruntersuchungen, Röntgenbildern und
so weiter.

b – c – d) Wie bei Klasse I.

Klasse V

a) Diagnose eines Allgemeinarztes mit entsprechender Dokumentation, etwa Laboruntersuchungen, Röntgenbildern und so weiter.

b – c – d) Wie bei Klasse I.

Klasse VI

a) Diagnose eines spezialisierten Arztes oder eines Allgemeinarztes
ohne Laboruntersuchung.

b – c – d) Wie bei Klasse I.

Klasse VII

Diagnose eines einzigen Arztes, der den Heiler überprüft, mit Laboruntersuchungen, welche die Diagnose bestätigen. Er führt die
Visite durch und formuliert die Diagnose und erteilt die Erlaubnis
für das Handauflegen.

Klasse VIII

Diagnose des Arztes, der den Handaufleger überprüft, allerdings
ohne beweisfähige Laboruntersuchung.

Klasse IX

Nicht einstimmige Diagnose mehrerer Universitätsinstitute oder
mehrerer Krankenhäuser. In dieser Klasse ist zwar die Diagnose
nicht gesichert, doch besteht kein Zweifel über die subjektiven oder
objektiven Symptome.[3]

Die psychokinetische Hypothese

Unter „Psychokinese" verstehen wir die paranormale Einwirkung auf die Materie. Mit solchen Manifestationen richtet das Unbewußte des Menschen eine Botschaft an die Außenwelt. Die Psyche wirkt dabei auf die Materie ein. Die Botschaft kann in einem Hilferuf bestehen (Poltergeist) oder das Bedürfnis zu überleben dokumentieren (Psychophonie, Botschaften vermeintlich Verstorbener auf Magnetband). Durch Psychokinese drückt sich auch das Bedürfnis nach Größe (spiritistische Psychokinese) aus, oder sie bedeutet „Glaube" (mystische Psychokinese), aber auch Haß und Bedürfnis nach Freiheit (diabolische Psychokinese).

Eine interessante Hypothese, die von mehreren Seiten geäußert wird, behauptet nun, der Rückgang der Symptome und auch die Heilungen, die beim Handauflegen zu konstatieren sind, seien der Psychokinese zuzuordnen. Diese Hypothese ist faszinierend, aber mit großer Zurückhaltung zu betrachten. Die Prozesse, mit denen die menschliche Psyche in Wechselwirkung mit den physikalischen Energien tritt, sind nämlich keinesfalls geklärt. Völlig unklar und unerklärlich ist die Nahtstelle zwischen Seele und Materie.

Allerdings kennt man die unbewußte Dynamik, die zur Psychokinese führen. Mit Hilfe dieser Dynamik könnte man die Psychokinese auch nutzbringend beim Handauflegen anwenden. Doch dieser Interpretation der Psychokinese als Ergebnis einer äußeren (wenn auch vielleicht unbewußten) Intervention stehen vor allem zwei Gründe entgegen:

1. Es gibt zahlreiche gut dokumentierte Fälle von Stigmata und blutigen Tränen bei Mystikern und Pseudomystikern. Diese Phänomene sind in der unbewußten Psyche der Betreffenden gereift und erzeugten ohne äußeren psychokinetischen Einfluß diese Erscheinungen. Es handelt sich somit um die Manifestation einer kreativen Autosuggestion, die wir auch als Autopsychokinese bezeichnen könnten. Es werden dabei natürliche biologische Mechanismen aktiviert, wenn auch ganz besonders starker Ausprägung. Diese und andere Phänomene, die mit Sicherheit auf die un-

bewußte Seele und auf Autosuggestion zurückgehen (mit dem „Glauben" als Auslöser, der auch beim Handauflegen als „mystisches Vertrauen" zum Therapeuten eine Rolle spielt), beweisen uns, daß die Heilungen des Handauflegens denselben Ursprung haben.

2. Da die Psychokinese eine psychische Grundlage hat, gibt es eine psychische Barriere von seiten des Patienten, die überwunden werden muß. Dieses Hindernis kann aber nur durch psychische Integration überwunden werden. Durch den Auslöser der Anteilnahme wird die kreative Autosuggestion in Gang gesetzt. Damit entfällt die Hypothese einer äußeren Einwirkung.

Durch diese beiden Gründe scheint eine Psychokinese ausgeschlossen zu sein, die ähnlich einer „Macht" wirksam wird. Damit würde der Mensch als Protagonist seines eigenen Lebens aufgewertet. Die Prozesse der Selbstheilung wären Ausdruck einer Zusammenarbeit, einer Teilnahme und einer Kommunikation mit anderen Menschen. Und dies würde auch mit den Prinzipien der Freiheit und der Liebe zur Schöpfung übereinstimmen.

Experimente im Labor

Von der Jahrhundertwende an wurden ziemlich viele Versuche über die Einwirkung des Handauflegens auf Mikroorganismen, auf biologisch aktive Substanzen und auf anorganische Stoffe durchgeführt und dabei viele positive Ergebnisse erzielt. Kulturen von Bacillus subtilis wurden in ihrem Wachstum gehemmt (Favre 1904, Martelli 1975). Es gelang auch, das Wachstum krankheitserregender mikroskopischer Pilze, etwa von Rhizoctonia solani (Kartoffelparasit) und von Stereum purpureum (Pfirsichparasit) zu beeinflussen (J. Barry). Biologisch aktive Stoffe wie das Pankreasenzym Trypsin, das an der Proteinverdauung beteiligt ist, erschienen nach dem Handauflegen modifiziert, wie wenn sie einem Magnetfeld ausgesetzt worden wären (J. Smith).

Man könnte noch viele weitere Beispiele anführen. Dabei erhebt sich aber ein gewichtiger Einwand: Alle Versuche waren von einer geistigen Erwartungshaltung konditioniert. Diese setzte etwas voraus, was dann auch eintraf. Wenn man das Wachstum des Bacillus subtilis hemmen will, wirkt man psychokinetisch auf eine Lebensform ein, die über keinen Psychismus verfügt und somit „spontanen" Kräften direkt ausgesetzt ist. Damit will ich sagen, daß alle diese Versuche einen zusätzlichen Beweis für die Existenz der Psychokinese darstellen. Es existiert aber keine Möglichkeit, auf diese Weise den Menschen zu heilen, weil die Krankheit etwas viel Komplexeres ist als einfache Keime. Wie wir gesehen haben, entwickelt sie sich auf der Grundlage einer psychischen Destabilisierung. Die Möglichkeit, auf Keime einzuwirken, bedeutet höchstenfalls, daß man einen Faktor der Krankheit günstig beeinflussen kann.

Das Experiment Vecchi / Ansaloni

Frau Dr. P. Vecchi und Dr. Ansaloni vom *Centro Ricerche di Bioclimatologia Medica* an der Fakultät für Medizin und Chirurgie der Staatlichen Universität in Mailand führten ein Experiment mit einem anorganischen Stoff aus. Sie ließen einen Handaufleger die Hände über ein Glas Wasser legen und lösten anschließend darin kolloidales, feinzerteiltes Bismutoxidchlorid auf. Kolloide bilden keine echten Kristalle, sondern der Stoff ist feinst verteilt, wobei die Teilchen rund einen Millionstelzentimeter groß sind. Kolloide spielen im ganzen biologischen Bereich eine wichtige Rolle. Sehr viele Stoffe liegen in der Zelle in kolloidaler Form vor. Wenn *anorganische* Kolloide positiv auf das Handauflegen reagieren, so ist die Annahme vernünftig, daß dies auch *organische* Kolloide tun.

Neben dem ersten Glas, das der Handaufleger behandelt, wurde zur Kontrolle ein zweites Glas voll Wasser verwendet und mit der Chemikalie versetzt. In beiden Gläsern fiel der Stoff aus, doch die Sedimentation war größer in dem Glas, das der Handaufleger behandelt hatte. Dies bedeutet, daß in behandeltem Wasser etwas „Anormales" stattgefunden hatte.[4]

Was war wirklich geschehen?

Um das zu erfahren, sollten wir die Worte analysieren, die Frau Dr. Vecchi bei einem Interview am italienischen Fernsehen sprach:

„Wir haben versucht, diese Energie, die der Handaufleger abgibt, zu analysieren, und wollten zeigen, daß es sich um eine physische Realität handelt, die mit der Materie in Wechselwirkung treten kann."

1. Damit wird vorausgesetzt, daß es eine „Energie" gibt und daß diese „vom Handaufleger abgegeben wird". Ich bin der Ansicht, daß ein Forscher eine Tatsache nicht von vornherein als gegeben annehmen darf – solange er keine Beweise dafür in Händen hält.
2. „Wir haben zu beweisen versucht ..." Dies ist der Beweis für die Prämisse, die unter 1. schon feststand.

Was hat dies alles zu bedeuten? Die beiden braven Forscher standen in einer starken Erwartungshaltung, die ein psychokinetisches Ereignis rechtfertigen konnte. Ich interpretiere den Versuch so, daß die Forscher unbewußt und auf psychokinetische Weise die Ausfällung des Salzes beschleunigt haben. Die Geschichte der Parapsychologie ist voll von solchen Episoden, bei denen zwei verschiedene Phänomene miteinander verwechselt werden. Man kann auch eine psychokinetische Einwirkung des Handauflegens auf Entfernung hin nicht ausschließen, doch das behandelte Wasser hat keinerlei spezielle „Qualität".

Die Psychokinese ist eine Realität, die sich bei anorganischen Stoffen und primitiven Lebensformen ohne Psychismus manifestiert. Beim Menschen und bei anderen Lebensformen mit einem gewissen Psychismus, etwa bei den höheren Wirbeltieren, kommt als einzige Lösung nur eine Selbstheilung aufgrund eines äußeren Eingriffs in Frage.

DRITTER TEIL

DAS HANDAUFLEGEN
ALS THERAPIE

Der Patient beim Handauflegen

Warum geht man zum Handaufleger?

Im Jahr 1974 veröffentlichte die *American Cancer Society* einige hochinteressante Daten. In den USA gingen zwei Drittel aller Krebspatienten – damals rund 500 000 Menschen – zu Heilern. Und das in einem Land, das durch seinen wissenschaftlichen Fortschritt den Patienten die bestmögliche Pflege angedeihen lassen könnte. Professor Speciani meint, daß in Paris, Mailand und Hamburg einer von fünf Patienten Zuflucht bei alternativen Heilmethoden sucht.

Welches ist der Grund für diese Flucht aus der Schulmedizin? Die Antwort haben wir schon gegeben, als von der zwischenmenschlichen Beziehung die Rede war. Durch die Struktur der heutigen Medizin fühlt sich der Kranke ignoriert und zurückgewiesen. Er empfindet sich als Untersuchungsobjekt chromblitzender Diagnoseapparate. Dann kommt das eilige und oft unpersönliche Gespräch, schließlich die Verschreibung. Die Medizin identifiziert sich immer stärker mit ihren Heilmitteln. Sie bekämpft ihre Feinde, die Krankheiten, mit ihren Alliierten, den Arzneimitteln, vergißt dabei aber den Menschen. Er ist zum Revier für die Jagd auf die Krankheit geworden und wird nicht mehr als psychophysische Einheit betrachtet. Die heutige Medizin hat das vergessen, was der berühmte Arzt Paracelsus als den vierten Pfeiler der Medizin bezeichnet hat, die Liebe zur menschlichen, leidenden Kreatur.

Aus diesem Grund gehen die Patienten zu den Heilern, oft einfachen, bisweilen unwissenden, abergläubischen, in geistigen Dingen oft wirren Menschen, doch voller Menschlichkeit, Zeit und Geduld. Sie hören zu, ermutigen, verstehen: Und das ist oft schon der Anfang einer Heilung. Ihre Kraft liegt oft in ihrem Ruf. Sie verbergen Schwächen und Ängste hinter der eigenen angeblichen Macht. Sie verfügen über eine suggestive Kraft, interpretieren aber auch unbewußt die Figur des Schamanen und des mächtigen Heilers, legen ihre Hände auf und haben auf diese Weise nicht selten Erfolge. Die Zahl der Heiler nimmt zu, weil sich die Beziehung zwischen Patient und Arzt ganz allgemein verschlechtert hat und dadurch eine Lücke entstanden ist, die von den Handauflegern gefüllt wird.

Auch der beste Arzt, der mit seinem Patienten eine Beziehung herstellen kann, hat bisweilen keinen Erfolg, weil das Leiden des Patienten auf engste Weise mit persönlichen existentiellen Situationen verbunden ist, auf die der Arzt keinen Einfluß hat.

Wenn ein Patient wegen hartnäckiger Kopfschmerzen schon bei zehn Ärzten gewesen ist und die gesamte Palette der Heilmittel durchprobiert hat, so hat er in seinem Innersten nur noch wenig Hoffnung, wenn er den elften Arzt aufsucht. Er will nichts anderes, als von seinen Kopfschmerzen befreit zu werden, und sucht im Arzt auch „etwas", das er nicht ausdrücken kann.

Handauflegen heute

Bis zum Ende der siebziger Jahre gab es in der Welt der Handaufleger viele authentische Therapeuten, die vor allem von individualistischen Motiven geleitet wurden. Doch dann änderte sich dies grundlegend. Vor allem in Italien hat eine einzige Person, die das große Geschäft witterte, wertlose Diplome ausgegeben und diesen Beruf sozusagen publik gemacht. In der Folge ergriffen sehr viele völlig ungeeignete Menschen diesen Beruf, ungeeignet deswegen, weil sie überwiegend ans Geld denken und ungeeignet sind für tiefergehende zwischenmenschliche Beziehungen.

Insofern macht die Kunst des Handauflegens heute eine ähnliche Entwicklung durch, wie sie die Medizin schon lange erfaßt hat: Die zwischenmenschlichen Beziehungen werden auf dem Altar eines frenetischen, gierigen Konsums geopfert.

In diesem Zusammenhang möchte ich auf einen Gedanken von Cassoli hinweisen:

„Die Welt der Heiler, die man gerne von der Güte und der Nächstenliebe, mindestens aber von Rechtschaffenheit und moralischer Ehrbarkeit geprägt sähe, wird von Scharlatanen, Tricksern und Profiteuren, wahren Hyänen heimgesucht, die sich vom Unglück anderer nähren. Die Rivalitäten und das in manchen Fällen absurde Äußere vieler dieser Heiler, die sich wie ‚Gesalbte des Herrn‘ aufführen, machen eine konstruktive Beziehung mit ihnen und unter ihnen sehr schwierig."[1]

Die Grenzen des Handauflegens

Das Handauflegen will *keine* alternative Medizin in dem Sinne sein, daß es die offizielle Schulmedizin ersetzt. Es kann diese nach meiner Meinung nur vervollständigen oder integrieren. Zu einer echten Ergänzung wird das Handauflegen erst dann, wenn *alle* Möglichkeiten der Schulmedizin ausgeschöpft sind, ohne zu einer Besserung geführt zu haben. Als Bereicherung zur Schulmedizin gilt das Handauflegen auch all jenen, die größte Bedenken gegenüber chemischen Heilmitteln hegen und die einen natürlichen Weg der Heilung vorziehen. Das Handauflegen ersetzt also *nicht* den Arztbesuch und eine ärztliche Diagnose.

Das Handauflegen darf und kann *keine* Alternative sein bei allen Notfällen und gefährlichen Erkrankungen, als da sind Kreislaufkollaps, Hirnembolie, periphere Embolie, Myokardinfarkt, Ischämie des Myokards, Verbrennungen, Blinddarmentzündung, akute Bauchspeicheldrüsenentzündung, Schädelverletzungen, Infektionskrankheiten, Tumoren, Angina pectoris, Herzrhythmusstörungen, Herzasthma, Vorhofflimmern, Herzinsuffizienz, arterieller Bluthochdruck, paroxysmale Tachykardie („Herzjagen"), oberflächliche oder tiefe Abszesse, Analfisteln oder perianale Abszesse, Zuckerkrankheit, abnorm starke und lange anhaltende Monatsblutungen, Metrorrhagie, Addison-Krankheit, Cushing-Syndrom, Acholie, Leberkoliken, Gallensteine, Leberzirrhose, Gallenblasenentzündung, Gelbsucht, Magen- und Zwölffingerdarmgeschwür, Entzündung des Zwölffingerdarms, Magenentzündung, Mastdarmentzündung, Crohn-Krankheit, Eierstockzysten, Entzündungen der Gebärmutterschleimhaut, fibrozystische Mastopathie, Gicht, Urämie, Erkrankungen des Fettstoffwechsels, psychisch bedingte Anorexie, Autismus, Stottern, Depression, gehirnorganische Erkrankungen, Dystrophia musculorum progressiva, Epilepsie, Phobien, Obsessionen, Down-Syndrom, multiple Sklerose, Entmarkungskrankheiten, amyotrophe Lateralsklerose.[2]

Bei vielen dieser Krankheiten *kann* das Handauflegen eine wirksame Zusatzbehandlung gegen Angst, Schmerzen und neurovegetative Probleme (Störungen, die ihre Ursache im autonomen Nervensystem haben, zum Beispiel Herzklopfen, Übelkeit, Schwitzen und so weiter) darstellen. Eine Liste der Krankheiten, die einer Behandlung besonders zugänglich sind, haben Cassoli und Iannuzzo (siehe Seite 171) aufgestellt. Dazu kommen die Krankheiten, die der Handaufleger A. C. (siehe Seite 159) bisher erfolgreich behandelt hat. Da das Handauflegen auf zwischenmenschlichen Faktoren, einer psychischen Integration und einer archetypischen Projektion beruht, ist jede therapeutische Situation immer wieder anders und neu. Deswegen kann man das Ergebnis aufgrund bisheriger Erfahrungen nicht mit Sicherheit vorhersagen. Es kann vorkommen, daß eine Behandlung gegen Warzen und Zahnschmerzen, die sonst dem Handauflegen am leichtesten zugänglich sind, ohne Erfolg bleibt. Im Gegensatz dazu sind auch Besserungen bei Krankheiten möglich, die bisher als nicht durch das Handauflegen behandelbar galten.

Handauflegen und schwere Erkrankungen

Jedenfalls ist es dem Leser nur anzuraten, sich von Handauflegern fernzuhalten, die in der Werbung von sich behaupten, sie könnten Tumoren, multiple Sklerose, Leukämie, hirnorganische Erkrankungen, Schizophrenie, manisch-depressive Psychosen und alle anderen schweren Krankheiten heilen. Solche Leute sind *Betrüger*, die Geld verdienen wollen am Schmerz anderer, oder Illusionisten, die von Pathologie keine Ahnung haben und das Unmögliche versprechen. Damit will ich folgendes sagen: Es kann ohne weiteres vorkommen, daß ein schwerer, von einem Tumor ausgelöster Schmerz sich durch das Handauflegen deutlich bessert und sogar verschwindet. Der Patient gewinnt damit automatisch wieder Freude am Leben und Kraft. Das hält aber nur für einige Zeit an, denn die gesamte Situation des Patienten hat sich nicht geändert, und der Tumor ist immer noch da.

Naive Handaufleger halten den Rückgang der Symptome für die Heilung. Solche „Therapeuten" überschätzen sich, halten sich für mächtig, ja göttlich, und richten unabsehbare Schäden an, indem sie andere Patienten täuschen. Natürlich ist ein Rückgang der Schmerzen ein kleiner Erfolg. Aber damit darf man andere Patienten nicht hinters Licht führen oder mit falschen Hoffnungen finanziell ausnutzen.

Im Jahr 1989 nahm ein Arzt aus dem Piemont mit einem Heiler in Imperia Kontakt auf und fragte ihn, ob er seine Mutter behandeln könne, die infolge eines Brustkrebses voller Metastasen war. Der Heiler akzeptierte und unterstrich noch: „Besser mit Metastasen, weil sie so mehr absorbiert." Man darf sich über eine solche Dreistigkeit aber nicht wundern, wenn der Chirurg einer berühmten Klinik einen Patienten mit Metastasen an der Leber operiert. Dieser offene Zynismus herrscht zur Zeit in unserer Gesellschaft.

In der Literatur sind bisher 350 Fälle spontaner Heilung von Tumoren bekanntgeworden (Garattini). Die Statistik sagt, daß eine Krebserkrankung von 10 000 sich spontan zurückbildet. Wenn dies bei einem Patienten der Fall ist, der einen Handaufleger aufgesucht hat, kann dies zu unvorstellbaren Verwirrungen führen. Auf diese Tatsache machte mich ein befreundeter Arzt und Klinikleiter aufmerksam. Sein Vater litt an einem Krebs, der klinisch untersucht und bestätigt war. Dieser Arzt ließ seinen Vater nicht von Handauflegern behandeln, obwohl er deren Tätigkeit wohlwollend gegenüberstand und auch viele unter ihnen kannte. Der Vater lebte noch weitere zehn Jahre, obwohl die Prognose ganz anders gelautet hatte.

Die multiple Sklerose ist durch einen schwankenden Krankheitsverlauf gekennzeichnet. Es kommt zu einem Wechsel von spontanen Besserungen und gar Heilungen mit neuen Schüben und Verschlechterungen. Bei einer Besserung, die ohnehin oft spontan erfolgt, kann dies der Handaufleger seinem Talent zuschreiben und sich einer Fähigkeit rühmen, die er gar nicht besitzt.

Die verschiedenen Phasen der Therapie

Ich habe Untersuchungen über die innere Einstellung und die Motivation der Patienten angestellt, die sich der Behandlung durch einen Handaufleger unterziehen. Dabei unterscheide ich drei Phasen:
1. die Phase *vor* dem Handauflegen;
2. die Phase *während* des Handauflegens;
3. die Phase *nach* dem Handauflegen.

Vor dem Handauflegen: Die Phase des Akzeptierens

Der Patient, der zu einem Handaufleger geht, erlebt diesen Kontakt auf persönliche Weise und verinnerlicht die Figur des Therapeuten und die gesamte Therapie auf jeweils unterschiedliche Weise. Schematisch kann man sechs Möglichkeiten unterscheiden. Die einzige Voraussetzung ist dabei, daß der Kranke die Therapie auf irgendeine Weise akzeptiert.
1. *Gezwungenes* Akzeptieren: Die nächsten Verwandten haben den Patienten zu einer Therapie überredet, obwohl er kein Vertrauen dazu hat.
2. *Kritikloses* Akzeptieren: Der Patient weiß gar nichts über das Handauflegen, erklärt sich aber zu einem Versuch bereit – wie er auch jede andere Therapie akzeptieren würde.
3. *Pragmatisches* Akzeptieren: Der Patient weiß, daß das Handauflegen von vielen Seiten her kritisiert wird, unterwirft sich aber einer Therapie, weil es ihm nur darum geht, daß sich sein Gesundheitszustand bessert. Dieses Ziel steht für ihn an oberster Stelle, und nicht irgendwelche doktrinären Erörterungen.
4. *Therapeutisches* Akzeptieren: Der Patient vertritt die Ansicht, das Handauflegen sei einem beliebigen Heilmittel gleichwertig und könne somit Erfolg haben oder auch keinen Nutzen bringen.
5. *Magisches* Akzeptieren: Der Patient ist überzeugt, daß es geheimnisvolle Energien gibt, die der Therapeut an ihn weitergeben kann.
6. *Fanatisches* Akzeptieren: Der Handaufleger wird auf einen Altar gehoben. Er vermag fast alles. Er ist erleuchtet und steht mit der spirituellen Welt in Verbindung.

Einem bewußten Akzeptieren bin ich nie oder nur teilweise begegnet. Dieses träte dann ein, wenn der Patient wüßte, daß er eine Therapie ausprobiert, die auf der zwischenmenschlichen Beziehung und auf den Kräften des Unbewußten beruht, die bisweilen eine Selbstheilung veranlassen können. Er wäre sich somit dessen bewußt, daß in ihm verborgene Kräfte schlummern, die durch diese Beziehung aktiviert werden können.

Während und nach dem Handauflegen

Einige Patienten geben die Therapie nach wenigen Sitzungen auf. Die meisten Ausfälle finden wir bei Menschen, die gegen ihren Willen mit der Therapie begonnen haben und die sofort ein magisches Ergebnis erwarten. Sie wünschen eine sofortige Besserung und eine Reaktion, die ihnen eindeutig beweist, daß die Therapie funktioniert. Da ein solches Zeichen ausbleibt, verlieren sie das Vertrauen und geben auf. Die Erwartungshaltung, daß sich der Gesundheitszustand bessert oder auf eine magische Weise eine unvermittelte Heilung eintritt, ist bei allen Patienten mehr oder minder stark ausgeprägt vorhanden – egal, welche ihre Anfangshaltung war. Der Mensch kann in der Tat seine Wurzeln nicht verleugnen. Er unterliegt der Faszination, die vom Medizinmann ausgeht. Seit vielen zehntausend Jahren begleitet dieser mächtige Typ seine Evolution.

Nach der Therapie trifft man zwei typische Haltungen an.

1. Im Fall eines Erfolgs ändert sich die feindliche, kritiklose oder pragmatische Haltung des Patienten. Er wird nun zu einem Befürworter der Therapie, vielleicht sogar zu einem fanatischen Anhänger. Der erfolgreiche Therapeut kann sich neuen Therapieanforderungen nicht verweigern, auch wenn er weiß, daß er sie nicht erfüllen kann. Das führt früher oder später zu einem Riß in seiner Beziehung zum Patienten, der in seiner wachsenden Erwartungshaltung immer mehr vom Therapeuten verlangt. Weist der Therapeut die Forderung vernünftigerweise zurück, so leidet sein Bild Schaden.

Vor allem erfolgreich behandelte Schmerzpatienten kehren zurück, wenn sie wieder von gleichen oder von neuen Schmerzen geplagt werden. In einem solchen Fall kann sich die zwischenmenschliche Beziehung günstig weiterentwickeln, wenn nicht ganz neue Anforderungen an den Therapeuten gestellt werden.

2. Bleibt der Erfolg aus, so werden die gläubigen und die fanatischen Anhänger des Therapeuten zu seinen Feinden, denn er hat sie in ihren übertriebenen Erwartungen enttäuscht. Am meisten verletzt und am aggressivsten sind Patienten, die ihrem unvorsichtigen Therapeuten ein Heilungsversprechen abringen konnten.

Jeder Arzt kann es sich erlauben, keinen Erfolg zu haben. Der Patient geht dann zum nächsten Arzt. Der Handaufleger hingegen darf nicht versagen, besonders wenn er der letzte Rettungsanker ist. Über ihn ergießt sich oft der ganze Zorn und die Frustration über die Krankheit und die Mißerfolge der Schulmedizin. Daß er des Betruges bezichtigt wird, ist dabei oft das mindeste. Die Kritiklosen und die Pragmatiker, die das Handauflegen als eine weitere Therapieform empfinden, haben am ehesten Verständnis für einen Mißerfolg des Handauflegers.

Die Aufgabe des Arztes

Das Handauflegen schenkt keine lebenswichtigen Energien, sondern setzt bestimmte psychische Prozesse im Unbewußten in Gang. Was beim Handauflegen geschieht, ist eigentlich Aufgabe des Arztes.

Doch dieser beschäftigt sich häufig nur mit der Verschreibung von Medikamenten; das Gespräch mit dem Patienten kommt zu kurz. Nur dem Arzt steht eigentlich die Rolle des Heilers zu. Der Arzt müßte nach meiner Meinung die Beziehung zum Patienten pflegen und über die entsprechenden elementaren psychologischen Kenntnisse verfügen.

Er hat allerdings darauf verzichtet, die „magische" Funktion des Heilers wahrzunehmen. Die Lücke, die der Arzt heute hinterläßt, wird nun vom Heiler ausgefüllt.

Die Figur des Handauflegers

Wer wird heute Handaufleger?

Bei den Handauflegern findet man ganz unterschiedliche psychologische Profile. Um diesen Beruf zu ergreifen, gibt es mehrere Motivationen:

1. *Selbstverwirklichung:* Typisch für Menschen in den Fünfzigern, besonders für Frühpensionierte und für Frauen, die keine Kinder mehr großzuziehen haben. Auslöser kann auch eine gewisse Krise in der Mitte des Lebens sein, die zu einer stärkeren Hinwendung zum Mitmenschen führt. Solche Menschen können gute Therapeuten sein.

2. *Machtwille:* Typisch für Menschen, die vom Leben frustriert sind und die für die anderen „wichtig" sein möchten. Sie sind am leichtesten davon zu überzeugen, daß sie über ein Fluidum verfügen. Dieses verteilen sie bisweilen mit falscher Demut oder maßlosem Narzißmus freigebig. Solche Handaufleger neigen am ehesten zum Spiritismus. Mit ihrem Fanatismus und ihrer mitreißenden Kraft können sie gute Ergebnisse erlangen. Diese führen bei den Patienten aber oft zu einer geistigen Verwirrung, weil sie dem Geisterglauben gegenüber hörig gemacht werden.

3. *Geld:* Diese Therapeuten sind nur am wirtschaftlichen Aspekt interessiert und nicht am Leiden ihrer Mitmenschen. Die Hauptsache ist das Geld. In dieser Gruppe finden wir oft Personen, die zynisch das Leid anderer für sich nutzen.

4. *Sensibilität gegenüber dem Leiden:* Hier treffen wir auf den Idealisten. Wenn er über ein Minimum an Selbstverwirklichung, Selbstvertrauen und über eine gewisse religiöse Lebensauffassung verfügt, wäre er der ideale Handaufleger. Dazu muß er natürlich

noch, wie alle anderen Kollegen auch, eine zwischenmenschliche Beziehung gestalten und entwickeln können.

5. *Aggressivität gegenüber dem Leiden:* Gewisse Therapeuten behandeln mit Vorliebe eine bestimmte Krankheit, an der sie selbst oder eine ihnen nahestehende Person gelitten haben. Gegenüber dieser Krankheit zeigen sie eine spezielle Aggressivität. Oft erzielen sie dadurch gute Erfolge.

Verschiedene psychologische Profile

Der erfolgreiche Handaufleger kann mit seinem Patienten in Kommunikation treten. Jeder Handaufleger hat seine eigene Art und Weise, sich in seinen Patienten hineinzuversetzen und die unbewußten Mechanismen auszulösen, die zu einer Besserung oder gar Heilung führen. Jeder Handaufleger hat seine eigene typische Art, seine eigene Form der Kommunikation, seine eigene Selbstsicherheit, die zur Suggestion führt. Wir können, grob gesehen, die folgenden Typen unterscheiden:

1. Der *religiöse* Typ betet, bekreuzigt sich und umgibt sich mit religiösen Bildern. Die Suggestion kann hier von der mystischen Seite kommen.

2. Der *selbstsichere* Typ stellt sich der Krankheit und dem Patienten. In solchen Fällen kann die Selbstsicherheit des Therapeuten Wunder bewirken.

3. Der *vorsichtige* Typ verspricht nichts, gibt aber zu verstehen, daß er schon viele schwierige Fälle gelöst hat, auch wenn er durchaus erwähnt, daß er bei einigen Fällen keinen Erfolg hatte. Der Kranke sieht in seinem Unbewußten nur die positiven Fälle.

4. Der *technologische* Typ arbeitet in einem modernen Umfeld und präsentiert sich als effiziente Figur im weißen Kittel.

5. Der *magische* Typ umgibt sich mit einer Aura des Geheimnisses und okkulter Mächte. Er berührt den Patienten und kann so dessen Heilung bewirken.

6. Der *exhibitionistische* Typ hat seine ganze Praxis mit Dankschreiben und Zeitungsausschnitten dekoriert.
7. Der *überdiplomatische* Typ zeigt Diplome, Attestate und den ganzen Krempel vor, der nur mit dem Ziel geschaffen wurde, unbedarfte Patienten zu beeindrucken.

Diese Typologie kann nur schematisch sein. Meistens verbinden sich mehrere Eigenschaften miteinander und führen teils zu komischen oder peinlichen, teils zu beruflich sehr erfolgreichen Figuren.

Eine falsche Unterscheidung

Eine „klassische" Unterteilung, die in den letzten Jahrzehnten viel verwendet wurde, grenzt aufgrund dreier Parameter – nämlich von „Körper", „Seele" und „Geist" – drei Typen von Therapeuten gegeneinander ab. Diese Systematik sieht wie folgt aus:
- Der *physische* Handaufleger hat einen gesunden Körper und versprüht Lebensenergie. Er verteilt den Überschuß an Energie instinktiv an andere. Auf dem Gebiet des Handauflegens soll er eine besondere Begabung zeigen.
- Der *psychische* Handaufleger spendet nicht nur Lebensenergie, sondern tritt auch auf psychischer Ebene mit dem Patienten in Verbindung. Er stellt mit dem Geist des Patienten und der Lebenskraft von dessen Zellen einen telepathischen Kontakt her. Er handelt nicht nur instinktiv wie die physischen Handaufleger, sondern verfügt auch über eine gewisse Kultur, ein verstandesgemäßes Denken und ist in bestimmte esoterische Mechanismen eingeweiht.
- Der *spirituelle* Handaufleger hat einen starken Glauben und fleht das Eingreifen des Göttlichen zugunsten des Patienten herbei.

Diese Unterteilung macht in der Praxis keinerlei Sinn. Sie beruht auf einer vitalistischen Theorie mit einer Lebensenergie, die dem Fluidum ähnlich ist, und dafür gibt es keinerlei Beweise.

Die obige Klassifikation ist aber nicht ganz unnütz. Sie lenkt unseren Blick auf innere Einstellungen, die einen idealen Handaufleger ergäben, wenn man sie denn in einer einzigen Person vereinen könnte:

- Der *physische* Therapeut steht für die innere Einstellung eines Menschen, der gutwillig die Hände auflegt, um zu helfen, ohne weitere seelische Komplikationen und größere Introspektion: Bei ihm überwiegt die Menschlichkeit.
- Der *psychische* Therapeut steht für die Haltung eines Menschen, der sich den Problemen stellt und der den Patienten mit einer zwischenmenschlichen Beziehung und im Bewußtsein seiner professionellen Fähigkeiten helfen will: Hier überwiegt die Macht der Beziehung.
- Der *spirituelle* Therapeut faßt das Leben im religiösen Sinne auf: Bei ihm überwiegt der Glaube.

Diese „klassische" Unterscheidung ließ eine Realität völlig außer acht, daß es nämlich keine übermäßig begabten Individuen gibt, ebensowenig wie verborgene Mächte und Fähigkeiten. Es existieren hingegen eine zwischenmenschliche Kommunikation und eine bewußte archetypische Projektion, die biologische Mechanismen und damit die Selbstheilung in Gang setzen.

Vor- und Nachteile des Handauflegens

Gibt es Gegenanzeigen oder Kontraindikationen zum Handauflegen? Welches sind die Vor- und Nachteile des Handauflegens? Auf diese Fragen läßt sich die Antwort leicht geben. Ich möchte aber noch einmal klarstellen, daß das Handauflegen weder den Arztbesuch noch eine ärztliche Diagnose ersetzt. Es stellt nur eine Bereicherung der Schulmedizin dar.

1. Das Handauflegen hat keine Kontraindikationen, wobei aber unbedingt die „Grenzen des Handauflegens" (Seite 213) zu beachten sind. Es können in bestimmten Fällen Nebenwirkungen auftreten, sie sind aber nicht stärker als bei einer pharmakologischen Placebotherapie und meiner Erfahrung nach sogar schwächer. Bei eini-

gen Patienten habe ich starkes Herzklopfen und Übelkeit bemerkt; typisch für die Therapie sind Schweregefühl und Schläfrigkeit. On-Patienten zeigen oft eine leichte Verschlimmerung der Symptome, besonders wenn es sich um Schmerzen handelt. Diese Reaktion zeigt sich im allgemeinen während der ersten drei bis vier Behandlungen.

Patienten, die ihre Krankheit im Unbewußten als Sühneleistung auffassen, leiden unter einer deutlichen Verschlimmerung der Symptome und ihres Leidens; dieses erweist sich als therapieresistent. Bringt der Therapeut auf unbewußtem, richtigem Wege das Symptom einer somatischen Erkrankung (Kopfschmerzen, Dickdarmentzündung und so weiter), die als Versuch der Selbstheilung eines psychischen Konflikts entstanden ist, zum Verschwinden, so kehrt die Störung auf einem anderen Weg wieder zurück. Es kommt somit zu einer Umwandlung oder Konversion der Symptome. Aus diesen und aus anderen Gründen ist es nach meiner Ansicht unumgänglich, daß der Handaufleger über eine psychologische Ausbildung verfügt.

2. Das Handauflegen führt zu keiner chemischen Vergiftung. Es kann höchstens so weit kommen, daß die Therapie auf lange Sicht gesehen nichts mehr bringt. Dann wird es notwendig, das „magische" Arzneimittel und damit den Therapeuten zu wechseln. Es kann allerdings auch die umgekehrte Entwicklung eintreten: Bei stark placeboempfänglichen Patienten kann das Bedürfnis nach therapeutischer Hilfe immer stärker wachsen. Ein unehrenhafter Therapeut wird diese sich herausbildende Abhängigkeit nutzen. Einer echten Abhängigkeit bin ich bei meinen Untersuchungen aber nie begegnet; Tendenzen und Möglichkeiten in dieser Richtung konnte ich allerdings beobachten.

3. Das Handauflegen als Therapie ist harmlos. Es ersetzt aber *nicht* den Arztbesuch oder eine ärztliche Diagnose. Es kann auch dann eine Gefahr darstellen, wenn es dem Therapeuten an grundlegenden *medizinischen* Kenntnissen mangelt. Die *Risiken* sind folgende:

a) Kurieren der Symptome ohne Kenntnis von der Gefährlichkeit der Krankheit. Ein plötzlicher hartnäckiger Husten kann bei Patienten mit Venenentzündung im Extremfall das Zeichen für eine Lungenembolie sein. Das kann der Handaufleger in der Regel aber nicht wissen. Der Patient ist zum sicheren Tod verurteilt, wenn er nicht sofort in ärztliche Behandlung kommt.

b) Den Handaufleger um eine Diagnose zu bitten. Er kann das nicht tun, weil dies *nur* dem Arzt vorbehalten ist. Patienten insistieren aber oft, um beruhigt zu sein. Tatsächlich gehen viele Patienten zum Handaufleger, weil sie mit der ärztlichen Diagnose nicht zufrieden sind. Häufiges Erbrechen als neurovegetative Störung zu bezeichnen ist für viele Patienten unbestimmt. Sie wünschen sich eine konkretere Diagnose, wahrscheinlich auch, weil sie im Innersten Angst vor einer Krebserkrankung haben.

Solange sich der Handaufleger darauf beschränkt, dem Patienten, der alle üblichen klinischen Tests durchgeführt hat, zu beruhigen, ist alles in Ordnung, weil er die Diagnose des Arztes bestätigt. Das schadet niemandem. Wenn er aber, von seiner eigenen Eitelkeit aufgestachelt, den Hellseher zu spielen beginnt, ist dem Unglück Tür und Tor geöffnet. Bei gewissen Gelegenheiten besteht tatsächlich die Möglichkeit, daß der Handaufleger durch ein paranormales Ereignis zu einer richtigen Diagnose kommt, doch in den meisten Fällen tritt nur ein Spiegeleffekt auf: Der Therapeut nimmt durch psychische Integration unbewußt Informationen aus der Psyche des Patienten auf. Der Patient hört dann das, was bereits in seiner Psyche war, nämlich „Befürchtungen" und „Hoffnungen". Durch diesen Spiegeleffekt werden sie nun aber zu Gewißheiten.

Wie man das Handauflegen für die Familie und für andere nutzen kann

Heiler in der Familie

Wenn ein Familienmitglied erkrankt ist, können wir nicht nur durch unsere Hilfe und Solidarität, sondern auch über unser suggestives Potential zu dessen Heilung beitragen. Die Figur des Handauflegers, des Schamanen, ist ein magisches Bild, das unserem kollektiven Unbewußten eingeprägt ist. Es tritt zum Bild jener Figur hinzu, die wir in der Familie verkörpern. Je nach den (vor allem unbewußten) persönlichen Beziehungen (Antagonismus, Unterwerfung, Nachahmung und so weiter) projiziert der Patient in mehr oder minder starkem Maße dieses archetypische Bild auf uns.

Ich meine, daß wir den Arzt – aber nur nach Absprache und ausdrücklicher Zustimmung von ihm – bei der Therapie, die er dem kranken Familienangehörigen verschreibt, unterstützen können. Wir können den Schmerz beruhigen, die Angst mindern. Wir können dem Kranken beistehen, indem wir uns Zeit für ihn nehmen und ihm aufmerksam zuhören, ohne ihn zu bedrängen, von seinen Nöten zu erzählen.

Der Arzt und Handaufleger Racanelli empfahl zum Beispiel den Eltern der Kinder, die er behandelte, bei seinen Kuren mitzuwirken. Sie sollten die Hände auf die kranken Körperteile der Kinder auflegen und dabei möglichst heiter und in innerem Frieden sein. Sehr viel hilft nach seiner Ansicht auch die Überzeugung, daß man dem Kind dabei helfen kann, wieder gesund zu werden. Nach meiner Meinung kann die Handauflegung zehn Minuten dauern und soll dann erfolgen, wenn das Kind ruhig ist und nicht weint. Die Behandlung sollte zehn Tage lang anhalten.

Suggestion zum eigenen Nutzen

Die tiefe Suggestion wird von der zwischenmenschlichen Beziehung, der psychischen Integration, durch hyperästhetische Entschlüsselung von Botschaften und durch archetypische Projektion ausgelöst. Damit werden gewisse Mechanismen und eine Kreativität in Gang gesetzt, die ihrerseits biologische Mechanismen anstoßen, so daß eine Selbstheilung erfolgen kann. Was unternimmt man aber, wenn man allein gegen Schmerzen oder psychosomatische Störungen ankämpft?

Wir erinnern daran, daß es Therapien gibt, bei denen der Patient eine aktive Rolle bei der Heilung spielt. Beim autogenen Training wird der Körper mit Hilfe der Seele konditioniert: Ich denke an ein Wärmegefühl und fühle mich warm. Beim Biofeedback lernt man, die kritische körperliche Funktion durch die Kraft der Vorstellung, durch Suggestion und Visualisierung zu regeln.

Ein visualisierendes Training führt zur Autosuggestion. Dieses Verfahren unterscheidet sich insofern vom Handauflegen, als die archetypische Projektion, die zwischenmenschliche Beziehung und die psychische Integration fehlen. Man kann aber zu einem ähnlichen Ergebnis gelangen – vielleicht mit größeren Schwierigkeiten, es sei denn, man versucht es mit Autosuggestion.

Es gibt mehrere suggestive Techniken. Ich möchte hier ein Verfahren vorschlagen. Man wiederholt es mehrmals am Tag und muß bei Angstzuständen mindestens einen Monat durchhalten. Ich unterscheide hier zwischen den Symptomen Schmerz und Angst.

Das Symptom Schmerz

Bei allen Schmerzsymptomen muß man sich zunächst einmal entspannen. Ich rate dabei zu Atemyoga, das man einige Minuten praktizieren kann, aber nur nach vorheriger Absprache mit einem Arzt.

1. Man legt sich hin, legt die Arme entspannt an die Körperseiten und atmet langsam und tief ein, wobei man mit dem Herzschlag bis sechs zählt.

2. Man hält die Luft halb solange an, das heißt drei Herzschläge lang.
3. Man atmet langsam durch die Nase aus und zählt wieder sechs Herzschläge.
4. Man läßt drei Herzschläge verstreichen, bis man erneut einatmet.

Das Einatmen wird begleitet von:
- dem mentalen Bild einer unbekannten Kraft, die man sich als kristallklares Wasser vorstellen kann und die man zum Ort des Schmerzes hinlenkt, wo sie ihn unterdrücken soll;
- der Empfindung, daß diese Kraft bis zur schmerzenden Stelle im Körper fließt.

Das Ausatmen wird begleitet vom geistigen Bild, daß das Übel vertrieben wird. Am besten geschieht dies über eine Visualisierung, indem man sich zum Beispiel austretendes Schmutzwasser vorstellt. Man führt die Übungen immer wieder durch. Innerhalb kurzer Zeit gelingt es, sie auf einige Minuten auszudehnen.

Der Atemrhythmus, der zunächst einmal für den Ungeübten nicht leicht zu finden ist, hat weitreichende Auswirkungen auf Seele und Körper. Er führt zu einer tieferen Konzentration, er hilft mit, den Kontakt zu sich selbst zu finden, und führt zur Entspannung, wenn der Rhythmus schließlich stimmt. Diese stärkere Verinnerlichung, die man über die Atmung erreicht, ist von großer psychologischer Bedeutung. Man braucht dazu keinesfalls die Geschichte von einem kosmischen Prana, das nur erfunden wurde, um psychosomatische Tatsachen zu erklären.

Wenn man mit der Atmung zu einem guten Biofeedback gelangt ist, führt man in Gedanken jene „Kraft" ein, die als sauberes Wasser den Schmerz wegwäscht und mit ihm beladen und schmutzig den Körper wieder verläßt. Diese Visualisierung funktioniert viel besser, wenn sie mit der Atmung gekoppelt wird. Ich fasse zusammen:
- Zunächst den Atemrhythmus finden.
- Dann folgt die Visualisierung.
- Mit Konstanz dabeibleiben und nicht nachgeben.

Dies ist ein praktisches Beispiel einer aktiven Therapie, bei welcher der Patient gleichzeitig das „Heilmittel" seiner selbst ist. Jedermann kann dabei seine eigene Visualisierung entwickeln; je persönlicher sie ist, um so bessere Ergebnisse wird sie zeitigen. Man kann zum Beispiel die eigene linke Hand (die in der Symbolik den Schmerz absorbiert) auf die schmerzende Stelle legen und sich gleichzeitig vorstellen, daß diese Hand das Übel beseitigt. Man konzentriert sich und spürt, wie sich die Wärme auf der schmerzenden Stelle ausbreitet, während der Schmerz selbst nachläßt.

Man muß dabei ausdauernd sein und ohne Eile oder Nervosität zu Werke gehen. Man bringt nicht einen hysterischen oder gewalttätigen, sondern einen wirkungsmächtigen tiefen Willen zum Ausdruck, eine Überzeugung, und so funktioniert schließlich die Suggestion. Sie ist eine Realität. Man braucht nur daran zurückzudenken, wie oft der Gedanke, ein lieber Mensch sei in Gefahr, schon zu Angstgefühlen oder noch stärkeren Symptomen wie Kopfschmerzen und Übelkeit geführt hat. Es ist die Kraft der Vorstellung, die solche Störungen auslöst.

Warum sollte man also nicht auch umgekehrt vorgehen? Warum soll man mit seiner Vorstellungskraft nicht ein Biofeedback mit positiven Vorstellungen auslösen, das dazu führt, daß es uns besser geht? Die einzige Schwierigkeit besteht darin, in der Vorstellung einen positiven Auslöser zu finden, der so stark ist wie der negative Auslöser der Angst!

Das Symptom Angst

Bei Angst und nervösen Störungen ist das Atemyoga unumgänglich, wobei *vorher unbedingt* ein Arzt konsultiert werden muß. Man geht folgendermaßen vor:

1. Man legt sich hin und legt die Hände auf den Solarplexus in der Nähe des Magens.
2. Man führt die rhythmische Atmung durch. Wenn man eine gute „Reaktion" erreicht hat, beginnt man mit der folgenden Suggestion: Beim Einatmen dringt ein Bächlein mit kristallklarem Wasser in den Körper ein, das sich auf den gesamten Organismus verteilt. Das frische Wasser symbolisiert Entspannung und Heiterkeit. Der Erfolg entspricht direkt der Intensität der Konzentration.

Die Wunder der „motivierten" Suggestion

Vor vielen Jahren schlug ich einem Patienten vor, die Atemmethode zusammen mit einer mächtigen Suggestion einzusetzen. Diese Person litt an Herzflimmern aufgrund eines organischen Schadens, der mit Herzkatheter festgestellt wurde. Gleichzeitig stand diese Person aber auch unter starkem Streß, so daß es Grund zur Annahme gab, die psychosomatische Komponente spiele ebenfalls eine Rolle. Der Patient, der noch keine 40 Jahre alt war, war seit fünf Monaten arbeitsunfähig. Die Beschwerden waren sehr stark und wirkten ausgesprochen schwächend.

So gab ich diesem Patienten den Rat, die Atmung mit einer „Motivation zur Heilung" (seiner Wahl), die in Übereinstimmung stand mit seiner Art des Lebens, zu verbinden. Auf einem Stück Papier schrieb ich ihm auch eine suggestive Formel auf:

Herz, entspanne dich, sei ruhig und friedlich, schlage rhythmisch und regelmäßig, weg mit dem Flimmern!

Ich sagte dem Patienten, er sollte mit dem eigenen Herzen sprechen. Zehnmal oder mehr am Tag sollte er sich allein in ein Zimmer begeben, seine Hände auf sein Herz legen und konzentriert diesen Satz in seinem Geist mit derselben Überzeugung sprechen, mit der er sich an einen anderen Menschen gewandt hätte. Dabei sollte er sich dessen bewußt sein, daß er mit sich selbst spreche.

Dies sollte er öfter wiederholen und sich dabei immer wieder das gesamte Konzept vergegenwärtigen. Später sollte dies auch schnell geschehen. Jedes Mal war der Patient jedoch dazu angehalten, diesen Satz zu wiederholen.

Was ich dem Patienten vorschlug, war in metaphorischer Form die Kontaktaufnahme mit seinem eigenen Herzen. Tatsächlich war die Mutter des Patienten, die er sehr liebte, vor kurzem gestorben. Dies ließ an eine Verbindung zwischen einer „Herzneurose" und einer eindeutig organischen Störung denken.

Mein Patient tat, wie ich ihm geheißen hatte. Nach Wochen der Übung und Vorbereitung und Konzentration auf den Wunsch, wieder gesund zu werden, gelang es ihm, im Bereich des Bewußten die höchste Stufe des Wollens zu erreichen. Er vibrierte vor Willen und entschied, er müsse aus Pflicht und Verantwortung, die er gegenüber anderen eingegangen war, gesund werden und werde am anderen Morgen auch gesund aufwachen. Und so geschah es. Er begab sich zum Kardiologen und sagte ihm: „Ich bin gesund!" Der Kardiologe bestätigte es. So war es dann auch.

Was war bei diesem besonderen Patienten geschehen? Trotz seiner Schwäche war es ihm gelungen, die tiefe Angst, nicht mehr gesund zu werden, zu überwinden und seine Lebensenergien aus dem Tiefschlaf wieder aufzuwecken. Auf der Ebene der Autosuggestion hatte er die unbewußten Potentiale aktiviert und den Prozeß der Selbstheilung dadurch in Gang gesetzt. Der Auslöser dabei war das starke Verantwortungsgefühl gegenüber anderen und ein außergewöhnlicher Idealismus. Diese Motivation war sicher stärker, als nur für sich selbst gesund zu werden.

Vierter Teil

Die Technik
des Handauflegens

Die „okkulte Macht" der Hände

Die okkulte Macht der Hände liegt nicht in den Händen

Wenn eine Reihe von Bedingungen, von Auslösern und Inputs zutrifft, so stellen diese, auf lange Frist gesehen, eine „therapeutische Realität" dar. Dazu müssen folgende Bedingungen für den Patienten gegeben sein:

1. Er fühlt sich gut, mit aufrichtiger Sympathie aufgenommen, und man hört ihm zu. Er kann von seiner Krankheit und den damit zusammenhängenden persönlichen Schwierigkeiten erzählen und fühlt sich respektiert, weil der Therapeut nicht nur beim ersten Mal, sondern auch bei den darauffolgenden Sitzungen weiterhin zuhört. Am Ende der Sitzungen fühlt sich der Patient akzeptiert (verbale Kommunikation).
2. Er kann auf unbewußter Ebene der Entschlüsselung winziger mit den Sinnen wahrnehmbarer Signale entnehmen, daß diese formale, das heißt mit Worten ausgedrückte Akzeptanz *tatsächlich* gegeben ist (nonverbale Kommunikation). Zu diesen kaum wahrnehmbaren Signalen zählt die gesamte Gestik, die Haltung des Gesichts, der Ausdruck der Augen, die Stellung der Lippen, das Runzeln der Stirn, die Haltung der Füße und der Hände, der Ton der Stimme, der Rhythmus des Gesprachs, die Pausen und so weiter.
3. Der Patient sieht durch die verbale und die nonverbale Kommunikation seine Erwartung bestätigt. Dadurch können verschiedene unbewußte Kommunikationsfaktoren (unbewußte Kommunikation) in Gang gesetzt werden; diese sind:

- Die psychische Integration, das heißt die zwischenmenschliche Kommunikation auf unbewußter Ebene mit dem Therapeuten, der dabei die Funktion eines Leaders übernimmt.
- Das Vertrauen des Kranken in den Handaufleger, das diese Form der Kommunikation auslöst.
- Die archetypische Projektion, bei welcher der Patient den Handaufleger mit der mächtigen Figur des Schamanen, des Heilers oder eines Elternteils „identifiziert". Dabei wird die Figur der „therapeutischen Magie" auf den Handaufleger projiziert. Diese Projektion ist in Wirklichkeit eine unbewußte Mitteilung, welche der Patient sich selbst macht und die durch den Heilungsmechanismus ans Licht seines Bewußtseins steigt.
- Die Übertragung, welche die momentane Rückkehr eines glücklichen Frühlings symbolisiert. Dieser Frühling ist zwar schon vorbei, aber in Erinnerung daran findet der Patient die Kraft zur Heilung. Diese Übertragung ist eine unbewußte Phantasie und stellt wiederum eine Mitteilung dar, die der Patient sich selbst macht. Bisweilen findet er darin die Kraft zur Heilung.

Es erscheint nun klar, daß die wahre „Macht der Hände" nicht in den Händen liegt.

Die Notwendigkeit eine rituellen Form

Die verschiedenen Handstellungen und Gesten nehmen im Rahmen der Therapie die Bedeutung einer archaischen Botschaft an, der man sich nicht entziehen kann. Die verschiedenen Stellungen der Hände führen uns unbewußt zurück zu den magischen Ritualen der Frühzeit, mit denen wir auf unauflösliche Weise verbunden sind. Diesen unseren unbewußten Wurzeln kommt eine tiefe Bedeutung zu, die über den bewußten Willen hinausgeht und ihm sogar widerspricht.

Jedes zivile, politische oder religiöse Amt hat eine Autorität, wenn es von der Gesellschaft, deren Ausdruck es ist, gestützt wird. Die

Autorität kann wegen der Art, wie sie ausgeübt wird, ins Kreuzfeuer der Kritik geraten, doch am Ende wird sie akzeptiert, weil sie in ihrem Wesen einem archetypischen Prinzip entspricht.

Auf dieselbe Weise ist die Figur des Handauflegers Ausdruck des Auftrags einer Gemeinschaft, die von jenen gebildet wird, die diese Therapie in Anspruch nehmen. Und selbst wenn die Figur des Handauflegers wegen der Art und Weise der Berufsausübung kritisiert wird, wird dessen Rolle am Ende doch aufgrund dieser unbewußten Wurzeln und seiner archetypischen Erscheinung akzeptiert. Unsere unbewußten Wurzeln stehen in Einklang mit dem Archetyp der heilenden Hand und ihrer symbolischen Gestik. Die verschiedenen Handstellungen nehmen dabei eine präzise Bedeutung mit therapeutischer Wirksamkeit an. In Wirklichkeit handelt es sich weder um Ausstrahlungen noch um Gaben, sondern das Handauflegen hat für das Unbewußte eine authentische therapeutische Bedeutung. Dieses ist nämlich der Sitz symbolischer, automatischer und unbewußter Reaktionen, die jenseits unserer Rationalität, unserer Kultur und Zivilisation liegen.

Eine Autorität ist real vorhanden, wenn sie von der Gemeinschaft gestützt wird; je charismatischer die Persönlichkeit des Führers ist, um so stärker ist auch dessen Autorität. Ähnliches gilt für das Handauflegen: Wenn der Therapeut in den Augen des Patienten die archetypische Figur des Schamanen, des Machthabers und des Vaters verkörpert, so ruft er archaische Bilder wach, die im kollektiven Unbewußten eingeschlossen sind. Gleichzeitig löst er Tiefensuggestionen aus, die schließlich die Heilung in Gang setzen.

Die Methode von A. C. zur Lokalisierung kritischer Punkte/Stellen des Leidens

Wie wir gesehen haben, erzeugen die Hände des Therapeuten *keine* biomagnetischen Felder oder andere Energien – allerdings nach heutigem Forschungsstand. Man sollte immerhin die Möglichkeit offenlassen, daß die Naturwissenschaften noch ganz neue Entdeckungen auf diesem Gebiet machen könnten.

Auf der anderen Seite hat man mit naturwissenschaftlichen Methoden festgestellt, daß der Körper elektrische und damit auch magnetische Felder erzeugt, und es ist durchaus vorstellbar, daß gewisse Menschen eine hohe Empfänglichkeit für solche Magnetfelder entwickeln. Dies scheint zum Beispiel bei dem Handaufleger A. C. zuzutreffen. Ich konnte immer wieder feststellen, wie sensibel er auf körperlich lokalisierte Stellen des Leidens reagiert. Er findet sie mit einem besonderen Verfahren heraus, das ich hier darlegen will. Jedermann kann versuchen, im Rahmen seiner eigenen Möglichkeiten, in diese Dimension einzudringen.

A. C. bat den Patienten, sich hinzulegen, und verlangte sonst nichts weiteres von ihm. Langsam fuhr er mit einer oder mit beiden Händen in einem Abstand von sieben bis acht Zentimetern über den Körper des Patienten vom Kopf bis zu den Füßen und zurück und „tastete" den Körper auf diese Weise auch an den Seiten ab. Er hielt sich auch mehrmals an bestimmten Stellen auf, kehrte wieder dorthin zurück, konzentrierte sich und rief dann aus: „Da ist ein Leiden, oder hier war eines oder wird eines sein."

A. C. spürte in der Handinnenfläche eine Art Kribbeln, ähnlich einem leichten Strom, der an Intensität zunahm, wenn er sich der kritischen Stelle näherte. A. C. spürte bei starken Schmerzen des Patienten auch eine Art Stechen in der Hand, wenn sie über die kritische Stelle hinwegglitt. A. C. fand seine Behauptungen immer bestätigt, selbst wenn sie die Zukunft betrafen, denn die Patienten kehrten immer wieder zu ihm zurück. Ich möchte hier einige Fälle zitieren.

Als A. C. 1979 den Sommer am Meer verbrachte, legte er der Patientin D. C. bei einem Test die Hände auf. Er spürte das gewohnte intensive Kribbeln über den Lungen und fragte die Frau, ob sie mit diesem Organ irgendwelche Probleme habe. Die Patientin verneinte, und damit war die Sache erledigt. Im Jahr 1981 telefonierte Frau D. C. mit dem Handaufleger und sagte ihm, sechs Monate nach seinem Test habe ihr Arzt bei einer Kontrolluntersuchung eine Sarkoidose oder Boeck-Krankheit an den Lungen festgestellt. A. C. erklärt dazu, er spüre das Leiden auf der Handfläche, könne aber nicht immer sagen, ob es sich um ein aktuelles oder ein vergangenes Leiden oder eine sich entwickelnde Krankheit handle, von der der Patient noch überhaupt nichts wisse.

Ich möchte an dieser Stelle über einige Experimente berichten, die ich mit dem Handaufleger A. C. anstellte.

Paranormale oder hyperästhetische Sensibilität?

Eines Tages lud ich den mit mir befreundeten Arzt S. G. ein, der mit einer Ärztin E. R. kam. Diese war dem Handaufleger A. C. bislang nicht bekannt. Er untersuchte sie mit seinen Händen. Am Ende des Experiments verfaßte der Arzt S. G. unter dem Datum des 21. Oktober 1980 folgende Erklärung:

Im Verlauf eines Experiments hielt Herr A. C. seine Hände über den Körper von Frau E. R. in einem Abstand von fünf bis zehn Zentimetern. Die Patientin war bis zu jenem Zeitpunkt Herrn A. C. unbekannt. A. C. diagnostizierte durch Handauflegen Schmerzen und Spannungen von der Stirn bis zur Nasenwurzel und auf der rechten Gesichtshälfte. Frau E. R. hatte sich vor ungefähr einem Monat einem chirurgischen Eingriff an der Nase unterzogen. Überdies fand Herr A. C. im Laufe desselben Experiments eine leichte Spannung in den Brüsten und eine Entzündung im Unterbauch sowie wahrscheinlich eine Narbe im rechten Hüftgelenk. Frau E. R. bestätigte sodann, daß ihre monatliche Regel dem Ende zugehe und daß sie tatsächlich an der angegebenen Stelle eine Narbe habe.

Es gibt noch einige Erklärungen, die Patienten nach Experimenten mit dem Handaufleger A. C. verfaßten. Ich hatte auch daran teilgenommen. Ich führe hier zwei Erklärungen im Wortlaut an: Herr A. C. sagte mir, während er mit die Hände auf den Kopf legte, er spüre eine Anomalie der linken Nackenseite. Tatsächlich wurde in meiner Kindheit nach einer schweren Erschöpfung ein „Fokus" (ein Epilepsieherd) in jenem Gebiet diagnostiziert. A. C. nahm auch Dysfunktionen der Leber, des Darms und der Bauchspeicheldrüse wahr. Tatsächlich mußte ich vor einigen Jahren mit dem Verdacht einer Leber- und Bauchspeicheldrüsenentzündung ins Krankenhaus *(S. Orsola di Bologna)*. M. C. 27.9.1980.

Die folgende Erklärung habe ich nicht nur wegen der Diagnose der Stellen des Leidens ausgesucht, sondern weil darin auch eine typische On-Patientin charakterisiert ist. Die Patientin war 20 Jahre alt und litt unter Angstzuständen:

„Bei der ersten Behandlung hatte ich einige leichte Empfindungen wie eine Welle im Kopf, ganz oben, und diese Welle machte mir den Kopf leicht. Dann verspürte ich eine intensive Wärme, die von seinen Händen hervorgerufen wurde. Er hielt sie fünf bis zehn Zentimeter von meiner Brust entfernt, und diese Wärme war im zentralen Teil, wo sich seine Hand befand, sehr intensiv und breitete sich nach und nach über die ganze Brust aus. Eine weitere intensive Wärmeempfindung verspürte ich in den Augen, als seine Hand sie passierte, und am Hals, als sich seine Hand darüber aufhielt.

Nach der ersten Behandlung fühle ich mich freier, ich fühle mich nicht mehr bedrückt, geängstigt, ich fühle mich gelöster und sicher. Die Angst springt mich nicht mehr an, ja ich kann mich an keinen Augenblick der Angst erinnern.

Eine weitere wundervolle Sache ist, daß A. C. mir sagen konnte, daß ich an Arthrose, an einer Entzündung im Unterleib und an Blinddarmbeschwerden leide. Das trifft alles zu, und ich habe sie schon behandeln lassen, aber mit schlechten Ergebnissen. Eine weitere Störung trat noch zutage, nämlich Herzklopfen, und das ist wahr."

Eine Episode zeigt uns den Weg, wo der Ursprung der Fähigkeit von A. C. zu suchen ist. Ein Priester und promovierter Arzt, der sich vorübergehend in der Stadt von A. C. aufhielt, erklärte sich zu einem Experiment bereit, bei dem der Handaufleger Stellen des Leidens ausfindig machen wollte. A. C. fuhr mit den Händen über den Körper des Priesters und sagte dann:

„Ich habe ein Gefühl, das ich noch bei keinem anderen Menschen hatte. Wenn ich mit den Händen über seinen Rücken fahre, spüre ich nicht nur viel Leiden, sondern ich spüre auch reflektierendes Metall. Darüber hinaus habe ich ein metallisches Gefühl in meinen Zähnen."

Der Priester sagte sodann, daß er nach einem schweren Unfall viele Monate lang ein metallenes Korsett habe tragen müssen, das ihm sehr viele Schmerzen verursacht habe.

Wie interpretiert man diese besondere Sensibilität? Die faszinierendste Erklärung besagt, daß A. C. über eine besondere hyperästhetische Empfindlichkeit seiner Haut verfügte und daß er das Leiden der Zellen aufgrund ihres veränderten elektrischen Gleichgewichts wahrnehme. Eine andere Erklärung nimmt die psychische Integration und damit die erste Stufe der Paranormalität zu Hilfe. A. C. würde somit auf paranormalem Weg und damit über das Unbewußte Botschaften des Patienten auffangen und weiterhin unbewußt in Tastreize verschlüsseln, die er mit seiner bewußten Intelligenz lesen und entschlüsseln könne. Die Episode mit dem Priester und Arzt, dessen Leiden als „metallisches Gefühl in den Zähnen" wahrgenommen wurde, würde die Hypothese einer unbewußten Kommunikation bestätigen. Das Unbewußte würde in diesem Fall mit seiner ungeheuren Kreativität eine Empfindung erzeugen, die A. C. bereits in seinem Erfahrungsschatz gespeichert hatte.

Es ist einsichtig, daß Handaufleger, die über diesen paranormalen oder hyperästhetischen Zugang verfügen, beste Voraussetzungen für das Handauflegen mitbringen, weil sich ihre Figur für die archetypische Projektion besonders eignet.

Die Methode von A. C. in ihren Grundzügen

Wie bereits teilweise ausgeführt, besteht die Methode des Handauflegens, die weder einen Arztbesuch noch eine ärztliche Diagnose ersetzt, in folgenden Punkten:

1. Man fährt langsam in fünf bis zehn Zentimeter Abstand vom Körper mit der Hand oder beiden Händen von Kopf bis Fuß über den Patienten und wiederholt dies mehrmals, ohne einen Punkt der Körperoberfläche auszulassen. Der Handaufleger ist dabei auf sein Inneres konzentriert.
2. Man hält an Stellen inne, an denen man ein Kribbeln, eine Spannung, ein Jucken verspürt, und lokalisiert diesen Punkt. Hier ist die Stelle des Leidens.
3. Mit der Zeit und mit der Übung entdeckt man selbst weitere Besonderheiten.

Hier soll nur von zwei solchen Besonderheiten die Rede sein:

1. Man kann manchmal auf folgende Weise den augenblicklichen
   Stand des Menstruationszyklus einer Frau feststellen: Wenn man
   im Unterleib und in der Brust der Frau eine ausgeprägte Spannung
   in der Handfläche verspürt, bedeutet dies, daß sie gerade ihre Re-
   gelblutung hat. Verspürt man die Spannung nur bei der Brust, so
   bedeutet dies, daß der Zeitpunkt des Eisprungs gekommen ist. Mit
   Übung kann man auch den prä- und postmenstrualen Zustand
   wahrnehmen, weil er sich in einem geringeren Kribbeln äußert.
2. Der Handaufleger A. C. nimmt einen allgemeinen pathologischen Zustand wie Blutarmut, Durchblutungsstörungen, zu hohen Muskeltonus oder Zuckerkrankheit dadurch wahr, daß er auf
   dem ganzen Körper ein ausgeprägtes Prickeln verspürt. Ich möchte dieses Thema nicht mehr weiter ausführen, sondern nur noch
   darauf hinweisen, daß ein erfolgreiches Handauflegen nicht von
   dieser speziellen Sensibilität abhängt.

Die Körperhaltung des Patienten

Nach der verbalen Kommunikation sollte sich der Handaufleger
dem Patienten gegenübersetzen und seine Hände in den eigenen
Händen, ohne zu sprechen, einige Minuten lang halten. Dabei schaut
man sich in die Augen oder schließt sie. Wenn der Therapeut wirklich über eine innere Kraft und eine Sicherheit verfügt, so teilt er sie
auf diese Weise dem Patienten mit. Das ist der erste Schritt nach der
verbalen Kommunikation, um eine zwischenmenschliche Beziehung
aufzubauen.

Die Körperhaltung des Patienten hängt davon ab, welche Stelle zu
behandeln ist. Wenn es sich um den Kopf, die Brust, den Rücken
oder die Arme handelt, so kann der Patient ohne weiteres auf einem
bequemen Stuhl oder Sessel sitzen bleiben. Vielleicht noch geeigneter ist die liegende Haltung, da sie bequemer ist für den Therapeuten
und weil On-Patienten auch durch Schläfrigkeit und tiefe Entspan-

nung reagieren können. In diesem Zusammenhang habe ich öfter gesehen, daß der Handaufleger A. C. aus dem Zimmer ging, in dem die Therapie stattfand. Er ließ die liegenden Patienten zurück, deren Bewußtseinszustand von einer tiefen Entspannung über den Halbschlaf bis zu einem richtigen, sehr intensiven, aber kurzen, fünf bis zehn Minuten währenden Schlaf reichte. Von diesem Schlaf erhoben sich die Patienten deutlich erholt.

Der hypnotische Schlaf von Frau L. T.

Ich möchte hier den Fall einer jungen Frau beschreiben, die unter schwersten Kopfschmerzen zu leiden hatte. Sie verbrachte ganze Tage im Dunkel des Schlafzimmers, und kein Schmerzmittel konnte ihr helfen. Sie hatte sich sogar schon einmal eine Schmerzmittelvergiftung zugezogen, hatte einen Kollaps erlitten und mußte als Notfall ins Krankenhaus eingeliefert werden.

Frau L. T. war Französin (verheiratet, drei Kinder) und hatte mit großen Streßproblemen zu kämpfen. Dies hing im wesentlichen mit ihrer Mutter zusammen, die nicht unter demselben Dach lebte, aber nach dem Tode ihres Mannes um so mehr die Tochter mit ihrem schwierigen Charakter unterdrückte. Frau L. T. verehrte hingegen ihren verstorbenen Vater, der auch in ihren Träumen eine besondere, einzigartige Stellung einnahm. Dieses Bild wurde noch von einer stark beanspruchenden und frustrierenden Arbeit und von einer Konfliktsituation kompliziert, die mit ihrer religiösen Identität zu tun hatte. Sie stand unbewußt zwischen Hammer und Amboß – auf der einen Seite ihr Mann, der keine religiöse Bindung hatte, auf der anderen Seite ihr verstorbener Vater, ein überzeugter Christ. In dieser Situation waren die Kopfschmerzen entstanden.

Frau L. T. kam zur ersten Behandlung in Begleitung ihres Mannes. Von da an war das Ritual immer dasselbe: Nach einigen Minuten der Behandlung versank die Patientin in einen hypnotischen Schlaf. Obwohl sie dabei die Worte hörte, die gesprochen wurden, konnte sie diesen Schlaf von sich aus nicht unterbrechen, jedenfalls zu Beginn nicht. Ihr Ehemann rief sie, und sie schlief weiter. Erst als der Therapeut A. C. sie rief, auch nach wiederholten Malen, wachte sie auf.

Sie fühlte sich im allgemeinen ausgeruht wie nach einigen Stunden Schlaf.

Die Kopfschmerzen verschwanden, und zum ersten Mal nach vielen Jahren fühlte sich die Patientin voller Lebensmut, Tatendrang und auch Widerstandsvermögen wie seit langem nicht mehr.

In der Zwischenzeit geschahen merkwürdige Dinge. Frau L. T., die normalerweise in der Schweiz lebt, hatte sich lange in der Heimatstadt des Therapeuten aufgehalten, um die Behandlung abzuschließen. So ergab sich die Gelegenheit zu langen Aussprachen mit dem Handaufleger A. C. Sie träumte von ihrem Vater, und dieser ruhte, wie es in allen anderen bisherigen Träumen der Fall gewesen war, im Bett dieser Patientin. Bei diesen Träumen durfte kein anderes Familienmitglied, Ehemann eingeschlossen, in diesem Bett liegen. Beim letzten Traum erschien der Vater mit einem ungefähr acht bis zehn Jahre alten, zarten Kind an der Hand, das kurze Haare und ein gestreiftes Leibchen trug, und sagte: „Dies ist XY, du kannst ihm trauen." Die Frau, die im Traum wußte, daß das Kind der Handaufleger war, ließ es im Bett zwischen sich und dem Vater ruhen.

Die Patientin L. T. erzählte diesen Traum dem Handaufleger A. C., während ihr Mann dabei war. XY entsprach dem Kosenamen von A. C., mit dem er zu Hause als Kind gerufen worden war. Es existierte auch eine Fotografie von A. C., die ihn mit einem gestreiften Leibchen zeigte. Der Therapeut stellte in der Folge beim Ehemann der Patientin L. T. ein unbewußtes Mißbehagen fest und stellte einen Zusammenhang mit diesem Traum her. Der Traum war aber nichts anderes als die Manifestation einer hervorragend gelungenen Übertragung. Der Ehemann verstand trotz seiner Bildung die therapeutische und analytische Bedeutung dieses Traumes wohl nicht richtig, fühlte sich aber verständlicherweise wegen der etwas ungewöhnlichen Situation verwirrt.

Offensichtlich begriff auch die Patientin nicht, daß sich ein unbewußter Mechanismus auszubilden begann. Sie erklärte das Ereignis, von dem sie sich mit erheblicher Angst angezogen fühlte, auf eine unbestimmt paranormale Weise. Tatsächlich überwog, objektiv gesehen, ein telepathischer Aspekt, der sich in der Beschreibung des Kindes äußerte.

Der Handaufleger A. C. entschloß sich, sich langsam aus dieser therapeutischen Situation zurückzuziehen, weil er ehrlicherweise zugeben mußte, daß er mit einer derart starken Übertragung nicht zurechtkam, schließlich war er weder Psychoanalytiker noch Psychotherapeut. Weil die Übertragung nun blockiert war, verlor er auch seine „heilende Kraft" in den Augen der Patientin L. T. Das Beispiel zeigt, in welche Situationen ein Handaufleger geraten kann. Dabei ging es ursprünglich nur um Kopfschmerzen und somit um jenes Leiden, das von den Handauflegern am häufigsten behandelt wird!

Symbolische und therapeutische Bedeutung der verschiedenen Handstellungen

Die Technik des Handauflegens, wie ich es verstehe, sieht *keinerlei* bioenergetische Bedeutung in den verschiedenen Handstellungen. Einigkeit besteht jedoch darüber, daß diese Handstellungen unterschiedliche therapeutische Auswirkungen haben, weil sie archetypischen symbolischen Figuren entsprechen. Wir haben bereits gesehen, daß der linken und der rechten Hand eine unterschiedliche Symbolik zukommt. Die rechte Hand ist in fast allen Kulturen das archaische Symbol des Handelns, des Willens, des Gewissens, des konkreten Lebens und des Guten. Die rechte Hand führt die konkreten Handlungen durch: Sie liebkost, füttert, bringt zu Bett, baut, bestraft. Wenn man somit die rechte Hand auf den kranken Körperteil auflegt, aktiviert man auf archetypischer, unbewußter Ebene suggestive Faktoren der Vitalität und der Heilung. Die rechte Hand spendet Energie, die Positives, Gutes schenkt.

Die linke Hand ist das archaische Symbol des Dunkels, des Okkulten, des Unbewußten, des unkontrollierten Übels. Die linke Hand ist der rechten untergeordnet und steht ihr reflexhaft zur Seite. Sie hat die symbolische Macht, der Angst Einhalt zu gebieten, die aus dem Unbewußten kommt. Sie bekämpft den physischen Schmerz, der im Glauben des frühen Menschen und nach der Auffassung bestimmter Religionen eine Bestrafung bedeutet und somit aus dem

Unbewußten kommt. Das Auflegen der linken Hand auf den kranken Körperteil aktiviert auf unbewußter Ebene den Rückgang der Symptome. Der traditionellen Vorstellung zufolge nimmt die linke Hand das Übel, den Schmerz und die Angst vor der Krankheit weg. Das gleichzeitige Auflegen beider Hände auf die schmerzende Körperstelle, allerdings auf entgegengesetzten Körperseiten, bedeutet ein komplexes Gleichgewicht zwischen der Linderung von Angst und Schmerzen (links) und neuer Vitalität (rechts).

Die Stellung der Hände

Jeder Handaufleger entwickelt im Lauf der Zeit durch Erfahrung die ihm gemäße Technik. Die Hauptprobleme sind ganz generell:
1. der Abstand der Hände vom Körper,
2. die Art des Handauflegens,
3. die Stellen, die man behandelt,
4. die Dauer jeder Behandlung oder Sitzung,
5. die Gesamtanzahl der Behandlungen.

Auf den folgenden Seiten will ich auf die wichtigsten Punkte des technischen Vorgehens eingehen. Ich möchte nochmals klarstellen und betonen, daß das Handauflegen keinen Arztbesuch ersetzt und nur mit ärztlicher Zustimmung erfolgen sollte. Beim Handauflegen gibt es kein Standardverfahren, weil das Handauflegen sozusagen nur die Verlängerung einer zwischenmenschlichen Beziehung ist. Das Handauflegen ergänzt diese Beziehung.

Einige Vorgehensweisen, die hier empfohlen werden, gehen auf die Erfahrungen einiger herausragender italienischer Handaufleger unseres Jahrhunderts zurück, unter denen ich Dr. Francesco Racanelli namentlich nennen möchte.

Der Abstand der Hände vom Körper

Im Hinblick auf den Abstand der Hände vom Körper gibt es zwei entgegengesetzte Verfahren.

a) Die meisten Handaufleger halten ihre Hände in einem Abstand von zwei bis 20 Zentimetern vom Körper des Patienten. Der Durchschnitt liegt bei zehn bis 15 Zentimetern. In bestimmten Augenblicken, über die der Therapeut intuitiv und kreativ entscheidet, ist auch ein Abstand von 50 und mehr Zentimetern angebracht. Es handelt sich dabei um subjektive, persönliche Interpretationen der Rolle des Therapeuten, die dem kreativen unbewußten Ich unterliegen.

b) Die direkte Berührung des Patienten mit den Händen kann vom therapeutischen Standpunkt aus durchaus günstige Auswirkungen haben.

Meiner Meinung nach bedeutet der Abstand der Hände vom Körper eine weitere okkulte und magische Dimension der Therapie. Diese Distanz ist ein Zeichen für eine schwebende Macht zwischen Himmel und Erde, zwischen Realität und Unbewußtem. Wenn der Therapeut den Körper des Patienten berührt, entspricht dies einer humaneren, konkreteren Dimension. Der Handaufleger bringt damit zum Ausdruck, daß er sich in das Problem vertieft und daran Anteil nimmt. Jede Handlung hat eine symbolische Bedeutung und ist typisch für die Persönlichkeit des Therapeuten. Der Patient versteht jede dieser Handlungen auf der Grundlage seiner Erwartung. Jedenfalls spielt das intuitive Verhalten beim Handauflegen eine große Rolle. Aus diesem und aus anderen unbewußten Verhaltensweisen kann die Selbstheilung hervorgehen.

Ich empfehle vom ausschließlich therapeutischen Standpunkt aus, die eine Hälfte der Zeit die Hände im Abstand vom Körper des Patienten zu halten und die andere Hälfte sie aufzulegen. Doch jeder Handaufleger wird und muß seine eigene Arbeitsweise entwickeln.

Technik des Handauflegens

Wie schon früher ausgeführt, empfehle ich folgendes Verfahren:
1. Bei Schmerzen legt man die linke Hand auf den schmerzenden Körperteil und die rechte Hand auf die gegenüberliegende Seite. Wenn dies nicht möglich ist, legt man die rechte Hand seitlich ver-

setzt von der linken. Der Handaufleger möge sich daran erinnern, daß die linke Hand symbolisch den Schmerz lindert, während die rechte Energie spendet.

2. Bei Angstzuständen legt man die linke Hand auf den Solarplexus knapp oberhalb der Magens und die rechte Hand auf den Kopf. Man kann auch folgende Position einnehmen: Der Therapeut steht hinter dem Patienten und legt beide Hände auf dessen Brust. Ebenso möglich ist diese Haltung: Die linke Hand auf den Solarplexus legen, die rechte gegenüberliegend auf den Rücken.

3. Wenn es darum geht, eine Körperfunktion zu stimulieren, etwa bei allgemeiner physischer und psychischer Schwäche, bei nervöser Erschöpfung und Rekonvaleszenz, legt man die rechte Hand auf den Kopf und aktiviert somit symbolisch die Tätigkeit der Hirnzentren und die linke Hand auf den Solarplexus. Wenn ein bestimmtes Organ nicht richtig funktioniert, legt man erst die rechte Hand auf das Organ und dann die linke (eine Empfehlung von Racanelli). Man kann auch die rechte Hand auf das Organ legen und die linke auf die gegenüberliegende Körperseite.

In welcher Form existieren die Punkte des Handauflegens?

Ganz zu Beginn legte man die Hände auf den Kopf des Patienten und höchstens noch auf die schmerzende Stelle, und diese Therapie funktionierte, weil man sich intuitiv der Gültigkeit dieser Methode bewußt war. Aber mit Franz Anton Mesmer kam der Magnetismus auf. Heute unternehmen die Vertreter einer Theorie von Bioplasma und ähnlichen Lebensenergien alle Anstrengungen, um gewisse Punkte ausfindig zu machen, die man als Rezeptoren dieser vermeintlichen Energie ansprechen kann. Wo aber liegen diese Punkte?

1. Liegen sie vielleicht in den Hormondrüsen, etwa im Hypothalamus, in der Hypophyse, der Schilddrüse oder in den Nebennieren, welche die wichtigsten biologischen Funktionen des Körpers steuern? Wenn es zum Beispiel darum ginge, die Nierenfunktion zu verbessern oder Störungen bei der Kontraktion glatter Muskulatur etwa der Gebärmutter zu beheben, so müßte man dieser

Auffassung zufolge die Hand auf den Kopf legen! Wenn dies zuträfe, müßte der Handaufleger über eine hervorragende medizinische Ausbildung verfügen und auch dauernd Bescheid wissen über neuentdeckte Regelmechanismen. Dazu kommt, daß viele Störungen zahlreiche ineinandergreifende Ursachen haben. Dieser Rückgriff auf die biochemischen Ursprünge der Krankheit kam beim Handauflegen während der siebziger und achtziger Jahre auf Empfehlung von Ärzten auf. Dazu ist allerdings zu bemerken, daß das Handauflegen bis zu jenem Zeitpunkt auch ohne biochemische und molekularbiologische Kenntnisse funktioniert hat!

2. Entsprechen die Punkte des Handauflegens vielleicht den Punkten der Akupunktur? Dieser chinesischen Lehre zufolge fließt die Lebensenergie in bestimmten Kanälen oder Meridianen, für die es allerdings keine anatomische Entsprechung gibt. Die Nadeln, die man bei der Akupunktur einsticht, sollen Krankheitsursachen zum Verschwinden bringen. Der chinesischen Vorstellung zufolge liegen die Wurzeln der Krankheit in einem Überschuß oder einem Mangel an Lebensenergie in einem bestimmten Punkt des Organismus. Daraus gingen zum Beispiel Überfunktionen wie Durchfall und Unterfunktionen wie Verstopfung hervor. Durch das Einstechen von Nadeln an den über 1000 möglichen Stellen (Foramina) sollen solche Blockierungen aufgehoben und das Gleichgewicht des Energieflusses wiederhergestellt werden. Die Einstichpunkte entsprechen anatomisch nicht den zu heilenden Organen, stehen mit ihnen aber in einer engen Beziehung. Wenn man zum Beispiel eine Nadel in die Wurzel des kleinen Fingers sticht, so heilt man damit die Gallenblase. Ich will auf die Akupunktur hier gar nicht weiter eingehen. Es bleibt die Tatsache, daß das Handauflegen seit jeher funktioniert, auch wenn die Therapeuten nicht die von der Akupunktur geforderten Punkte des Körpers behandeln.

Es bleibt uns nur noch die Hypothese, daß es sich beim Handauflegen um magische Heilungen handelt. Doch wie wir gesehen haben, ist die einzige Magie, das wahrhaft Okkulte das *Unbewußte* des Menschen. Die Erfolge beim Handauflegen gehen somit auf die unbewußte Intervention autosuggestiver Prozesse zurück.

In der Praxis des Handauflegens gibt es viele verschiedene Techniken. Sie funktionieren alle, weil eben nicht ein Fluidum, sondern unbewußte Faktoren die Heilungsursache sind. Wenn zum Beispiel ein Patient weiß, daß die Hypophyse, die im Kopf liegt, für die Regelung der Nebennieren zuständig ist, so kann man ohne weiteres die Hand auf den Kopf auflegen. Bei einem weniger gebildeten Patienten legt der Therapeut die Hände auf die Nieren. Entscheidend wichtig ist die zwischenmenschliche Beziehung und die archetypische Projektion. Sie setzt die biologischen Mechanismen in Gang. Bedeutsam ist dabei meiner Meinung nach nur, daß man die Symbolik der linken und der rechten Hand berücksichtigt.

Eine entspannende Behandlung

Es gibt auch eine Behandlung, bei der man beide Hände schalenartig auf den Kopf auflegt. Diese Vorgehensweise ist symbolisch wichtig, weil alle Menschen wissen, daß im Kopf und im Gehirn die Schmerzen und die Ängste ihren Sitz haben. Der Kopf ist und bleibt der dominierende Teil unseres Körpers. Wenn man die Hände auf den Kopf legt, ruft man damit Zärtlichkeit und wichtige Augenblicke des eigenen Lebens in Erinnerung, die eine Übertragung erleichtern. Aus diesem Grunde empfiehlt es sich, vor der eigentlichen Behandlung die Hände auf den Kopf aufzulegen. Dies führt bei den meisten On-Patienten zu einer Entspannung. Ich empfehle diese Haltung auch bei allen Dysfunktionen, deren Ursache unbekannt ist.

Dauer und Zahl der Behandlungen

Über die Dauer einer Behandlung kann man keine allgemeingültigen Aussagen machen. Wie schon gesagt, ersetzt das Handauflegen nicht den Arztbesuch und sollte nur mit ärztlicher Zustimmung erfolgen. Hat man sich nach dem Gespräch mit dem Arzt für das Handauflegen entschieden, so hängt die Dauer der Behandlung von mehreren Komponenten ab, zunächst einmal von der Erwartungshaltung des Kranken. Wenn sein Leiden affektive Komponenten aufweist, dauert die Behandlung länger. Ich habe bei dem Therapeuten A. C. erlebt, daß manche Behandlungen 20 bis 30 Minuten dauerten, besonders bei Patienten, an deren Krankheitsgeschichte auch Isolation, schwierige zwischenmenschliche Verhältnisse, mühselige Rekonvaleszenz und allgemeine Schwächezustände beteiligt waren. Dagegen reichten manchmal auch fünf Minuten aus bei Zahnschmerzen. Es gibt Handaufleger, die jeder einzelnen Störung fünf bis zehn Minuten widmen und damit auf eine Gesamtbehandlungsdauer von 30 bis 60 Minuten kommen. Ich empfehle deswegen eine mittlere Behandlungsdauer von zehn bis 15 Minuten.

Im allgemeinen umfaßt ein Zyklus zehn Behandlungen. Wenn sich eine Besserung einstellt, empfiehlt es sich, ein oder zwei Monate nach dem ersten Zyklus einen zweiten anzuschließen. Wenn nach dem ersten Zyklus keine Besserung zu beobachten ist, sollte man es bleibenlassen. Bei guten Ergebnissen reicht ein Behandlungszyklus aus.

Die Häufigkeit schwankt zwischen einer Behandlung pro Tag bis zu einer Behandlung pro Woche. Hervorragende Ergebnisse stellten sich auch bei der minimalen Behandlungsfrequenz ein. Den richtigen Rhythmus zu finden obliegt ganz dem Therapeuten. In einigen Fällen, zum Beispiel bei Nervenschmerzen und Arthrose der Halswirbel, kann eine einzige Behandlung ausreichen. Ich erinnere mich an eine Patientin, die einmal pro Jahr zum Handaufleger A. C. ging und sich über heftige Schmerzen in der Halswirbelsäule beklagte. Eine Behandlung reichte aus, damit diese Frau wieder ein Jahr ohne Beschwerden blieb.

Das Verhalten während der Therapie

Während des Handauflegens, das keinen Arztbesuch ersetzt und nur mit Zustimmung des Arztes erfolgen sollte, hält der Therapeut den Kontakt mit dem Patienten und läßt sich von ihm beschreiben, welche Empfindungen er hat. Auf diese Weise findet der Handaufleger heraus, ob es sich um einen On- oder einen Off-Patienten handelt.

Es ist jedenfalls immer besser, sich im Verlauf einer Behandlung zurückzuhalten und sich zu konzentrieren. Regeln dafür gibt es keine. Wenn der Therapeut und der Patient miteinander sprechen wollen, so sollten sie es ruhig tun, sofern sich niemand gestört fühlt. Durch das Sprechen können eventuell aufkeimende Spannungen abgefangen werden. Entspannt sich der Patient jedoch, schließt er die Augen und nickt sogar ein, so liegt auf der Hand, daß Schweigen herrschen muß.

Die Behandlung sollte natürlich in einer ruhigen Umgebung stattfinden, und der Therapeut sollte in guter seelischer Verfassung sein. Ich habe es einmal erlebt, wie der Handaufleger A. C. beim konzentrierten Handauflegen von Geräuschen gestört wurde. Mit der betreffenden Patientin hatte er sehr gute zwischenmenschliche Beziehungen. Der Therapeut fühlte sich sehr gestört, und die Patientin schlief (zufälligerweise?) jene Nacht nicht. Sie fühlte sich angespannt und unruhig. In diesem Fall ist eine psychische Integration mit biochemischen Auswirkungen auf den Mechanismus des Schlafs nicht auszuschließen.

Der Therapeut braucht eine innere Sicherheit und ein Vertrauen in seine heilerischen Fähigkeiten. Wenn diese Sicherheit gegeben ist, muß sie nicht für alle sichtbar nach außen getragen werden; sie ist vielmehr als unbewußte Botschaft präsent. Das gesamte Verhalten und die Gesten verkünden diese Botschaft, und der Patient nimmt sie teils bewußt, teils unbewußt wahr. Diese Sicherheit kann man nicht gewinnen, lernen oder selbst aufbauen. Ein Mensch, der seiner selbst und seiner Fähigkeiten sicher ist, verströmt ein Gefühl der Sicherheit, ähnlich wie der Ängstliche um sich ein gewisses Unbehagen verbreitet.

Dabei darf man Vorsicht nicht mit Unsicherheit verwechseln. Der Handaufleger kann durchaus vorsichtig sein. Er verspricht nichts, zeigt aber trotzdem eine Sicherheit, die schnell deutlich wird.

Die Selbstsicherheit geht im allgemeinen auf eine existentielle Wahl zurück, so daß das betreffende Individuum ein festes Ziel vor Augen hat. Es gibt viele solche Wahlmöglichkeiten:
- Der Gläubige hat eine spirituelle Wahl getroffen und hat Mitleid mit dem Nächsten. Seine Selbstsicherheit entsteht aus dem Glauben.
- Andere Therapeuten glauben an die Kraft der Mitmenschlichkeit und der Solidarität. Sie schöpfen Energie aus dieser Vision.
- Wiederum andere glauben an die Magie und an die Macht des Fluidums. Ihre Selbstsicherheit beziehen sie aus dieser Überzeugung, mag sie nun objektiv richtig oder falsch sein.

Wer das Handauflegen nur aus Gewinnabsichten betreibt, wird es meiner Meinung nach nie zu der geforderten therapeutischen Selbstsicherheit bringen. Der Glaube an den Gewinn allein reicht nicht für eine authentische zwischenmenschliche Beziehung aus. Berufliche Kenntnisse genügen ebenfalls nicht. Die einzige wirksame Kraft des Handauflegers ist der innere Antrieb, selbst wenn er magischer Natur ist.

Was der Handaufleger unterlassen sollte

Der Handaufleger muß immer darauf achten, daß er sich nicht etwas anmaßt, was er nicht leisten kann. In aller Kürze lassen sich sieben Gebote für seine Tätigkeit formulieren:

1. Man darf keine Heilung versprechen.
2. Man darf keine Diagnose stellen.
3. Man darf keine Heilmittel verschreiben.

4. Man darf keine Diäten, Therapien oder körperlichen Übungen verschreiben.
5. Man darf als Therapie nicht die Hypnose einsetzen.
6. Man darf den Patienten nicht gegen seinen Willen betasten, manipulieren oder massieren und ihn auch nicht die Kleider ablegen lassen. Das Handauflegen hilft mit den Kleidern, da es ja um die Seele geht.
7. Man darf keine medizinische Therapie unterbrechen, denn das Handauflegen darf *nicht* den Arztbesuch ersetzen.

Die „geheime Macht" der Vorstellungskraft

Die Vorstellungskraft

Die innere Sicherheit des Therapeuten hat, wie wir gesehen haben, ihre Wurzeln in religiösen oder magischen Auffassungen oder in der Vision von der menschlichen Solidarität. Diese Überzeugungen sind auch ein Ansporn für die Vorstellungskraft.

Der Kern der Therapie beruht tatsächlich auf dieser Vorstellungskraft oder Imagination. Gehen wir einmal von einer guten Beziehung zwischen Therapeut und Patient, einer wirkungsmächtigen archetypischen Projektion und einer guten Übertragung aus. Dann fehlt als Instrument für die Kommunikation nur noch die psychische Integration als erster Schritt der Paranormalität. Welche Verbindung besteht aber zwischen der Vorstellungskraft und der psychischen Integration?

Die Vorstellungskraft erlaubt es uns, das Leiden des Patienten wie einen Feind zu sehen und ihn anzugreifen. Diese plastische Vorstellung ist auch unter dem Begriff Visualisierung bekannt. Der Handaufleger projiziert mit Hilfe seiner Phantasie seinen Gedanken auf das erkrankte Organ. Viele Menschen sind davon überzeugt, daß diese Visualisierung sehr viel Nutzen bringt. Zu ihnen zählt der Arzt, Handaufleger und Psychiater Dr. Luigi Lapi, der folgendes schreibt:

„Ist diese formale Visualisierung aber wirklich nützlich? Gewiß! Sie verleiht dem Konzept des Übels eine objektivierende Greifbarkeit und erlaubt es dem Geist, sich auf etwas Objektives zu konzentrieren, gegen das man die Aggressivität lenken kann."[1]

Die kreative Imagination besteht darin, daß man sich mit Aggressivität gegen das Leiden und mit Sympathie für den Erkrankten auflädt. So kann man sich beispielsweise vorstellen, daß den eigenen Händen eine mächtige Kraft entströmt, die das Übel vernichtet. Auch der Handaufleger A. C. verwendete bisweilen diese Methode und erreichte damit mindestens ein sicheres Ergebnis: Er fühlte sich befriedigt und voller Kraft. Es besteht die Möglichkeit, daß sich im Augenblick der kreativen Imagination eine psychische Kommunikation zwischen dem Therapeuten und dem Patienten einstellt. In diesem Fall wird der psychische Inhalt der Aggressivität gegen das Böse auf die Psyche des Patienten übertragen und löst dort die kreative Autosuggestion aus. Damit erklärt sich die Stellung der psychischen Integration im Kommunikationsmodell (auf Seite 187). Ich möchte in diesem Zusammenhang präzisierend festhalten, daß das Handauflegen kein paranormales Phänomen ist, sondern nur in einem bescheidenen Umfang eine paranormale Komponente enthalten kann.

Das fremde Etwas

Viele Stammeskulturen sehen als Grund für Krankheiten ein fremdes Etwas, einen unbekannten Faktor, der in den Menschen eindringt und ihn erkranken läßt. Dieses fremde Etwas muß mit Hilfe magischer Riten von den Schamanen oder Zauberern vertrieben werden. Bei einigen Kulturen ahmt der Medizinmann das Leiden des Kranken nach, wie wenn er dessen Schmerzen auf sich nähme. In nicht wenigen Fällen leidet der Schamane tatsächlich mit. Dr. Lapi meint in diesem Zusammenhang:

„Das Problem des Übergangs der Krankheit auf den Therapeuten ist kein reines Theater, wie einige wohl glauben möchten, und hat noch keine plausible Erklärung gefunden. Dieses Phänomen, das wir als Sympathie bezeichnen könnten, steht außer Zweifel. Dessen In-

tensität ist proportional zur Schwere der Krankheit und zur persönlichen Beteiligung des Therapeuten. Dieser empfindet dabei intensive Schmerzen, hat ein Kältegefühl, muß weinen, er empfindet Angst
und Entsetzen."[2]

Dr. Lapi zitiert einen Beitrag von R. Katz über die Kung der
Kalahariwüste in Botswana, bei denen die Hälfte der Männer und ein
Drittel der Frauen Heiler werden:

„Wie die Heiler in anderen Teilen der Welt legen auch die Kung
die Hände auf, um die Krankheit zu vertreiben. Sie nähern dabei ihre
vibrierenden Hände seitlich der Brust des Patienten oder wo auch
immer die Krankheit ihren Sitz haben mag. Sie berühren ihn leicht
oder beschränken sich im allgemeinen darauf, die Hände nahe an
seiner Haut vibrieren zu lassen. Bisweilen klammert sich der Heiler
an den Patienten, bedeckt ihn mit seinen Schweiß, von dem man
glaubt, daß er eine besondere heilkräftige Wirkung aufweise. Der
Heiler zieht die Krankheit auf sich und wirft sie dann mit der Hand
von seinem Körper weg, während alle seine Gliedmaßen vor Schmerz
zittern."[3]

Dr. Lapi schreibt weiter, für den Übergang des Schmerzes vom
Patienten auf den Heiler, der in Schamanengesellschaften anzutref-
fen sei, gäbe es keine Erklärung. Meiner Meinung nach liegt die Wurzel dieses Phänomens jedoch in der Tiefenpsychologie.

Der Schamane ist eine bereits prädisponierte Persönlichkeit, kun-
dig in der unbewußten Kreativität; er glaubt an magische Kräfte, an
Energieflüsse, an Geister und Verwünschungen. Er glaubt somit an
eine Phantasiewelt, die für ihn subjektiv Realität wird.

So kommt zeitweilig der Mechanismus zustande, der der Heilung
umgekehrt ist: Durch kreative Autosuggestion kann der schamani-
sche Heiler in Einklang mit seiner Kultur in Tat und Wahrheit leiden.
In seinen Augen und in denen seiner Stammesangehörigen ist dies
der Beweis dafür, daß er die Kraft zu heilen besitzt. Und das kreative und pathologische Ich, das auf suggestive Reize empfänglich reagiert, ist ein Ich, das der Kontrolle des aufmerksamen bewußten Ichs
entzogen ist; es vollführt die mehr oder minder ausgeprägte Panto-
mime des in den Körper aufgenommenen fremden Etwas. Bei diesem Mechanismus kann es gelegentlich auch zu einer psychischen
Integration kommen. Übrigens leiden auch moderne Handaufleger,

die sich als Schamanen begreifen, unter der Angst vor diesem fremden Etwas.

Das heilende Wasser

Wie befreit man sich aber von dieser Angst? Wie wirkt man diesem archaischen Schrecken vor dem fremden Etwas entgegen, das Krankheit und Tod erzeugt? Dieses fremde Etwas wird als negative Energie definiert. Wenn man die Natur dieser Energie kennt, kann man verstehen, wie gewisse Verteidigungsmechanismen funktionieren. Wir haben gesehen, daß dieses fremde Etwas, diese negative Energie, psychischen Charakters ist und aus der Vorstellungswelt stammt.

Auch das Heilmittel dagegen muß der Imagination entspringen. Bei den Kung bestand es im Schütteln der Hände. Merkwürdigerweise wenden dieses Verfahren auch einige moderne Handaufleger an.

Lassen wir einmal jene beiseite, die von den mysteriösen Energien so überzeugt sind, daß sie sich vor deren negativen Auswirkungen mit einer Metallplatte unter den Füßen schützen (auch diese ist eine psychologische Barriere gegen die Angst vor der Krankheit und vor dem Tod). Die meisten anderen Heiler verwenden Wasser als wichtigstes reinigendes Mittel. Warum wird die Seele befreit, wenn man sich mit einfachem Wasser wäscht? Warum spricht man dem Wasser eine besondere Wirkung zu?

Die befreiende Wirkung des Wassers ist allen Religionen und menschlichen Kulturen gemeinsam. Im Buddhismus wird der Mönch bei der Weihe gewaschen und legt dadurch seine weltliche Vergangenheit ab. Im Islam bedeutet das Waschen die Rückkehr zur uranfänglichen Reinheit. Im Christentum bedeutet das Wasser neues Leben und Unschuld. Im Wasser nahm auch unsere Evolution ihren Anfang. Es bedeutet somit tatsächlich die Rückkehr zu den Wurzeln, zu einem ursprünglichen Zustand. Wenn sich also der Handaufleger wäscht, macht er von einer Symbolik Gebrauch, die seit Tausenden von Generationen gilt und die zu einem Archetyp geworden ist.

Reflexzonenmassage und Handauflegen

Die Medizin weiß seit langem, daß eine Beziehung zwischen bestimmten Hautabschnitten (Dermatomen) und inneren Organen besteht. Das verbindende Element sind gemeinsame Rückenmarksnerven, welche diese Hautzonen und inneren Organe versorgen. Wenn gewisse innere Organe erkrankt sind, kann sich dies auch durch eine erhöhte Schmerzempfindlichkeit der entsprechenden Hautzone (Head-Zone) äußern. Aber auch andere Punkte des Körpers sind offensichtlich über Reflexe mit anderen Organen verbunden. Bei paroxysmaler supraventrikulärer Tachykardie (Vorhofflimmern) wendet der Arzt beispielsweise einen leichten Druck auf die Augäpfel an, um dem Herz wieder zu einer normalen Schlagfrequenz zu verhelfen.

Bei der Reflexzonenmassage werden nun bestimmte Punkte und Regionen behandelt. Man hofft dadurch, erkrankte innere Organe beeinflussen zu können. Es gibt viele Handaufleger, die auch diese Reflexzonenmassage einsetzen. Die beiden Therapieformen haben aber nichts gemeinsam. Die Reflexzonenmassage beruht nicht auf psychischen, sondern auf im Prinzip nachprüfbaren physischen Einwirkungen, auch wenn deren Mechanismus zur Zeit nur teilweise geklärt ist.

Berechtigtes Mißtrauen

Unter den Handauflegern gibt es viele *Scharlatane*, die aus der Verzweiflung schwer erkrankter Patienten klingende Münze schlagen wollen. Dabei rauben sie den Patienten auch Hoffnung und wertvolle Zeit, die diese Patienten vor allem für eine geeignete medizinische Behandlung verwenden könnten. Die meisten Scharlatane lassen sich aber leicht erkennen, denn sie zeigen immer wieder vier typische Verhaltensweisen:

1. Sie äußern sich negativ über den behandelnden Arzt und versuchen eine Kluft zwischen Arzt und Patient aufzureißen.
2. Sie geben Heilungsversprechen ab und behaupten, Tumoren, multiple Sklerose und andere schwere Erkrankungen heilen zu kön-

nen. Der wahre Heiler gibt *nie* ein Heilungsversprechen ab, auch
wenn er sich selbstverständlich über ärztlich nachgeprüfte Hei-
lungserfolge freut. Der wahre Handaufleger nimmt lebhaften Anteil am Leiden des Patienten, wird ihn deswegen aber niemals in
die Irre führen. Er hält sich an die Fakten.

3. Scharlatane geben Anzeigen in Zeitungen auf und rühmen sich
   dort wahrhaft wunderbarer okkulter Kräfte. Sie versprechen nicht
   nur Gesundheit, sondern auch Glück in der Liebe, liefern Talismane, sagen die Zukunft voraus und so weiter. Der wahre Heiler
   braucht keine solche marktschreierische Werbung. Sein Ruf breitet
   sich von selbst aus, weil er auf den Patienten einzugehen versteht.

4. Scharlatane empfangen ihre Patienten in einem sorgfältig insze-
   nierten Ambiente vor allem magischen Zuschnitts.

Ärzte und Handaufleger: Ein Blick in die Zukunft

Sofern die Ärzte nicht zur archaischen Rolle des Heilers zurückkehren, müssen sie sich wohl damit abfinden, mit den Handauflegern
zusammenzuleben.

„In unserer Zeit und in unserer Kulturstufe ist weit und breit keine Alternative zum Heiler zu erkennen. Man kann aber eine mögliche Entwicklungsrichtung angeben: Es wäre zu hoffen, daß einige
psychologische, psychodynamische, psychosomatische, parapsychologische und vielleicht auch spirituelle Konzepte verstärkt Eingang finden in die medizinische Praxis. Vor allem wäre wünschens-
wert, daß die Figur des Arztes wieder die ursprüngliche Bedeutung
des einfühlsamen Heilers und des ‚Zauberers‘ annimmt.“[3]

Wenn es dem Arzt gelänge, die Bedürfnisse des Patienten, der
nicht nur Heilmittel, sondern vor allem menschliche Nähe und Unterstützung sucht, zu befriedigen, bestünde keine Notwendigkeit
mehr für die Person des Handauflegers. Es würde so die Figur eines
medizinischen und am Menschen und seinen Gefühlen orientierten
Therapeuten hervorgehen, der sehr viel kompetenter wäre als die
heutigen Heiler.

Anmerkungen

Erster Teil: Auf der Suche nach dem verlorenen Schatz

Das Verständnis von Krankheit im Wandel der Zeit

1 P. SCHEBESTA und H. DIETSCHY, Lo sciamanesimo, in „Metapsichica", Hefte III–IV, 1959, S. 207
2 H. DIETSCHY, Medici e maghi aztechi, in „Metapsichica", Heft II, 1960, S. 105
3 E. FATTORI, Medicina bioradiante, Pinerolo, S. 39
4 B. MALINOWSKI, Magia, scienza e religione, Rom 1976, S. 108
5 C. TOSO, L'informazione sul regno del Congo di Raimondo Da Dicomano, Rom 1977
6 B. SEVERI, Note sui guaritori tradizionali Dogon, in „Il Bollettino", Nr. 19, Bologna 1989, S. 48
7 P. SCHEBESTA und H. DIETSCHY, Lo sciamanesimo, in „Metapsichica", Hefte III–IV, 1959, S. 203
8 Siehe A. PAVESE, Handbuch der Parapsychologie, Augsburg 1992, S. 71, 125
9 J. G. FRAZER, La paura dei morti nelle religioni primitive, Mailand 1985, S. 22
10 G. SOMMA, L'alba della medicina, in „Welcome Tabloid", Jahrgang 2, Nr. 1, 1990, S. 50
11 C. G. JUNG, Der Mensch und seine Symbole, Olten 1984, S. 69
12 E. SERVADIO, Paesi sulla via iniziatica, Rom 1977, S. 64
13 C. COLAMARTINO, L'uomo del nostro tempo in stato di sofferenza, in „Quaderni AVULSS", Nummer 4, Brezzo di Bedero (Varese) 1982, S. 20
14 J. G. FRAZER, La paura dei morti nelle religioni primitive, Mailand 1985, S. 137
15 B. MALINOWSKI, Magia, scienza e religione, Rom 1976, S. 134

16 E. FATTORI, Medicina bioradiante, Pinerolo, S. 36
17 M. SELVINI PALAZZOLI, S. CIRILLO, M. SELVINI, A. M. SORREN-
    TINO, I giochi psicotici nella famiglia, Turin 1988, S. 172
18 Ibidem, S. 178
19 E. FATTORI, Medicina bioradiante, Pinerolo, S. 38
20 Ibidem
21 B. LUBAN-PLOZZA und G. MAGNI, La famiglia psicosomatica,
    Padua 1981, S. 50
22 M. POROT, Psicologia ad uso del medico pratico, Mailand 1977,
    S. 161
23 E. SERVADIO, Guarigioni e guaritori, in „I contromedici", Rom,
    S. 316
24 A. QUADRIO, Argomenti di psicologia medica, Brescia 1980,
    S. 135
25 E. FATTORI, Medicina bioradiante, Pinerolo, S. 34
26 Ibidem

Der Medizinmann

1 M. GUSINDE, Il medico-mago presso gli amerindi meridionali, in
   „Metapsichica", Heft III, 1960
2 Ibidem
3 M. MAUSS und H. HUBERT, Teoria generale della magia, Rom
   1976, S. 7
4 A. PAVESE, Handbuch der Parapsychologie, Augsburg 1992, S. 44
5 Ibidem, S. 19, 107
6 Ibidem, S. 58, 80
7 Der Autor konnte diese Zeitschrift nicht einsehen und verwendete hier eine Zusammenfassung des Forschers Martin Ebon.
8 Der Autor versteht unter Präkognition nicht das Wissen um eine
   Tatsache, bevor deren auslösender Grund manifest geworden
   ist, sondern die unbewußte Verarbeitung von Informationen
   über Geschehnisse, die gerade in Entstehung begriffen sind. Das
   Unbewußte nimmt dann auf sozusagen mathematischem Weg
   das Geschehnis mit der größten Wahrscheinlichkeit wahr.
9 G. CASSOLI, „Il Bollettino", Nr. 19, Bologna, Oktober 1989, S. 63

Zweiter Teil: Die heilende Kraft des Unbewußten

Der Weg zur Selbstheilung

1 B. LUBAN-PLOZZA und G. MAGNI, La famiglia psicosomatica, Padua 1981, S. 61

2 L. O. SPECIANI, L'uomo senza futuro, Mailand 1976, S. 286

3 K. HORNEY, La personalità nevrotica del nostro tempo, Rom 1975, S. 7

4 G. FERRIERI und A. LODISPOTO, 100 modi per guarire, Como 1980, S. 72

5 Ibidem

6 B. LUBAN-PLOZZA und G. MAGNI, La famiglia psicosomatica, Padua 1981, S. 71

7 E. SERVADIO, Guarigioni e guaritori, in „I contromedici", Rom, S. 316.

8 S. SPINSANTI, Einführung zu „La malattia come autoguarigione", Assisi 1985, S. 7

9 J. VINCHON, Il magnetismo animale: Mesmer e il suo segreto, Rom 1972, S. 13

10 Ibidem

11 E. SERVADIO, Nuove luci su Mesmer, in „Quaderni di Parapsicologia", Nr. 1, Bologna, März 1990, S. 10

12 J. VINCHON, Il magnetismo animale, Mesmer e il suo segreto, Rom 1972, S. 50

13 V. ALBISETTI, Il training autogeno per la quiete psicosomatica, Turin 1988, S. 13

14 D. G. DANSKIN und M. A. CROW, Biofeedback, Como 1983, S. 43

15 W. PASINI, Il corpo in psicoterapia, Mailand 1982, S. 71

16 G. FERRIERI und A. LODISPOTO, Cento modi di guarire, Como 1980

17 T. MANN, Der Zauberberg, Frankfurt/Main 1990, S. 187

18 E. SERVADIO, Guarigioni e guaritori, in „I contromedici", Rom, S. 319

19 Ibidem

Verbale und unbewußte Kommunikation

1 L. ANOLLI und V. CIGOLI, Lo sviluppo della percezione visiva, Florenz 1978, S. 59.
2 L. SERVADIO, L'uomo e l'ignoto, Mailand, S. 621
3 E. SERVADIO, Guarigioni e guaritori, in „I contromedici", Rom, S. 317
4 Ibidem
5 F. GRANONE, Trattato di Ipnosi, Turin 1983, S. 429
6 Ibidem, S. 430
7 J. MANZANO, in W. PASINI, Il corpo in psicoterapia, Mailand, S. 95
8 Ibidem, S. 100
9 Ibidem
10 G. FERRARO, Una fondamentale caratteristica umana: la parola, in „L'uomo e la sua evoluzione", Turin 1988, S. 124
11 Ibidem, S. 125
12 Ibidem

Die Faktoren der Heilung

1 E. MAPLE, The Ancient Art of Occult Healing, Northamptonshire 1974
2 H. PIÉRON, Dizionario di Psicologia, Florenz 1974, S. 560
3 F. GRANONE, Trattato di ipnosi (Sofrologia), Turin 1983
4 E. MAPLE, The Ancient Art of Occult Healing, Northamptonshire 1974
5 Ibidem
6 F. GRANONE, Trattato di ipnosi, Turin 1983, S. 918
7 Ibidem
8 Ibidem
9 „Enc. It.", XXXII, S. 732, zitiert in U. MARALDI, La scienza moderna e i miracoli, Turin 1955, S. 214
10 Zitiert von E. DEMARTINO, Il mondo magico, Turin 1973, S. 61
11 E. A. MOJA, Le ragioni del placebo, in „Welcome Tabloid", Nr. 1, Januar – März 1990, S. 14.

12 Ibidem, S. 11.
13 M. POROT, Psicologia ad uso del medico pratico, Rom 1977, S. 242
14 E. A. MOJA, Le ragioni del placebo, in „Welcome Tabloid",
    Nr. 1, Januar – März 1990, S. 13
15 P. CASSOLI, Il guaritore e la pranoterapia: teorie, casistica e spe-
    rimentazione, in „I fenomeni paranormali", Rom 1986, S. 109
16 E. A. MOJA, Le ragioni del placebo, in „Welcome Tabloid",
    Nr. 1, Januar – März 1990, S. 13.
17 P. CASSOLI und G. LANNUZZO, Ricerca sulla pranoterapia e sui
    guaritori. La pratica e i risultat valutati dalla scienza, Como 1984
18 M. POROT, Psicologia ad uso del medico pratico, Rom, S. 245
19 E. A. MOJA, Le ragioni del placebo, in „Welcome Tabloid",
    Nr. 1, Januar – März 1990, S. 14
20 E. SERVADIO, Guarigioni e guaritori, in „I contromedici", Rom
    1975, S. 314
21 R. BALBI, Lungo viaggio al centro del cervello, Mailand 1985
22 E. SERVADIO, Guarigioni e guaritori, in „I contromedici", Rom
    1975, S. 317
23 G. ABRAHAM, Einführung zu W. PASINI, Il corpo in psicoterapia,
    Mailand 1982, S. VIII

Andere Interpretationen für den Heilungsmechanismus

1 A. PAVESE, Handbuch der Parapsychologie, Augsburg 1992,
   S. 142
2 P. ANGELA, Viaggio nel mondo del paranormale, Mailand 1978,
   S. 248
3 Ibidem, S. 249
4 A. PAVESE, I segreti della pranoterapia, in „Primavera", Nr. 15,
   September 1984
5 P. ANGELA, Viaggio nel mondo del paranormale, Mailand 1978,
   S. 233
6 W. PASINI, Il corpo in psicoterapia, Turin 1982, S. 174
7 Quaderni di Parapsicologia, in „Bolletino", Nr. 19, Bologna,
   Oktober 1989, S. 10.
8 G. A. MASTRANGELO, Effetto Kirlian, in „Radiante", Heft III,
   Scanzorosciate (BG), Januar 1982, S. 11

9 P. CASSOLI, Occultismo in Parlamento, in „Bollettino", Nr. 8, Bologna, März 1984

Die wissenschaftliche Erforschung des Handauflegens

1 P. CASSOLI und G. IANNUZZO, Ricerca sulla pranoterapia e sui guaritori, Como 1984, S. 166
2 P. CASSOLI, I guaritori, Mailand 1979, S. 50 ff.. Vergleiche auch P. CASSOLI und G. IANNUZZO, Ricerca sulla pranoterapia e sui guaritori
3 P. CASSOLI, I guaritori, Mailand 1979, S. 50 ff.
4 P. VECCHI und ANSALONI, in „Rassegna Chimica", Nr. 5–6, 1987

Dritter Teil: Das Handauflegen als Therapie

Der Patient beim Handauflegen

1 P. CASSOLI, in „I fenomeni paranormali", Rom 1986, S. 101
2 M. INARDI und O. SANSEVERINO, L'a, b, c, della pranoterapia, Mailand 1987

Vierter Teil: Die Technik des Handauflegens

Das Verhalten während der Therapie

1 L. LAPI, Effetto prana, Mailand 1988, S. 183
2 Ibidem, S. 36
3 R. KATZ, Psicologia contemporanea, Florenz
4 E. SERVADIO, Guarigioni e guaritori, in „I contromedici", Rom 1975, S. 320

Fachbegriffe

Allopathische Medizin: Die klassische Schulmedizin, die Krankheitsursachen meist mit chemischen Präparaten in verhältnismäßig hoher Dosierung bekämpft. Es besteht dabei eine lineare Beziehung zwischen Dosis und der entsprechenden Wirkung. Der Begriff „allopathisch" stammt nicht von der Schulmedizin selbst, sondern von Samuel Hahnemann, der seine homöopathische Medizin dagegen abgrenzen wollte.

Animismus: Eine vor allem bei Stammeskulturen noch weitverbreitete Vorstellung, nach der alle Dinge der Natur beseelt sind. In ihnen wohnen gutwillige oder böswillige Geister, die den menschlichen Wesen überlegen sind.

Archetyp: Idee, Vorbild. Archetypen sind die Inhalte des kollektiven Unbewußten. Archetypen äußern sich zum Beispiel in Märchen und Mythen.

Archetypische Projektion: Bei diesem Prozeß sieht der Patient im Therapeuten den Archetyp des Wunderheilers, des Schamanen und der Elternfigur.

Autogenes Training: Ein Verfahren, das mit Hilfe von Suggestionen arbeitet und zur Entspannung und zum Rückgang von Symptomen psychosomatischer Störungen führt.

Autopsychokinese: Wenn sich die kreative Autosuggestion dem Inneren des eigenen Körpers zuwendet, können biochemische Reaktionen in Gang gesetzt werden, die äußerlich sichtbare Auswirkungen haben. Dies ist zum Beispiel bei den Pseudostigmata im Rahmen von Mystik und Hypnose und bei Bluttränen der Fall.

Bewußtes Ich: Das Zentrum des Seins, das Bewußtsein der eigenen Identität, das den Kontakt mit der Realität aufrechterhält und selbst in dauernder Umformung begriffen ist.

Biofeedback: Ein Verfahren der Verhaltenstherapie. Zunächst werden dem Patienten Vorgänge im Körper sichtbar gemacht. Danach lernt der Patient durch Rückkopplung (Feedback) diese Reaktionen zu steuern. In einem späteren Stadium ist das Biofeedback auch ohne Meßinstrumente möglich. Der Patient kann somit bei diesem Verfahren die eigene Gesundheit beeinflussen.

Bioplasma: Allgemeiner Begriff für eine Energie, die angeblich den Händen des Handauflegers entströmt. Statt Bioplasma kann man auch Aura, Bioenergie oder Fluidum sagen. Es gibt keinen naturwissenschaftlichen Beweis für dieses Bioplasma, auch wenn die Kirlianfotografie das Gegenteil behauptet. Die Erfolge des Handauflegens gehen nicht auf ein irgendwie geartetes Bioplasma, sondern auf unbewußte Prozesse zurück.

Es: Allgemeine Bezeichnung für die primitiven und egoistischen Instinkte des Menschen. Das Es handelt nach dem Lustprinzip und berücksichtigt keine moralischen Prinzipien oder Erfordernisse der Realität. Man kann das Es als die triebhafte Seite des Menschen bezeichnen.

Existentieller Auslöser: Ein Vorfall des konkreten Lebens, der den originären Impuls und damit eine paranormale Erscheinung auslöst.

Faktoren der Heilung: Die wichtigsten Heilungsfaktoren sind die zwischenmenschliche Beziehung und die Macht der Seele über den Körper. Die zwischenmenschliche Beziehung führt zu einer Erwartungshaltung, und die Macht der Seele über den Körper funktioniert über die Autosuggestion.

Feedback: Rückkopplung. Im naturwissenschaftlichen Bereich spricht man von Feedback, wenn das Ergebnis eines Geschehens Rückwirkungen hat auf dieses Geschehen. Hier sprechen wir vor allem von Feedback, wenn das Symptom der Krankheit die Reaktion auf einen Leidenszustand des Organismus darstellt.

Fiktive Persönlichkeit: Das Produkt des unbewußten kreativen Ichs, das eine von den Umständen diktierte Rolle interpretiert. Das bewußte Ich hat keinen Anteil an dieser fiktiven Persönlichkeit. Fiktive Persönlichkeiten treten bei spiritistischen Sitzungen und Hypnosen auf.

Fluidum: Vor allem durch Franz Anton Mesmer bekanntgewordener Begriff für eine mysteriöse Ausstrahlung, die dem heutigen Bioplasma vergleichbar ist.

Fremdes Etwas: Vor allem bei Stammeskulturen ein äußerer Faktor, der die Krankheit erzeugt und der aus dem Körper ausgetrieben werden muß. Bei manchen Handauflegern ist dieses Prinzip heute noch lebendig.

Funktionelle Störung: Bei einer funktionellen Störung ist die Funktion eines Organs beeinträchtigt, nicht aber das Organ selbst, denn dieses ist gesund. Die meisten psychosomatischen Störungen sind zunächst funktioneller Natur.

Heilung: Die Definition der Heilung hängt direkt von der Definition der Krankheit ab, und für diese gibt es Dutzende verschiedener Konzepte. Im wesentlichen verstehen wir hier unter Heilung einen völligen und dauerhaften Rückgang der Symptome.

Homöopathische Medizin: Eine von Samuel Hahnemann begründete Therapieform. Die Krankheitserscheinungen werden durch Mittel bekämpft, die in höherer Dosis genau diese Symptome hervorrufen. Die Mittel verwendet man aber in sehr geringer Dosierung.

Hyperästhesie: Die Erscheinung, daß gewisse Menschen winzige, anderen Menschen nicht mehr zugängliche Signale mit ihren Sinnen wahrnehmen können. Die Hyperästhesie ist kein paranormales Phänomen.

Hypnose: Ein veränderter Bewußtseinszustand, bei dem die hypnotisierte Person die psychische Suggestion einer anderen Person akzeptiert.

Ich: Allgemeine Bezeichnung für das Innerste oder den Kern der Persönlichkeit. Das Ich ist sich der eigenen Identität bewußt und übt eine kontrollierende Funktion aus.

Kasuistik: Beschreibung und Sammlung einzelner Fälle.

Kinästhesie: Empfindung, Sinneswahrnehmung.

Kirlianfotografie: Ein fotografisches Verfahren, bei dem vor allem die Hand in Hochfrequenzfeldern aufgenommen wird. Die Kirlian- oder Aurafotografie steht fälschlicherweise im Ruf, das sogenannte Bioplasma sichtbar machen zu können.

Kollektives Unbewußtes: Allgemeine Bezeichnung für jene unbewußten Inhalte, die allen Menschen, gleich welcher Kultur, gemeinsam sind. Die entsprechenden Grundmotive oder Ideen nennen wir Archetypen.

Kreative Autosuggestion: Ein starker psychischer Auslöser, der seine Grundlage im Vertrauen, im Glauben hat und der über die Projektion archetypischer Figuren biochemische Prozesse in Gang setzt, die zur Selbstheilung führen.

Laizismus: Forderung nach Freiheit von jeder religiösen Bindung im öffentlichen Leben.

Leader: Bezeichnung für jene Person, die bei der psychischen Integration unbewußt die handelnde, führende Rolle übernimmt. Beim Handauflegen ist der Therapeut der Leader. Er diktiert die Suggestionen, die für den Patienten zu Gewißheiten werden.

Magie: Ein soziales Phänomen, das sich im Versuch des Menschen äußert, sich der Naturkräfte zu bemächtigen, sie zu dominieren und sie sich untertan zu machen. In Wirklichkeit ist die Magie oder Zauberei eine Form des unbewußten Selbstschutzes. Bisweilen treten im Rahmen magischer Praktiken auch paranormale Phänomene auf, die dann natürlich als Beweis für die Existenz der okkulten Macht der Magie gelten.

Medium: Im spiritistischen Umfeld die vermittelnde Person zwischen Lebenden und Verstorbenen. In Wirklichkeit ist das Medium ein Opfer seiner eigenen unbewußten Kreativität.

Moralisches Gewissen: Ein grundlegendes Element der psychologischen Seele. Nach Meinung des Autors kann das moralische Gewissen mit Hilfe der Gnade Gottes mit dem Ich identisch sein, das zwischen dem Es und dem Über-Ich vermittelt.

Neurose: Ein existentieller Bruch zwischen dem persönlichen Leben und der äußeren Realität.

Nonverbale Kommunikation: Zunächst einmal alle Arten der Kommunikation, die nicht von der Sprache Gebrauch machen. Hier verstehen wir darunter vor allem drei Ebenen der Kommunikation: die hyperästhetische Entschlüsselung, die unbewußte Kommunikation auf der Grundlage der paranormalen psychischen Integration und die archetypische Projektion.

Off-Patient: Der Off-Patient erfährt während des Handauflegens keinerlei somatische Reaktion. Im allgemeinen – aber nicht in jedem Fall – ist dies ein Hinweis darauf, daß die Beziehung zum Therapeuten erschwert ist.

Okkult, Okkultismus: Allgemeine Bezeichnung für Geheimlehren und Geheimwissenschaften, die mit den klassischen Wissenschaften und deren Methoden nichts zu tun haben. Wie wir in diesem Buch zur Genüge dargelegt haben, liegt die Wurzel alles „Okkulten" im Unbewußten des Menschen.

On-Patient: On-Patienten zeigen beim Handauflegen ausgeprägte somatische Reaktionen wie Schläfrigkeit, Schweregefühl und Kribbeln.

Organische Störung: Die organische Störung hat ihre Ursache in einer Schädigung des Organs. Funktionelle, psychosomatisch ausgelöste Störungen können mit der Zeit auch zu organischen Störungen werden.

Originärer unbewußter Impuls: Der existentielle Auslöser erzeugt diesen Impuls, der beim Psychomiletiker zu einer paranormalen Kommunikation in Form der Telepathie, der Präkognition oder der Psychokinese führt.

Paranormal: Eine Form der Kommunikation, mit der der Mensch sich selbst oder anderen auf dem Weg der Telepathie, der Präkognition oder der Psychokinese eine Mitteilung macht. Diese paranormale Kommunikation findet auf unbewußter Ebene statt.

Persönliches Unbewußtes: Jener Teil der Psyche, der außerhalb des Bewußtseins liegt und der im Gegensatz zum kollektiven Unbewußten nur dem betreffenden Individuum zukommt.

Placebo: Eine pharmakologisch unwirksame Substanz mit therapeutischer Wirkung. In einem weiteren Sinn kann man auch nichtkonkrete Faktoren wie Verhaltensweisen und Einstellungen zu den Placebos zählen, weil sie dazu beitragen, daß sich der Patient besser fühlt. Das Handauflegen ist ein sehr wirksames Placebo.

Poltergeist: Unbewußte Manifestation, mit der meistens ein junger Mensch einen psychokinetisch verschlüsselten Hilferuf an die Umwelt sendet.

Präkognition: Das Wissen um Tatsachen, die erst noch eintreten werden. Diese Tatsachen sind aber bereits in Entstehung begriffen. Das Unbewußte rechnet sich sozusagen auf mathematischer Ebene die entsprechenden Wahrscheinlichkeiten aus.

Prana: Allgemeine, aus dem Sanskrit stammende Bezeichnung für Atmung, Vitalität und Kraft. Das Prana ist eine Fiktion wie das Fluidum oder das Bioplasma. Die Handaufleger nennen sich gelegentlich auch pranische Heiler.

Pseudodiabolische Besessenheit: Manifestation des kreativen unbewußten Ichs, das eine fiktive Persönlichkeit verkörpert. Diese Besessenheit entsteht durch psychische Probleme. Bei diesen Krisen kann es auch zu paranormalen Phänomenen kommen.

Psychische Integration: Eine Form der psychischen Kommunikation, die man als eine reduzierte Telepathie (bedingte Telepathie) bezeichnen kann. Voraussetzung für die psychische Integration ist, daß sich die Beteiligten im selben Raum aufhalten. Psychische Integration findet unter verschiedenen Umständen statt, besonders im Rahmen des Spiritismus und des Handauflegens.

Psychismus: Idealistische Auffassung, nach der das Psychische das Zentrum alles Wirklichen ist; auch: psychische Erscheinung, Verhaltensweise.

Psychokinese: Eine paranormale Einwirkung auf die Materie. Wie es dazu kommt, daß der Geist physikalisch auf die Materie einwirkt, ist noch nicht bekannt. Die Psychokinese ist eine unbewußte Kommunikation, deren Botschaft je nach den Umständen unterschiedlich ausfallen kann. Beim Poltergeist, einem typischen psychokinetischen Phänomen, handelt es sich um einen Hilferuf.

Psychologische Seele: Die psychologische Seele ist jener Anteil der Seele, der in den Kompetenzbereich der Psychologie fällt. Der andere Bereich heißt spirituelle Seele. Die psychologische Seele umfaßt drei Schichten, nämlich das persönliche, individuelle Unbewußte, das bewußte Ich und das kollektive Unbewußte.

Psychomiletiker: Eine Person, die paranormal (Telepathie, Präkognition, Psychokinese) mit ihrer Psyche Botschaften empfängt und aussendet.

Psychosomatische Krankheit: Bei einer psychosomatischen Krankheit drücken sich emotionale und psychische Konflikte durch somatische, körperliche Symptome aus. Wir sprechen in diesem Zusammenhang auch von funktionellen Störungen.

Psychosomatische Medizin: Dieser Zweig der Medizin beschäftigt sich mit den psychischen Ursachen von Krankheiten. Die psychosomatische Medizin glaubt, daß psychische Ungleichgewichte, Streß und Konflikte zu organischen Erkrankungen führen. Die psychosomatische Medizin sieht den Menschen in seiner Ganzheit.

Schamane: Ein Medium, das bei gewissen Völkern die Rolle des Priesters und des Heilers spielt. Der Schamane hat von seiner Gemeinschaft den Auftrag erhalten, mit den Geistern in Verbindung zu treten. Die Riten der Schamanen finden in aller Öffentlichkeit statt. Schamanen gibt es vor allem bei nordamerikanischen und nordasiatischen Völkern.

Somatisch: Den Körper betreffend.

Somatisierung: Man spricht dann von einer Somatisierung, wenn Streß und psychisches, existentielles Unbehagen Ausdruck in körperlichen, somatischen Störungen finden.

Spiritismus: Ein parareligiöses Phänomen. Die Spiritisten sind überzeugt, daß sie über ein Medium mit den Geistern Verstorbener sprechen können. Man kann den Spiritismus auch als säkularisierte Religion bezeichnen. Gott wird auf das menschliche Niveau verflacht und erfährt seine Gestaltung durch die unbewußte Kreativität eines Mediums. Der Spiritismus ist oft durch den Mangel an Glauben gekennzeichnet: Deswegen ist er auf der unablässigen Suche nach Beweisen für das Überleben nach dem Tod.

Spirituelle Seele: Bezeichnung für das Lebensprinzip, das uns Gott geschenkt hat. Die spirituelle Seele gehört zum Bereich der Religion und nicht zu dem der Psychologie.

Streß: Ursprünglich eine Verteidigungsreaktion bei einer drohenden Gefahr. Was einer Gefahr entspricht, unterliegt dem subjektiven Empfinden und steht somit im Zusammenhang mit unserer Persönlichkeit.

Sublimation: Umwandlung unbewußter sexueller Triebimpulse in geistige oder kulturelle Leistungen.

Suggestion: Eine Idee oder eine Meinung, die man übernimmt, ohne sich dessen bewußt zu sein, daß dies durch äußeren Einfluß oder äußeren Willen geschieht.

Symptom: Anzeichen einer Krankheit.

Telepathie: Unbewußte Kommunikation zwischen zwei Menschen.

Therapeut: Der Therapeut, der zuhört, versteht und Hinweise und Anregungen gibt, ist in sich ein Heilmittel.

Therapieresistent: Bezeichnung für Krankheiten oder Symptome, die jeder Therapie widerstehen. Die Gründe dafür können psychischer Natur sein.

Über-Ich: Allgemeine Bezeichnung für jene Instanz der Persönlichkeit, die durch die Entwicklung in der Familie und der Gesellschaft entstanden ist. Das Über-Ich fordert das Ich dazu auf, die Aggressivität und die Triebe des Es unter Kontrolle zu halten.

Umwandlung: Wenn ein Symptom, das eine Reparaturfunktion für das psychische Gleichgewicht ausübt und damit die Manifestation eines unbewußten Konflikts darstellt, durch medizinische Maßnahmen bekämpft wird, so verwandelt es sich oft in ein anderes Symptom, weil seine Reparaturfunktion unerläßlich ist.

Unbewußtes: Teil der individuellen und kollektiven Psyche. Das Unbewußte äußert sich durch Triebe, Ideen, Vorstellungen oder Archetypen. Das Unbewußte ist identisch mit dem Okkulten der Magie.

Unbewußtes kreatives pathologisches Ich: Die tiefste Schicht des eigenen Ichs. Diese unbewußte intelligente Aktivität äußert sich durch psychische Krankheit oder deren Heilung. Eine besondere Manifestation erleben wir bei Menschen, die psychokinetische Phänomene produzieren.